战时交际、口译和语言

历史与当代视角

[澳]阿曼达·劳格森　理查德·格尔曼　著
Amanda Laugesen　Richard Gehrmann

肖蓉　罗哲怡　胡琼　卢思婕　译
庞超伟　审校

新华出版社

图书在版编目（CIP）数据

战时交际、口译和语言：历史与当代视角 /（澳）阿曼达·劳格森，（澳）理查德·格尔曼著；肖蓉等译. -- 北京：新华出版社，2025.1
书名原文：Communication, Interpreting and Language in Wartime: Historical and Contemporary Perspectives
ISBN 978-7-5166-6601-2

Ⅰ.①战… Ⅱ.①阿… ②理… ③肖… Ⅲ.①军事—文化交流—研究 ②军事外交—翻译—研究 Ⅳ.① E0-055

中国版本图书馆 CIP 数据核字（2022）第 228678 号
著作权合同登记号：01-2022-6073

First published in English under the title
Communication, Interpreting and Language in Wartime: Historical and Contemporary Perspectives
edited by Amanda Laugesen and Richard Gehrmann, edition: 1
Copyright © Amanda Laugesen and Richard Gehrmann, 2020 *
This edition has been translated and published under licence from Springer Nature Switzerland AG.
Springer Nature Switzerland AG takes no responsibility and shall not be made liable for the accuracy of the translation.

本书中文简体版专有出版权经由中华版权代理有限公司授予
归新华出版社所有

战时交际、口译和语言：历史与当代视角

作　者：[澳]阿曼达·劳格森　[澳]理查德·格尔曼
译　者：肖　蓉　罗哲怡　胡　琼　卢思婕　　审　校：庞超伟
出版发行：新华出版社有限责任公司
　　　　　（北京市石景山区京原路 8 号　邮编：100040）
印　刷：捷鹰印刷（天津）有限公司

成品尺寸：145mm×210mm　1/32　　　印张：9.5　　字数：200 千字
版　次：2025 年 5 月第 1 版　　　　　印次：2025 年 5 月第 1 次印刷
书　号：ISBN 978-7-5166-6601-2　　　定价：60.00 元

版权所有·侵权必究
如有印刷、装订问题，本公司负责调换。

微店　　视频号小店　　抖店　　京东旗舰店

微信公众号　喜马拉雅　小红书　淘宝旗舰店　扫码添加专属客服

导读

一、本书背景

战争往往发生在不同种族、民族、地区或者国家之间,但战争并非仅有兵戎相见和炮火连天,很多时候需要双方进行语言交际、沟通和谈判。因此,操不同语言的双方或者多方的交流需要专业译员的协助,译员不仅需要语言流利,能够在两种语言中熟练地转换,而且还要懂得两种文化之间的异同,善于沟通和交际。

2017年末,澳大利亚国立大学举办了一场以"战争和冲突时的语言"为主题的研讨会,并以此次研讨会的成果为基础编写了两本著作,《战时交际、口译和语言:历史与当代视角》(*Communication, Interpreting and Language in Wartime: Historical and Contemporary Perspectives*)(以下简称《战时交际、口译和语言》)就是其中之一。同时,本书作为帕尔格雷夫"战争中的语言"研究丛书(Palgrave Studies in Languages at War)中的一本,也延续了该系列丛书的视角,继续关注战争和冲突中的语言和翻译问题。

口译的历史研究本就极为有限，更何况是战争与冲突事件中的译员研究，主要原因就是可供研究分析的档案资料较难保存和获取，因此战争研究长期忽视了语言在其中的作用与影响。本书通过大量的访谈、口述历史、档案、日记、信件等研究资料深度剖析战时的口译与交际活动，凸显了作者们在挖掘和整理资料中付出的努力，让历史中这些沉默的声音得以在当代被听见。本书的十位作者，以其广阔的研究视野和丰富的实践经验，通过记录战争背景下个人的语言工作经历，丰富了读者对战时译员的角色、性质和经历的了解，揭示了战争时期军事行动、法庭审判、战略传播等各种活动中存在的语言与翻译需求，凸显了译员在战争冲突事件中的重要作用，并加深读者对冲突地区和战争罪行审判中的翻译政策、语言教育政策等问题的认知。

二、本书结构及主要内容

除导论和结语之外，《战时交际、口译和语言》包括十篇文章，分为三个部分。导论部分通过讲述五名口译员与战争相关的故事，阐释了战时交际、口译和语言三个主题之间的关系，同时也勾勒出本书的章节结构和要点。

第二部分"战时跨文化交际的经验"通过两个故事论述了战争时期不同文化之间语言和交流的重要性。第一章呈现对"一战"期间澳大利亚士兵跨文化交际和语言经历的调查研究，关注战争中"语言景观"对塑造国家认同的影响。由于第一次世界大战的多语种性质，学习语言并尝试使用外语进行交际是澳大利亚士兵战争经历的重要内容，他们在部队中要跟战友沟通，对外要跟当地民众沟通，还可能有机会跟敌方接触。沟通交际能力越强的士兵，就越有机会参与更多的沟通任务，得到切实的利益，从而更加重视语言的作用，同时，语言也强烈地影响并塑造着澳大利亚士兵的身份认同。因此，具有语言才能的翻译人员作为"一战"的一个重要群体，也越来越多地受到关注并得到研究。战时的语言沟通和跨文化交际经历，不仅对翻译人员而言是宝贵的财富，也可以深化社会对于战时语言与文化作用的认识。

第二章关注反恐战争时期澳大利亚与阿富汗和伊拉克的跨文化交际，重点探索澳军与美国和荷兰两支盟军交际的情况。作者通过一些生动的实例，展示了语言和交际在战争中的重要性。一场战争有时可能有多国部队参战，士兵们使用不同的语言，有的会被他国士兵引用，有的会被其他士兵嘲讽，甚至引起文化冲突。例如，美国和澳大利亚军队之间，美国的军事术语会被澳方借用；但荷兰与澳大利亚两军之间就大相径庭，士兵们对彼此的文化相互感到陌生不解，难以交流。作为任务语言的英语虽有不同变体，但毕竟容易交流，战争中军语相互借用的传统仍在持续。

第三部分"交际策略和语言教学"关注语言的教学和交际问题。第三章以墨尔本大学和悉尼大学为例，通过个案研究呈现了澳大利亚高等教育中日语教学的起源和发展，体现了一个国家是如何因为战争的影响而调整其军事及语言政策。第一次世界大战和太平洋战争爆发后，出于对日本军事侵略的恐惧，澳大利亚认为提高国家日语人才储备对澳大利亚的国防安全来说至关重要，这促使悉尼大学开展语言教学，重视日语教育；随着战争的结束，受到"冷战"等世界新局势发展的影响，澳大利亚的日语教育热潮又归于平静。这一实例展示了语言教学与国际形势发展的互动关系。战争的发起、进行与结束都有可能影响到一种语言的教学，同时也可能对该语言的使用范围产生影响。

第四章的作者任教于澳大利亚国防军语言学院（DFSL），介绍了该校通用语言课程的结构和内容，重点关注该课程对口译技能和文化敏感性的训练。该校采用强化教学的方式，结合课堂教学和实践训练，安排了高密度的课程，每天在一个主题下开展听说读写译的学习和练习。开始一两个月采用音译来进行语言课程，以小组活动和角色扮演的形式进行练习和展示，派往战区的学生重点训练口译技能，还特别关注提升他们的文化适宜性和敏感性，师生一起前往目标语国家开展语言能力实践活动，达到可以在阿富汗等部署区域与本地人进行有效沟通的水平。在中国，从初学者到外语专业学生，语言训练都是分听说读写等技能单独进行的，耗时过长，损耗较大，学习效率不高，亟待借鉴先进经验提高效率。让学员在一年之内进行军事任务相关的口译和交际活动，效率之高，特别适合进行军事译员的快速培训，经验值得借鉴。此外，课程结束时使用的评估工具——澳大利亚国防语言能力量表（Australian Defense Language Proficiency Rating Scale, ADLPRS），对我国研究军事领域的语言能力量表也十分具有启发作用。

国际安全援助部队的行动具有广泛、多样的跨文化特征，因而存在许多不同的挑战，其中之一便是需要由其成员国协调公共传播。第五章运用框架分析法（Frame Analysis）比较美国和德国两国国防部所发布的国际安全援助部队有关新闻，发现两国的传播策略分别符合美国和德国对例外主义和多边主义的基本叙事。作者首先分析了政治行动和权力如何通过话语进行分配与合理化,其次分析了政治与媒体之间的关系,指出如果一个政府决定推动战争行动,就需要进入到政治话语领域,并利用植根于文化和意识形态的传播策略来影响公众的情感和观点。这就将战争发起、政治话语和媒体传播联系起来。接着作者探讨了美国和德国的基本叙事,分析这些叙事传统如何影响了各自的国家传播策略。作者着眼于政治话语的概念以及媒体、政治行为者和公众之间的关系,以确定政治舆论背后的合法权力以及舆论如何受到影响。美国的基本叙事借助了宗教话语,德国的叙事则体现了多边主义和冲突和平解决的内涵。作者从美德两国国防部发布的新闻报道中提炼主题框架和立场框架,并从主题框架中发现美国国防部在主题上主要侧重于表达阿富汗不再是恐怖分子的避风港,而德国国防部则强调了部队的重要性及其更大规模的北约行动中的价值。立场框架传达的则是政治参与者希望看到的能主导公众话语的计划和解决方案。这种分析方式可以用来分析其他军队的公共传播。

第四部分"译员在战时和战后的经历"将关注点转向了参与战争和战后法庭审判的译员。第六章讲述德意志国防军在第二次世界大战期间招募的俄国译员在战争中扮演的复杂角色,分析了这一备受争议群体的身份困境及其思想和意识形态。因为被看作是与入侵者合作,这些被招募的口译员通常会遇到许多问题。支持德意志国防军并为德效力的俄流亡者形成了一个重要的团体,有数千人之多。因此,他们也是最有争议、最复杂、最吸引注意的研究案例之一。作者说:"掌握语言是一把双刃剑。译员既是流亡者又是当地的通敌者,如果他们愿意的话,可以利用语言来发财致富,因为人们依赖他的语言能力。"这个研究不禁令人想起抗日战争时期的"维持会"和"汉奸"中的译员，以及抗美援朝战争中中方与朝方的译员，对于这些译员的研究，如果与作者的研究进行对比，会是一个有趣的尝试。这些译员既是新当局的代言人，又是法律的阐释者，也是人民的一员，他们的身份和角色多样化，从不同的角度去研究他们，会看到不同的侧面。例如，从个体而言，掌握两种语言有时仅仅意味着有更多的工作机会和生存机会，可是他们的"工作"有时又会损害同胞的利益。有人选择为敌方服务，有人选择为祖国而战；有人选择苟且偷生，有人选择宁为玉碎不为瓦全。

第七章考察了"二战"结束后澳大利亚军事法庭战争罪审判中的口译员的来源和他们在军事法庭审判中发挥的重要作用。通过梳理访谈、审判记录和档案资料，作者将承担澳大利亚战争罪审判英日口译任务的侨民、军人等群体按照他们开始这一工作的契机分为了"'现成的'语言工作者""战时语言学校学生""借来的语言工作者"等五大类，并概述了各类译员在口译中遇到的问题。在300次审判中，被告涉及多个语种，日语和英语对否定疑问句回答的方式截然相反，这对提问的理解造成很大的挑战，一不留神就会产生不同的审判结果。语言工作者在战争罪调查阶段的作用还需要进一步的研究，但本章集中讨论五类实际审判嫌疑人过程中的翻译。这五类译员中，有双语能力已经可以直接胜任的工作者，有战时语言学校的学生，有自学的译员，也有从同盟国或者敌军借用的译员，还有临时提供翻译服务的译员。由于对译员的需求量很大，而译员的语言能力参差不齐，有可能会影响审判。虽然问题最终都得到解决，而且也积累了一些审判方法，但仍然显示出译员在军事法庭审判中的重要作用。

第八章则进一步探讨了国际军事法庭译员在多语言环境的战争罪审判口译中面临的词汇和文化层面的挑战，发现各类军事法庭口译的主要难点在于法律和军事术语、方言和俗语。作者还分析了译员及其口译策略对诉讼程序可能产生的影响，思考当代国际法庭译员应如何调整口译的交际策略，如何提高口译质量、确保口译的有效性和准确性，以确保诉讼程序的公平性。在复杂的多语种、多文化、多种法律背景的环境中，译员在使用法律语言进行工作时会遇到什么样的挑战，对军事法庭的审判会造成什么样的影响，作者都娓娓道来。作者首先回顾了"二战"至今国际国内战争罪审判的口译方法，以同声传译为主，有时使用耳语同传。作者接着分析了法庭口译对诉讼程序和译员应答的影响。译员在法庭上会遇到诸如法律术语和法庭程序等方面的概念和词汇障碍，也会遇到军事或政治词汇空缺，还有地方性方言的语言转换等。翻译不充分或者不一致会影响证据的有效性，进而影响审判结果和司法正义。作者还分析了法院和口译用户在保障口译沟通准确性方面的作用，例如更换个别译员或者改善口译员的工作条件等。作者介绍了当代国际审判遇到的问题，讨论国际法院在解决翻译问题过程中的专业化演进。作者指出，文献记载的问题包括同声传译设备的技术实现、翻译人员的招募与训练、译员的工作环境、法庭确保翻译质量的措施，以及翻译用户在其中的作用。法庭也力图全面解决可能干扰证据呈现和诉讼程序的翻译问题。当代国际法庭的译员们在翻译中可能会面临很多词汇和文化的问题。研究结论是："在国际刑事法庭中，成功的翻译交际需要译员具备高质量的专业技能、法庭具备保障翻译质量的体制机制，同时还需要法官和律师充分了解说话人的文化背景，并在多语言法庭环境中及时地调整访谈策略、充分解决交流中的困难。"法庭可以通过健全体制机制，系统培养译员等方法做好充分的准备，以应对可能出现的各种挑战。

第九章的作者从用户的视角，回顾了自己在1999年东帝汶国际部队维和行动和苏门答腊援助行动等军事任务中与澳大利亚国防军译员的合作经历，认为"随着国际冲突、维和以及国际人道主义救灾等种种跨国军事行动的增加，任何国家的军队都很难在远离国土的行动中迅速掌握当地的语言和文化。因此，优秀的译员对于行动的成功非常关键"。军事指挥员们在一次又一次的国际军事任务中逐渐认识到熟悉当地语言的译员对于人道主义救援行动的积极作用。进入一国开展行动前应该了解当地的风俗习惯和文化特征，找到熟悉当地语言的译员提供语言保障。只有在援助者和被援助者之间建立融洽的关系，人道主义救援行动才会有积极的成果。

第十章的作者从其个人在伊拉克战争期间担任澳大利亚国防军译员的经验出发，指出"语言与翻译是作战计划中的关键要素，对海外军事行动的成功至关重要"。作者采用口述史的方法研究了澳军和伊拉克译员的风险感知、风险分类和风险管理方法，构建了伊拉克译员的风险管理模型，分别从军事风险、自然风险、社会政治风险、经济风险的角度，描述了伊拉克战争中译员所感知和经历的风险性质和周期性变化特征，并为澳军提供了未来战争或非战争军事行动的风险管理策略建议。作为战争的组织者，需要事先对战争的危险性进行评估，开展风险管理培训，培训对象包括所有参战的战斗员与非战斗员，强化他们对于风险的承受意识和能力，以及压力承受和自我恢复能力。这对所有军事指挥官而言都是一个忠告，必须引起高度重视。伊拉克译员面临的风险主要来自宗教冲突，他们与外国军事力量合作这件事被认为是不忠于自己的人民和社会，不忠于自己的宗教，因而受到争议，也面临严重的身心伤害危险。因此，澳军通过"交战规则"保护这些伊拉克译员，关注的程度与自己的士兵一致。伊拉克译员要跟士兵一样面临军事风险和自然风险。这从另一个角度提醒军事指挥官，译员不仅仅需要两种语言及其转换技能，还需要具备军事甚至生活的经验和知识，例如如何在恶劣天气条件下自我保护等。伊拉克译员面临的政治风险是被自己的民族、国家或政权认为他们为外国军事组织提供翻译服务是在帮助敌人，并将他们当作敌人一样对待。他们需要采取自我保护措施，以免自己乃至家人受累。甚至译员参与的国际项目招投标等经济活动的翻译都会影响到译员的角色、身份和地位，成为危险因素。上述经验教训对任何国家的军事组织与管理人员都是非常宝贵的，需要认真对待。

在第五部分"结语"中，两位编者就战时跨文化交际经验、交际策略、语言教学、译员经验等方面进行回顾，并展望了战时跨文化交际相关问题在未来的研究方向与挑战。目前，无论是在翻译研究还是战争研究领域，战争中的语言问题都未能得到与其重要性相对应的关注，本书各章节分别从国家、机构和个体的角度，囊括了教学、法庭、维和、国际传播、人道主义援助等不同军事领域的语言交际场景，体现了战时跨文化交际的重要性与复杂性。

三、本书的特点

《战时交际、口译和语言》一书融合了翻译学、军事学、历史学、人类学、传播学等学科领域的方法与视角，具像化描述了战争和冲突时期的翻译和跨文化交际的历史与现在，揭示了语言与翻译在战时交际中的重要作用与深远影响，并进一步提出了语言教育、国家政策等层面的有关思考。更加难得的是，本书在展示战时跨文化交际的社会历史背景的同时，还凸显了译者的主体性，将隐身于战争叙事幕后的译员推到台前，通过对历史与当代参与战争冲突的译员个人和群体的一系列深入描述，让他们的身影清晰可见，让读者深入了解战时语言保障的提供者和使用者的经验，鲜活又生动地展现了语言与翻译在战时跨文化交际中的角色、作用与重要性。

21世纪的战争和非战争军事行动的一大特征就是多国参与，联合国维和、救援减灾、联合演习、国际传播等各类当代军事任务势必会涉及多语种、多文化的交际问题。随着中国不断积极推进国际军事交流与合作，展现大国军队的国际责任与担当，我国学术界也应重视战争与冲突中的语言应用研究和翻译研究，重视国别研究和文化差异研究，更应重视研究跨文化军事交际行动的参与主体之一——译员。作者认为，"语言是战时跨文化体验的重要组成部分，但战争中的跨文化交际不仅仅是通过译员在双方之间传递信息。在军事交际中，要弄清译员的角色任务，关注他们如何将自己的想法、设想和价值观投射到跨文化交际中。"因此，译员作为跨文化交际的中介，即使未来军队可以使用便携式翻译设备，译员的主体作用仍然是不可忽视的。值得探索的译员研究包括译员的能力构成、翻译的质量评估、译员的角色与身份认同、译员的职业道德规范以及译员的培养和管理等主题。此外，军事研究要关注战略战术问题，更要关注社会问题。语言、文化与社会之间错综复杂的关系，有可能会对军事行动造成不同的影响。战地口译、战时交际、战犯审判、军事谈判等不同交际场景的军事翻译都存在特定的交际需求，需要译员根据情况采取不同的口译技巧和策略。因此，在培训译员时，需要针对不同军事交际场景的翻译策略进行教学训练；还要对译员做心理建设，提升他们的风险意识，教会他们应对不同交际需求的方法，了解潜在的风险和应对的策略；同时要引导译员关注两种不同的社会、文化和语言之间可能产生的矛盾与冲突，提前广泛储备相应的语言知识、国别知识和跨文化交际知识。

总之，本书及其系列丛书可以为中国的战争史和当代军事研究提供语言与翻译这一重要的研究视角，也为翻译研究提供跨学科的研究内容和研究方法。同时，在本书的基础上，我们不应止步于回顾历史、总结经验，还应加强理论性思考，并结合实证调研分析，就战时跨文化交际的语言政策、能力培养、质量评估、人才管理等方面提出系统性的深入认识，关照国家的现实需求，推动当下军事语言和翻译教学与实践不断发展进步。

穆　雷

广东外语外贸大学高翻学院

前言

本项研究关注英国在第二次世界大战欧洲战争期间的外语发展史,是由英国艺术与人文研究理事会(Arts and Humanities Research Council)所资助的"战时语言"(Languages at War)项目的成果。我们衷心感谢理事会以及该项目的最初合作机构(雷丁大学、南安普顿大学和伦敦帝国战争博物馆)的支持。

我们非常高兴能够与帝国战争博物馆的同事们合作,特别感谢慷慨的 Samantha Heywood 和 James Taylor 所做出的重要贡献,并感谢丘吉尔战争博物馆(Churchill War Rooms)馆长 Phil Reed。我们的咨询小组充满活力,由知名学者和学术界人士组成,为我们全程提供了指导。我们感谢 Christine Adamson、Robin Aizlewood 博士、Mark Cornwall 教授、Anne Curry 教授、Christopher Duggan 教授、Debra Kelly 教授、Charles Kirke 博士、Andrew Knapp 教授、Justin Lewis 中校、Andrew Parrott 中校和 Frank Tallett 博士。

我们也对战时语言研究小组的其他成员(Louise Askew、Catherine Baker、Mike Kelly 和 Greg Tinker)提供的见解和建议深表感谢。与他们的讨论推进了本书的写作,也丰富了本书的内容。

最重要的是,我们感谢那些与我们分享"二战"记忆的男性和女性,他们的声音和话语贯穿了本书的各个章节。我们希望,在编写本书的过程中,我们能够以某种方式将他们在战场前线使用外语的经历发扬光大。

希拉里·福蒂特(Hilary Footitt)

西蒙娜·托比亚(Simona Tobia)

目 录
CONTENTS

第一部分 导论 / 001
　　导论：理解战时交际、口译和语言 / 003

第二部分 战时跨文化交际的经验 / 025
　　"一战"期间跨文化交际和澳大利亚士兵的经历 / 027
　　陌生的盟友：反恐战争时期澳大利亚在阿富汗和伊拉克的跨文化交际 / 051

第三部分 交际策略和语言教学 / 079
　　战争对澳大利亚高等院校日语教学的影响，1917—1945 / 081
　　强化课程在交战区语言教学中的效果 / 099
　　多国军事行动中战略传播的挑战：美国和德国在国际安全援助部队中的做法 / 119

第四部分　译员在战时和战后的经历 / 139

再寻家园：1941—1943年德意志国防军中的俄国译员 / 141

1945—1951年澳大利亚战争罪审判中的口译员：从"已然"到"偶然" / 167

战争罪审判中的"战争语言"翻译 / 188

与澳大利亚国防军译员的合作：个人经历的反思(1999年在帝汶以及2005年在亚齐) / 225

风险意识及其管理：伊拉克战争中为澳大利亚国防军服务的伊拉克译员的经验教训（2003—2009） / 241

第五部分　结语 / 273

战时跨文化交际和语言：回顾及展望 / 275

致　谢 / 286

第一部分

导论

战时交际、口译和语言
历史与当代视角

导论：理解战时交际、口译和语言

阿曼达·劳格森（Amanda Laugesen）

理查德·格尔曼（Richard Gehrmann）[①]

战争不可避免地将使用不同语言的人会聚一处，成功的交际对于战争顺利进行至关重要。然而，有关战争中语言和交际方面的研究，特别是针对特定战争和特定国家战争叙事方面的研究还大有可为。希拉里·福蒂特（Hilary Footitt）和朱利安·沃克（Julian Walker）等学者认为战争涉及多语环境，因此必须从语言方面加以理解[1]。福蒂特也曾在另外的场合指出，语言"无疑是战争物质性和象征性的内在组成部分"[2]。

受此启发，2017 年末，澳大利亚国立大学举办了一场以"战争和冲突时的语言"为主题的研讨会。会上，来自世界各地的专家学者从不同的学科视角探讨这一主题。本书及其姊妹篇《澳大利亚和太平洋地区的战争表达：语言、创伤、记忆和官方话语》均以此次

[①] 阿曼达·劳格森，澳大利亚国家词典中心，澳大利亚国立大学，澳大利亚堪培拉首都直辖区，电子邮箱：amanda.laugesen@anu.edu.au
理查德·格尔曼，南昆士兰大学人文与传播学院，澳大利亚昆士兰州图文巴市，电子邮箱：richard.gehrmann@usq.edu.au

研讨会的成果为基础编写而成，延续了帕尔格雷夫战争中的语言研究系列的宝贵学术成果[3]。

本书旨在拓展我们对世界范围内曾经发生或者正在发生的冲突/战争中的翻译和交际各方面的认识，并通过阐述战时口译故事，丰富我们对口译员的工作性质和经历的了解，并加深对冲突地区和战争罪行审判中的翻译政策及有关问题的认知。近年来，越来越多的学者围绕语言服务人员、口译员和笔译员在战争中所发挥的作用展开研究。福蒂特和托比亚（Tobia）就曾指出需要重点研究的问题包括：语言翻译过程如何被用来构建赞同或支持战争的话语；译者扮演何种角色；以及译者"隐身"的问题[4]。他们还呼吁研究者应该注意考虑译者的阶层和性别，以及译者个人态度如何影响其语言翻译行为等问题[5]。莫娜·贝克（Mona Baker）进一步补充到，翻译和口译应当被视为战争体制的基本组成部分[6]。这些提议对于揭露和抵制那些支撑暴力冲突的叙事至关重要[7]。

此外，我们还试图揭示战争中跨文化交际的复杂性。战争可以理解为相互关联的空间，是来自不同语言文化背景的人相互交际的区域。维尔纳（Werner）和兹默曼（Zimmermann）提倡一种他们称之为"跨越历史"（histoire croisée）的理念[8]。这一理念的核心概念是"交汇"[9]。他们主要分析"个人将自己与世界联系起来的具体方式、世界的具体构造，以及在每个特定情况下这种特定活动所产生的背景要素"等问题[10]。交互和接触的理念对于语言与战争的研究大有裨益，而语言和交际为理解战争与冲突背景下跨文化交际的本质提供了一面棱镜。

战争及其语言需求

战争离不开语言。20世纪以来,军队越来越意识到,战争的准备工作需要语言工作者的支持以及语言和文化方面的培训。训练有素的军事口译员至关重要,但战争爆发后,对语言的需求也可能会有所变化。除了专业译员,军队往往还需要雇用当地的译员。一旦到了战地,现实的挑战可能需要我们立即制定一系列行之有效的语言和交际策略。一方面,战争时期的笔译和口译史需要涵盖更为广泛的语言技能运用层面的要求;另一方面,个案研究也是非常有必要的,尤其是口译员以及现场口译活动的实际经历。这些现实故事可以凸显战争历史中许多独特的经历和问题。

下文将简要介绍五位口译员的职业经历,以更好地阐释战时交际、口译和语言三个主题之间的相互关联。他们的故事让人们对那些在战争中使用语言技能完成各种任务的人的不同经历有一个直观的认识。他们有着不同的背景、动机和经历。这些,与他们在军队系统中的自我定位一起,共同培养了他们运用语言技能推动军队和国家事业前进的综合能力,同时也促进了他们自身的发展。军队语言工作者是战争不可或缺的一部分,他们的自身情感,在各自战争经历与感受的作用下,塑造出不同的语言行为。他们共同展示了在战争不同时期语言人性化的一面。

在带薪假期中获得相关资质和能力:专业口译员

英国将军约翰·马歇尔·康沃尔爵士(Sir John Marshall-Cornwall)(1887—1985)决定要考取口译员资格,其原因除了他自身的语言天赋之外,也和他通过学习语言和取得口译员资格可以获得的利益是密不可分的。马歇尔·康沃尔学过法语和德语，并在伍尔维奇皇家军事学院获得了德语第一名的成绩，这充分表明了他对语言的兴趣。在他的父母从印度殖民地退休回到爱丁堡之后，马歇尔·康沃尔也被派遣到那里的驻军。然而当时军队条令规定，军官不得在驻地休为期两个月的年假。所以，在1908年到1914年期间，他开始每年在国外休假两个月，学习一门当地语言，并正式获得该门语言的口译资格，因此，他的年假也获得了由战争办公室提供的一系列语言补助金的资助。

马歇尔·康沃尔的语言才能使他迅速成长为一名专业的军事口译员，并首先在1908年和1909年获得德语和法语资格认证。英军中尉的工资自100年前的拿破仑战争以来就从未涨过，能够拿到50英镑的德语津贴和25英镑的法语津贴是非常受欢迎的。马歇尔·康沃尔在德国滑雪时与一位挪威军官偶然相遇，并受邀访问挪威。于是，他的语言翻译资格逐渐从挪威语扩展到瑞典语，再到荷兰语。与那些不够勤奋但出身富有的同时代人不同，马歇尔·康沃尔一直利用假期学习，并很快就获得了意大利语和西班牙语的资格认证[11]。这位语言多面手仅在第一次世界大战中被迫暂停过他的语言学习。"一战"期间，他的语言能力使他在军事情报工作中取得了丰硕的成果，承担了包括审问战俘、翻译文件以及分析德军在西线的部署情况等任务[12]。

战后，马歇尔·康沃尔被派往土耳其，他开始学习土耳其语和现代希腊语。学习土耳其语的决定使他在伊斯坦布尔享受了为时6个月的官方语言假期，以及125英镑的语言津贴。这是一个非常愉快的工作假期，因为此时他的土耳其语实际上已经非常流利了[13]。

随后，他被派往中国工作，获得了基本的中文资格认证和 50 英镑的语言津贴。最终，马歇尔·康沃尔在埃及工作期间还取得了阿拉伯语的口语翻译资格证书[14]。在整个"二战"期间，他担任了与土耳其政府沟通的谈判员和军事指挥官的职务，并最后从军情六处和特别行动处的岗位上退休[15]。他所获得的 11 个口译员资格证书和极富创造性地利用假期学习语言的能力表明，语言工作者能够充分利用军队制度在享受假期的同时促进职业发展。

非母语者的母语者人设塑造活动

与勤奋的马歇尔·康沃尔相比，少将爱德华·斯皮尔斯爵士（Sir Edward Spears）（1886—1974）在成为英国军事译员方面有着天然的优势。他出生于一个长期居住在巴黎的英国家庭，在法国的童年生活使他在说英语时自然流畅并带有轻微的法国口音。斯皮尔斯后来加入了英国军队，他与众不同的成长经历深刻影响了他的军官职业生涯。斯皮尔斯成为一名合格的法语口译员，当时，英国和法国正在为可能与德国发生的战争进行秘密计划，他加入了一个在巴黎与法国军队合作的英国军官小组。他在 20 岁时将一份关于最新日俄战争的法语军事报告翻译成英文，进一步证明了他的军事语言能力[16]。

与法国军队的密切联系及其对母语的熟练掌握使斯皮尔斯在第一次世界大战开始时成为一名联络官。在这个岗位上，他取得的成就远远超过了人们对他这个级别的军官的期望。作为一名初级军官，他承担了英国指挥官约翰·弗伦奇爵士（Sir John French）与法军之间的联络工作。这段经历是他战后出版的《联络 1914》一书的基础，书中阐释了口译员的重要性和权威性。在这个例子中，一名资历较浅的军官能够为他的上级进行翻译，有时甚至还能为他们提供指导。斯皮尔斯终身都是一名法语爱好者，以致当时一些英国人对他的忠诚度产生了怀疑。在"一战"与"二战"之间的间隙，斯皮尔斯入选国会，然而他的亲法观点导致他被称为"巴黎议员"。

　　斯皮尔斯在第二次世界大战期间重新参军，并再次运用自己的语言技能在英军和法军之间进行联络。这次他作为一名少将，与执政的保守党有着密切的政治联系，并以平等的身份进行发言。斯皮尔斯精通法语，担任要职，在试图阻止法国政府1940年投降中发挥了积极的领导作用，尽管这一尝试最终并未成功。作为一位知名的法语工作者和高级军官，他投身查理斯·戴高乐（Charles de Gaulle）领导的自由法国运动，致力于降低法国殖民统治者对于亲德国的维希政府的忠诚度。斯皮尔斯最终被任命为英国驻黎巴嫩和叙利亚特派员。1942年至1945年期间，他在这些前法属地区是一位颇具影响力的人物[17]。斯皮尔斯的故事向我们展示了一名军队语言工作者的形象。他对一个并非自己祖国的国家有着发自内心的热爱，不论是年轻时作为初级军官还是中年时作为高级军官，斯皮尔斯都在制定高层政策方面发挥了重要作用。

友善的业余审讯员

　　一等兵汉斯·沙尔夫（Hanns Scharff）（1907—1992）被公认是第二次世界大战中最成功的审讯员之一，他可以被归于那类在正确的时间出现在正确的地点，并因其出众的技能和观察力而取得成功的业余人士。他出生于德国的沙尔夫，在南非工作过10年，在那里与一个母语为英语的人结婚，并对英语语言和文化有了深刻的理解。战争爆发时，他到德国探亲，出于一个偶然原因，被征召入伍。尽管他的英语水平很高，他还是受训成为一名步兵并被派往俄罗斯前线服役。在此过程中，他的妻子成功说服了一位将军，让他相信沙尔夫所具备的（语言）技能可以发挥更具建设性的作用。此后，沙尔夫被调到一个审讯中心担任行政职务。在那里他花了大把的时间来观察其他审讯人员的工作，并尝试判定哪些审判是成功的，哪些是不成功的。他最终被派去参加德国空军的翻译培训课程，并被聘用为审讯员。

战时被俘的盟军飞行员通常会受到严厉的处置，然而沙尔夫却以友善的方式化解他们的敌意。他首先会和战俘进行一系列的正式面谈，之后几天会与他们进行看似毫无意义的闲谈，并偶尔会去林间漫步，以此获得信任。在他的回忆录中，他举了一个施展审讯技巧的例子，说明他如何从战俘身上获取信息：为了弄清盟军战斗机飞行员为什么用白色曳光弹射击，他们攻击地面目标的具体命令是什么，以及在什么情况下释放远程备用燃料箱，他采取轻松闲谈的方式，中间恰当运用美式俚语，传递微妙的奉承，将德国和美国进行诙谐的比较，再加上友善的表达，在不经意间引出关键问题，并顺利获得答案，这些信息被收录进了随后的审讯报告中，而这个可怜的战俘飞行员甚至都没有意识到他当时在接受审讯[18]。

沙尔夫是一个没有受过训练的审讯员，他通过观察其他审讯员的成功经验和失败教训，并进行反复尝试，形成了一套自己的方法[19]。这一方法从信息来源本身的角度出发，至今仍被采纳和研究[20]。第二次世界大战期间，类似沙尔夫这样的审讯口译员的经历对军事情报工作产生了深远影响。战争结束后，他受雇于美国反情报部门，随后移民到美国，并向军方介绍了他的审讯技巧[21]。从"冷战"时期开始，美国的审讯培训借鉴了沙尔夫对数百名空勤人员进行"友好"审讯的经验。

拯救生命的文化知识

澳大利亚准尉阿瑟·佩奇（Arthur Page）（1922—2011）出生于日本的一个希腊－俄罗斯帕帕多普洛斯家庭，在日本保姆的影响下，他从小就学会了日语。佩奇在神户英语神学院学到了他后来称之为"完美的英语"。当时他的许多同学都是日本和欧洲混血，随着第二次世界大战的爆发，他们加入了不同的军队，有两兄弟还分别在英国和日本军队中服役，其中一人后来作为囚犯来到佩奇所在的审讯中心[22]。在日益高涨的仇外情绪中，佩奇一家乘坐战前最后一艘中立船离开了日本，并于1941年7月抵达澳大利亚。

阿瑟·佩奇和他的父亲认为他们的语言技能可以服务于澳大利亚军方，并试图参军，但由于他们的外国背景遭到拒绝。直到日本参战后，两人才被征召入伍，佩奇被专门分配到了陆军下属的一支"不会说标准英语"的外国人队伍中[23]。他的'外国人'身份使其技能无法施展，直到日军对他所在的澳大利亚西海岸的基地进行轰炸时，他通过发动机的声音准确地识别了飞机类型[24]。佩奇对自己为何熟悉日本飞机的解释使大家意识到他拥有极其宝贵的日语技能，很快他就被调到了情报组。

佩奇和他父亲的新岗位使他们的语言技能有了用武之地。佩奇最初的工作是翻译日语广播，后被派往布里斯班郊区的印多罗波利审讯中心担任A级审讯员[25]。佩奇认为，审讯比翻译文件更加容易。

他从保姆那里学到了日语,并接触到日本的日常生活,但是书面日语的知识比较有限。他解释说,对日本囚犯的审讯既涉及语言知识,也涉及文化知识。日本的军事文化给士兵灌输了永远不能投降的概念。那些被俘虏的士兵从未料到这种情况会发生在自己身上,因此会感到紧张和痛苦。由于他们将日本文化视为一种不为人知的独特文化,当发现审训人员居然能说日语时,他们通常都惊得目瞪口呆。这种情况下,他们几乎都会如实回答审讯人员的问题[26]。在随后的军旅生活中,佩奇在解放菲律宾期间加入了美国军队,并在战争罪行审判中担任口译。然而他最艰难的战时经历当属战争结束时与澳大利亚人的合作。

日本政府投降后,一项关键的工作是确保整个东南亚地区的日本各级指挥官也宣布投降,这是一项需要高水平翻译技能的任务。佩奇在婆罗洲岛上的两次日军投降中都扮演了关键角色。首先,他被派往巴里帕潘,协助第七师师长米尔福德(Milford)少将接受日方的投降。米尔福德为了避免更多的伤亡,需要"一个了解日本人性格以及语言的人,一个能够在会谈中读懂日本人心理的人"[27]。佩奇参与了与日方的一系列会谈,他向上级建议可以先说服日本人考虑暂时中止对抗行动,再逐步让他们接受投降[28]。

对佩奇来说,一个更具挑战性的经历是在婆罗洲的班加玛欣举行的日军投降仪式。在这次事件中,他对日本文化的了解发挥了远比他的语言能力更为重要的作用。在投降仪式之前,他试图为澳大利亚指挥官罗布森(Robson)上校解释一些重要的日语语法和词汇以及日本文化的耻辱观等关键方面。然而,罗布森对此不屑一顾。在投降仪式上,他要求日本指挥官乌诺(Uno)将军把剑放在地上。

乌诺拒绝了。上校咄咄逼人地重复他的要求,气氛越发紧张,随着时间的推移,僵局不断加剧,压迫感和羞耻感越发强烈,日本将军几乎被推到了崩溃的边缘。在日本军国主义文化中,投降本身就是非常可耻的,把剑放在地上而非放在敌人的手中则象征着绝对的耻辱。佩奇看出,乌诺将军的军德和武士荣誉感很可能会导致他拔剑自杀,而在这之前他会先斩杀澳大利亚上校和他的译员。在接下来的几秒钟里,佩奇很快想出了一个合适的方式来消除这位将军对其个人荣誉的耻辱感。佩奇用言语说服他,放下他的剑仅仅意味着国家的失败和天皇的投降,而不是乌诺个人的失败和投降。佩奇把重点放在天皇而非乌诺身上,成功地阻止了一场可能发生的灾难。虽然他对跨文化交际中羞耻感问题的理解以及他所使用的恰当的表达对缓解可能出现的危机起到了至关重要的作用,但作为一名级别较低的准尉口译员,佩奇发现自己在仪式结束后就被无视了,甚至连一句感谢都没有得到[29]。这个故事给我们展示了战时沟通和口译的另外两个方面,即了解对方文化的重要性,以及上级与口译员合作的必要性,而不仅仅是把口译员当作一台语言机器。

理解文化,解读陌生事物

最后一个战时军队语言工作者的故事发生在当代,与凯拉·威廉姆斯(Kayla Williams)中士(1976—)的经历相关。在参军之前,威廉姆斯先后经历过失业、进入大学并辍学、吸毒、叛逆、从事没有技术含量的工作等,但最终还是获得了英语文学学位。为了挑战自我并改变别人对她的看法,威廉姆斯在 2000 年应征入伍。威廉姆斯最初通过她的阿拉伯穆斯林男友接触到阿拉伯语,并学会了一些单词和短语，更重要的是，这段关系还让她对阿拉伯社会中隐含的文化结构以及阿拉伯人对西方社会的态度有了充分的了解[30]。威廉姆斯在美军语言测试中取得了非常高的分数，被列为第四类语言学生，得以在国防语言学院学习更难的阿拉伯语。她将该学院描述为"士兵们的大学校园"[31]。威廉姆斯接受了密码语言学的培训，并获得了信号情报专家的资格，在2003年伊拉克战争时被派往中东。

尽管威廉姆斯的专业职务主要是信号情报分析员，但她在伊拉克的战时语言经历还包括笔译和口译，有一次还承担了军事审讯员助理的工作。威廉姆斯起初以为会安排她协助审讯女性囚犯，但后来发现她是以会讲阿拉伯语的美国白人女性的身份参与羞辱伊拉克男性囚犯的审讯工作。语言和战争包含了文化知识和跨文化交际的因素，在本例中，这些知识被用来对付囚犯。当审讯超出了《日内瓦公约》规定的范围后，威廉姆斯感到不安，认为这是违法的，很有可能会适得其反，即拒绝参加后续的审讯工作[32]。

作为一名军队语言工作者，威廉姆斯的工作有更多积极的方面。在一些与当地人非常成功的互动中，她利用自己的阿拉伯语技能为军队做出贡献，在此过程中跨文化意识是始终需要的。威廉姆斯在位于巴格达的一支部队服役时发现了一个布满未爆弹的足球场。在与当地人交谈时，她了解到他们希望美国人清理现场，保障经常在此附近玩耍的儿童的安全。几天后，这一地区发生了一起意外爆炸，而她则受命为受伤和濒死的伊拉克人做翻译。其中一名伊拉克人腿部受伤流血，尽管情况严峻，想到一位女性会看到他裸露的生殖器他仍然感到尴尬。当时面临的情况非常复杂，她的美国上司极为担心可能发生二次爆炸，士兵们则试图治疗伤员，而一名死者的亲属又希望美国人为他们家提供一些补偿。根据伊斯兰法律，他们都是这场危机的当事人。这充分说明了战时语言工作者在当地可能遇到的复杂情况。威廉姆斯对此感到担忧，她觉得自己在帮助一些人，但却没有达到预期的程度[33]。在战争中承担语言工作的人往往会在忠于己方和关照翻译对象之间感到纠结。

有时，处理与美国同事之间的关系对威廉姆斯来说是个问题。士兵被派到一个语言不通、人群不熟、风俗习惯不同的陌生环境中时，会感到高度紧张并难以理解当地文化。在这种情况下，他们有可能会忽略本应该注意到的周围环境和声音。在威廉姆斯的故事中，有一次比较神奇的经历。她被派遣参与搜查一个伊拉克天主教修道院的任务。到达修道院后，士兵们遇到了一位面带微笑的伊拉克僧侣，他用英语解释说，他们没有什么可隐藏的。负责整个行动的军官停下来看着威廉姆斯，让她翻译，这时她解释说，这个僧侣刚才说的是英语。在这次奇怪的跨文化交际中，这位军官（威廉姆斯后来推测是他无法理解这位僧侣，因其看起来像外国人）坚持通过翻译来询问这位僧侣，尽管事实上伊拉克僧侣和威廉姆斯说的都是英语。这使僧侣感到困惑，也让中尉的下属士兵觉得好笑，但威廉姆斯越是坚持这位僧侣说的是英语，并不需要翻译，这位军官就越是要求她继续进行这种奇怪的非翻译工作。尽管威廉姆斯努力说服他，但这位军官仍然认为僧侣说的是阿拉伯语。僧侣后来开始简化和放慢他的英语，就像对孩子说话一样，这种交际一直持续到搜查结束[34]。这一事例再次表明，语言工作者纵然经验丰富，但也面临挑战，因为他们往往级别较低，无法很好地处理本来可以避免的交际障碍。

第一部分　导论

战时口译与交际：历史与当代视角

以上叙述呈现了将口译员及其工作作为研究对象而挖掘出来的复杂而动人的故事。通过挖掘这些故事，以及考察这些故事后面更为广泛的历史背景和政策环境，我们可以更好地理解战时口译员的角色以及战争中翻译和交际所面临的挑战。

本书各章节分别通过个人经历、口述历史访谈以及档案、日记和信件中留下的蛛丝马迹剖析战时口译与交际，旨在通过收录战争背景下个人的语言经历，为该领域做出原创性贡献。本书中一些章节的撰写结合了作者的研究领域和实践经历，目的是解决冲突和灾难地区以及战争罪行审判中的语言问题。这种叙述的手法与学术反思相结合，两者相得益彰，有助于丰富和加深我们对战时语言和交际的理解。

本书中几个章节研究并揭示了冲突环境下译员的故事和经历。阿曼达·劳格森（Amanda Laugesen）在她所写的章节中提到了"一战"期间澳大利亚第一帝国军的几位口译员。我们对那些在第一次世界大战中（正式或非正式）担任译员的人知之甚少，但他们的故事正慢慢地为人所知。奥列格·贝达（Oleg Beyda）的章节探讨了在第二次世界大战中为德国人担任翻译的海外俄罗斯人所面临的复杂环境。通过他们对自身经历的描述，贝达考察了他们从事此项工作的动机，并探究了他们在非常困难的情况下履行工作职责的方式。这一章为我们了解东线的复杂历史提供了一个重要的全新视角。

马特·格兰特（Matt Grant）和阿里·阿尔巴卡（Ali Albakaa）以自己在冲突和灾难地区的亲身经历为基础，研究了译员在当代冲突中的经历。2004 年海啸过后，格兰特随澳大利亚国防军一起被派

015

往东帝汶和印度尼西亚。通过他对这段经历的回顾,我们深入了解到澳大利亚国防军在语言专业人才使用方面的发展和演变,也让我们深刻认识到在冲突或灾难地区进行现场交流的挑战。阿尔巴卡曾在第二次伊拉克战争中担任澳大利亚国防军的当地口译员,后来他还研究了澳大利亚国防军有关翻译的经验和政策。阿尔巴卡以自己在冲突地区的亲身经历为基础,撰写了一个极富感染力的章节。通过对许多伊拉克口译员以及澳大利亚国防军官兵的口述历史访谈,阿尔巴卡总结了他们的经验教训,并建议应该制定明确的方针和政策,指导冲突中译员的行为并保障其利益。

本书中有两个章节也涉及战争罪审判中的口译问题。乔治娜·菲茨帕特里克(Georgina Fitzpatrick)的一章发掘了那些在"二战"结束时日本战争罪行审判中担任翻译的澳大利亚人的故事。通过口述历史访谈和大量的审判档案,她向我们证明了各类人群加入到口译工作中来并非偶然而是需求导向的,并指出了他们所面临的一些挑战。卢德米拉·斯特恩(Ludmila Stern)的一章基于其亲身经历,探讨了"二战"以来口译员以及相关法律制度在处理战争罪行审判中的交流障碍时所面临的各种问题。她在这一章分析了此类审判中口译工作的极端复杂性,口译员可能需要用到多种语言,而对文化的解读(包括传达不同文化和语言之间细微差别的翻译工作)可能会起到关键作用。和阿尔巴卡一样,斯特恩的一章为我们在未来审判中解决这些问题提供了宝贵经验。

作为备战的重要组成部分,语言教学是本书的另一个主题。詹妮弗·琼·鲍德温(Jennifer Joan Baldwin)的一章揭示了从第一次世界大战到第二次世界大战期间澳大利亚日语教学的历史。她不仅探讨了日语教学如何成为广义上的文化和军队政策的一部分，还向我们展示了澳大利亚日语教师的故事和经历。亚瓦尔·德赫加尼（Yavar Dehghani）是澳大利亚国防军的一名语言教师，他借此机会介绍了澳大利亚目前为军队教授语言技能的相关政策，以及对储备必要文化知识的考虑。

本书的一些章节介绍了21世纪战争中的语言和交际问题。凯文·福斯特（Kevin Foster）认为，阿富汗是澳大利亚历史上报道最少、公众最不了解的冲突地区[35]。我们期待发掘它的历史，相较于澳大利亚所卷入的其他军事冲突以及参与的维和任务，这或许更加真实[36]。特别是，此类冲突尚未对公众的认识和理解产生很大的影响。语言和交际的各个方面让我们得以在官方叙事之外逐渐了解澳大利亚参与和经历这些战争的真实情况。

凯文·福斯特在这一领域的研究表明，围绕澳大利亚在伊拉克和阿富汗的战争几乎没有公开讨论（人们对此甚至毫无认知）[37]。其他学者则研究了围绕"反恐战争"的公共话语如何被用来引导公众支持军事行动。例如，理查德·杰克逊（Richard Jackson）运用批评性话语分析的方法研究了在反恐战争中使21世纪的冲突合法化的语言[38]。贾斯敏·盖博（Jasmin Gabel）的研究使用框架分析方法探讨了联合部队中，各国政府表达参战意向所采用的各种方式，深度阐释了框架分析法如何揭示围绕参战形成共识叙事的困难。

语言在塑造身份方面也起着核心作用。这一主题将在本书关于跨文化交际的两个章节中进行讨论。劳格森的一章指出，第一次世界大战期间，澳大利亚士兵与外语的接触和有关经历巩固甚至塑造了其身份。理查德·格尔曼（Richard Gehrmann）的一章通过分析在第二次伊拉克战争中，澳大利亚士兵如何与其他盟军互动——在本案例中为美国人和荷兰人——提供了对文化差异和交际障碍的见解。本书的其他章节，例如关于口译员和语言教师的故事，也涉及跨文化交际的不同要素。这些故事共同表明跨文化交际（以及交际障碍）是战争经历的内在组成部分。

本书中各章节所采用的方法和信息来源大相径庭。正如福蒂特和托比亚所说，虽然语言和翻译可以被视作战争政策、实践和经验的必要组成部分，但是由于它们在档案中鲜有记载，这往往又是一个难题[39]。本书中的其他资料来源，特别是对于当代冲突，还包括了口述历史、回忆录和传记。虽然自我反思研究一直是一个有争议的领域，但正如伍德沃德（Woodward）和詹金斯（Jenkings）的研究所指出[40]，战争回忆录也可以进行定量评估，我们可以对其进行分析，了解士兵和退伍军人如何理解和定义他们自身的经历[41]。本书中的五个章节从当代冲突中汲取了个人经验，既提供了关于这些冲突的宝贵原始资料，又对在军事和冲突背景下语言和交际的各个方面提出了批判性思考。

除导论和结语外，本书还包含三个部分：战时跨文化交际的经验；交际策略和语言教学；战时及战后口译员的经历。每一部分都汇集了关于不同战争的章节，旨在将基于不同方法、学科视角和流派的内容兼容并蓄。

如前所述，本书第一部分讨论了跨文化交际的概念，展示了语言和跨文化交际问题如何被视为大多数现代冲突的关键方面。正如格尔曼所说，即使在英语国家，跨文化差异也会对不同国家之间的关系产生重要影响。本书的第二部分汇集了关于交际策略和语言教学的章节。在讨论了跨文化交际所面临的挑战之后，我们发现其中一些问题在语言教学和交际策略中都有所体现。第三部分重点讨论了交战区和战争罪行审判中的口译员形象。通过各种现代冲突中口译员的个人经历和档案记录，我们可以看到研究语言翻译人员的经历和行为的重要性，并通过他们的故事了解到跨文化交际中存在的一些挑战。

结论

《战时交际、口译和语言》一书旨在为研究战争和冲突时期的翻译和跨文化交际提供一种多学科方法。它研究了口译员在战争和战争罪审判中的历史和当代经验，并进一步思考了交际和口译中的政策问题。此外，它还凸显了战争环境下跨文化交际以及交际困难的重要性。这不仅让我们能深入了解战时语言使用者的经历，而且为战争史和当代军事政策提供了更为广阔的重要视角。

无论作为教师、决策者、口译员还是口译工作的服务对象，剖析战时语言使用者的生活体验都是十分有益的，本书的目的就是理解战争和冲突时期语言的作用并为正在开展的项目做出贡献。

注释

1. 希拉里·福蒂特（2016），"2016年的战争与文化研究：跨国的'翻译'？"，《战争与文化研究期刊》，9：3，第209‑221页，此处见第218页；朱利安·沃克（2017），《词语与第一次世界大战：语言、记忆、词汇》（伦敦：布鲁姆斯伯里），第28页。
2. 希拉里·福蒂特（2010），"战争中的语言：解放西欧的文化准备"，

《战争与文化研究期刊》，3: 1，第 109‑121 页，此处见第 111 页。

3. 这包括克利斯朵夫·德克勒克和朱利安·沃克（编）（2016），《语言与第一次世界大战：表征与记忆》（罕德米尔：帕尔格雷夫麦克米伦出版社）；朱利安·沃克和克利斯朵夫·德克勒克（编）（2016），《语言与第一次世界大战：跨国战争中的交际》（罕德米尔：帕尔格雷夫麦克米伦出版社）；希拉里·福蒂特和迈克尔·凯利（编）（2012），《语言与军事：联盟、占领与缔造和平》（罕德米尔：帕尔格雷夫麦克米伦出版社）；以及（2012）《战争中的语言：冲突中的语言接触的政策和实践》（罕德米尔：帕尔格雷夫麦克米伦出版社）。

4. 希拉里·福蒂特和西蒙娜·托比亚（2013），《战争话语：外语和英国在欧洲的战争努力 1940‑47》（罕德米尔：帕尔格雷夫麦克米伦出版社），第 2 页。

5. 福蒂特和托比亚，《战争话语：外语和英国在欧洲的战争努力 1940‑47》，第 10 页。

6. 莫娜·贝克（2006），《翻译与冲突：叙事性角度》（伦敦：劳特利奇出版社），第 1‑2 页。

7. 莫娜·贝克，《翻译与冲突：叙事性角度》，第 2 页。

8. 迈克尔·维尔纳和本艾蒂科特·兹默曼（2006），"超越比较：历史的岔路和反思性的挑战"，《历史与理论》，45，第 30‑50 页。

9. 维尔纳和兹默曼，"超越比较：历史的岔路和反思性的挑战"，第 37 页。

10. 维尔纳和兹默曼，"超越比较：历史的岔路和反思性的挑战"，第 47 页。

11. 詹姆斯·马歇尔－康沃尔（1984），《战争和战争的传闻：回忆录》（伦敦：利奥·库珀/塞克尔和沃伯格出版社），第7－12页。
12. 更多关于他所参与组织的信息见吉姆·比奇（2008），"身着制服的聪明平民：英国远征军的情报团官员，1914－1918"，《战争与社会》，27：1，第1－22页。
13. 马歇尔－康沃尔，《战争和战争的传闻：回忆录》，第65页。
14. 马歇尔－康沃尔，《战争和战争的传闻：回忆录》，第74，114页。
15. 马歇尔－康沃尔，《战争和战争的传闻：回忆录》，第202－208页。
16. 马克思·艾格蒙特（1997），《两面旗帜下：少将爱德华·斯皮尔斯爵士的一生》（伦敦：凤凰出版社），第8页。
17. 艾格蒙特，《两面旗帜下：少将爱德华·斯皮尔斯爵士的一生》。
18. 雷蒙德·托利弗（1997），《审讯者：德国空军的主审讯员汉斯·沙夫的故事》（阿尔特格伦：希弗出版社），第102－109页。
19. 普贾德·安德斯·格兰哈格，史蒂文·M. 克莱曼和西蒙·奥莱什凯维奇（2016），"沙夫技术：如何有效地从人力资源中获取情报"，《国际情报和反情报期刊》，29：1，第132－150页。
20. 列纳特·梅和普贾德·安德斯·格兰哈格（2016），"激发人类智慧的技术：检验沙夫战术的可能次序效应"，《精神病学、心理学和法律》，23：2，第275－287页。
21. 托利弗，《审讯者：德国空军的主审讯员汉斯·沙夫的故事》，第304－305页。
22. 阿瑟·佩奇（2008），《维克多与被征服者之间：抗日战争中的澳大利亚审问者》（洛夫特斯：澳大利亚军事历史出版社），第32，65－66页。

23. 佩奇，《维克多与被征服者之间》，第 1 页。
24. 佩奇，《维克多与被征服者之间》，第 51 页。
25. 佩奇，《维克多与被征服者之间》，第 87 页。有关该中心运作的更多信息见科林·芬奇（2003），《穿制服的语言学家：日本的经验》（克莱顿：莫纳什大学日本研究中心），第 98‐111 页。
26. 佩奇，《维克多与被征服者之间》，第 167 页。
27. 佩奇，《维克多与被征服者之间》，第 409 页。
28. 佩奇，《维克多与被征服者之间》，第 409‐420 页。
29. 佩奇，《维克多与被征服者之间》，第 423‐435 页。
30. 凯拉·威廉姆斯（2005），《爱我的步枪胜过你：美国陆军中的年轻女性》（纽约：诺顿出版社），第 33‐37 页。
31. 威廉姆斯，《爱我的步枪胜过你》，第 47 页。
32. 威廉姆斯，《爱我的步枪胜过你》，第 246‐252 页。
33. 威廉姆斯，《爱我的步枪胜过你》，第 130‐138 页。
34. 威廉姆斯，《爱我的步枪胜过你》，第 114‐121 页。
35. 凯文·福斯特（2013），《别说战争：澳大利亚国防军、媒体和阿富汗冲突》（克莱顿：莫纳什大学出版社），第 xvii 页。
36. 维和的官方历史已有记载，但其他描述相对较少。见剑桥大学出版社出版《澳大利亚维持和平、人道主义和冷战后行动的官方历史》第六册。澳大利亚在阿富汗战争的官方历史目前正在撰写中。
37. 凯文·福斯特（编）（2011），《信息战：战争中的澳大利亚人》（墨尔本：澳大利亚学术出版社）；凯文·福斯特（编）（2009），《我们在阿富汗做什么？战争中的军队和媒体》（墨尔本：澳大利亚学术出版社）；福斯特，《别说战争》。

38. 理查德·杰克逊（2005），《反恐战争：语言、政治和反恐》（曼彻斯特：曼彻斯特大学出版社），第1页。另一个关于反恐战争的公共语言的研究是约翰·杜威（2010），《战争文化：珍珠港/广岛/911事件/伊拉克》（纽约：诺顿出版社），主要审视"9/11"事件后，历史话语和陈词滥调是如何被重新发掘使用的。

39. 福蒂特和托比亚，《战争话语：外语和英国在欧洲的战争努力1940–47》，第5页。

40. 蕾切尔·伍德沃德和K.尼尔·詹金斯（2012），"地缘政治、军国主义和阿富汗战争回忆录"，《政治地理学》，31：8，第495–508页。

41. 例如弗朗西斯·霍顿（2019），《退伍军人的故事：第二次世界大战的英国军队回忆录》（剑桥：剑桥大学出版社）。

第二部分
战时跨文化交际的经验

战时交际、口译和语言
历史与当代视角

第二部分　战时跨文化交际的经验

"一战"期间跨文化交际和澳大利亚士兵的经历

阿曼达·劳格森（Amanda Laugesen）[①]

在澳大利亚第一帝国军（AIF）服役的新西兰人西里尔·劳伦斯中士（Sergeant Cyril Lawrence）在1916年6月写给姐姐的家信中说，他即将去英国享受一段时间的假期。他写到，在从法国前往英国的船上，有来自"法国几乎每个部队"的人员。"天哪，都是些什么乱七八糟的语言"，他说，"威尔士人试图与苏格兰人、毛利人和古尔卡人交谈，等等。"[1] 劳伦斯所描述的现象让我们注意到第一次世界大战的多语种性质。

战争将不同国籍的人聚集在一起，有平民也有军人。他们之间的沟通方式对于战争的顺利进行具有至关重要的意义，同时，沟通本身也是个人战争经历的一个组成部分。正如朱利安·沃克在其著作《词语与第一次世界大战》中所写："战争期间的多语制为人与人之间的联系提供了可能，为学习提供了机会，同时也为混乱提供

[①] 阿曼达·劳格森，澳大利亚国家词典中心，澳大利亚国立大学，澳大利亚堪培拉首都直辖区，电子邮箱：amanda.laugesen@anu.edu.au

了环境。"[2] 希拉里·福蒂特则进一步指出,"任何战争都会制造属于它自己的语言景观"[3]。

本章探讨了澳大利亚士兵在第一次世界大战中如何进行跨文化交际的问题,并分析了他们对这种交际的描述如何反映出他们的自我身份意识和文化理解。因此,它试图为重建第一次世界大战的"语言景观"做出贡献,同时也调查了士兵们如何经历和理解这一景观。本章还进一步致力于围绕"经验世界主义"开展研究,这一研究将世界主义视为现实生活,并探索包括冲突地区在内的人与人之间的交际活动[4]。

近期的学术研究已经开始考虑语言和交际在战争中的重要性问题[5]。第一次世界大战也在这一日渐丰富的研究领域受到关注。例如,克丽斯塔·考曼(Krista Cowman)关于英国士兵如何在西线学习和使用"战壕法语"的研究为这个交战区中的语言问题提供了重要视角[6]。而虽然在第一次世界大战期间口译员和语言服务人员的经历鲜为人知,但是相关工作已经在一定范围内开展[7]。最近的"一战"史也开始将语言和交际的经验纳入对战争各方面的宏大描述中,特别值得一提的是克雷格·吉布森(Craig Gibson)对英国士兵和法国平民之间复杂关系的研究[8]。

然而,澳大利亚的"一战"史很少涉及语言交际中存在的问题,以及它们所展示的战争经历。迄今为止,在第一次世界大战的环境下,人们很少关注澳大利亚士兵如何开展跨文化交际。因此,本章试图填补澳大利亚士兵经历中的这一空白,尤其关注澳大利亚士兵如何描述和理解这类交际行为。

第二部分 战时跨文化交际的经验

语言学习

正如朱利安·沃克所说，第一次世界大战是一场在多语言环境下进行的战争[9]。然而，到底有多少士兵会说第二语言尚无统计数据。尽管准确的数据难以统计，但克雷格·吉布森估计英国远征军（BEF）中精通法语的人不会超过 1%[10]。第一批澳大利亚第一帝国军也未统计过类似数据。我们目前掌握的一个数据是澳大利亚第一帝国军中的澳籍法国人员的数量不到 150 人，我们只能假设这些人会说法语[11]。而更多的澳大利亚士兵会说德语，因为在 1914 年，德国人是澳大利亚最大的非英国移民群体[12]。约翰·莫纳什爵士（Sir John Monash）是澳大利亚战争中最著名的军事指挥官之一，他就具备德语的会话、阅读和写作的能力[13]。但是，总体而言，"一战"初期会讲第二语言的澳大利亚人的数量估计不多。

其中有一名士兵抵达埃及后很快意识到，语言技能的缺乏使那些希望在国外与当地人交流的士兵步履维艰。哈里·卡德瓦莱德（Harry Cadwallader）在埃及兴奋地写信告诉家人，他刚刚第一次看了查理·卓别林的电影。然而，由于所有的字幕都是法语，很多内容他都无法理解。他在信中说："我真希望在学校时能够多花点心思学习语言。"[14] 卡德瓦莱德面临的情况也是许多人的典型经历，因此语言学习成为一些士兵努力追求的方向。

在战争期间，语言学习的形式多种多样，但大部分都是偶然发生的[15]。使用词典、指南和短语手册是习得一些具有实用价值的基本词汇和短语的一个重要手段。我们可以对这些印刷材料在士兵中传播的途径进行溯源：例如，1915 年春，英国远征军在西线部队中分发了 1000 本袖珍英法词典。1916 年夏天，在前往西线途中的澳大利亚军官都领用了法语初级读本[16]。战争中阵亡的澳大利亚士兵的个人物品清单也有关于字典（连同新约圣经、祈祷书和其他宗教文本）的记载[17]。

前线附近的士兵可以前往基督教青年会、红十字会和救世军的小屋和帐篷。这些场所为士兵提供了阅读、写作、听歌以及开展与战争和军事无关的其他活动的空间。这些组织还为士兵提供语言课程[18]。工兵爱德华·摩尔（Edward L. Moore）在1915年1月的日记中写到，在埃及时，他在基督教青年会学习了一点法语[19]。1916年4月，在他抵达法国一个月后，他写道："我现在开始学会一些法语单词，但我认为掌握这门语言可能需要几年的时间。"[20] 雷格·特尔弗（Reg Telfer）也在日记中写到，1917年，他在基督教青年会上了一段时间的法语课[21]。但语言学习的过程可能是很艰苦的，正如炮手达菲尔（W. J. Duffell）在一封家信中所说："我正在努力学习一些法语，但这是一项缓慢的工作，并不容易。"[22]

珀西·斯迈思（Percy Smythe）的故事让我们了解到士兵们坚持学习语言的各种途径。珀西在日记中第一次提到学习法语是在1915年8月前往中东的路上[23]。教科书和词典对他的学习过程至关重要：1916年4月，珀西写到他"为了学习法语买了一本法语小课本"[24]。几天后，他去了哈兹布鲁克，并在那里买了一本法英词典[25]。6月，他又买了一本书来帮助自学法语。一周后，珀西写到，他正在试图获得一些法文报纸，以便"了解最近的新闻"[26]。

不出所料，珀西的语言能力日渐提高。1916年7月，他被安置在圣奥马尔的一所房子里，在那里他可以用法语和那家人交谈。珀西在日记中指出："女性说的法语比男性说的要容易理解得多，因为她们似乎表达得更加清楚。"[27]。几天后,他与一名法国士兵和"他的女孩"交谈;他在日记中写到,后者"知道的英语和我知道的法语一样多,我们之间的对话进行得很顺利"[28]。珀西对自己的法语水平并不抱任何幻想,尽管他显然非常渴望并尽可能地尝试用法语交流。10月,珀西在日记中写到(几个月前他曾在索姆河作战)他"睡不着",于是就去了当地的村庄,用他自己的话来说,他在那里"对着几个妄想窥探他们兵营的法国佬叽里咕噜地说法语"[29]。1917年2月,珀西在伦敦休假期间购买了另一本法语课本[30]。然后,他在1917年4月用法语写了一段时间的日记,不过到了6月,他又开始恢复用英语写作。1917年10月,他写道:"我们有几个队友……法语讲得很好,""就像从电报机上读摩尔斯电文一样简单。不过,我也在进步。"[31]

珀西·斯迈思的故事深刻地反映了一个热衷于学习和讲法语的人设法掌握这门语言的过程。这表明了书籍和词典的重要性,以及与以英语为母语的人进行日常交流的必要性,尽管沟通和理解方面的困难仍然会让人有挫败感。战争结束后,珀西转而学习德语。1918年11月,他在日记中提到,他买了一本雨果的《简明德语》:"为我们今后去莱茵河学习一点德语做准备。"[32] 他的日记并中没有透露他具体如何学习德语。珀西于1919年8月返回澳大利亚。

前线士兵创办的士兵杂志也提供了一些基本的语言指导,尽管这些杂志通常倾向于使他们的语言指南更具幽默性而非教育性(见下文)。然而,也有一些例外。1918年10月,中东地区的士兵杂志面向在埃及和巴勒斯坦服役的澳大利亚和新西兰人出版了一期

《你好，咕咕》(*The Kia Ora Coo-ee*)①。其中收录了一篇题为"让阿拉伯语变得容易"的文章。编者解释说，这篇文章由一本阿拉伯语词典的作者撰写，应读者的要求发表。读者提出"应当将经常出现在杂志上的阿拉伯语单词和短语翻译出来，以方便国内读者阅读"[33]。这表明，虽然《你好，咕咕》的士兵读者能够理解一些阿拉伯语，但对于身处国内的士兵（这些出版物经常也会寄给他们）来说却有难度。在这里，语言教学对士兵而言不仅具有实际价值，而且可以作为士兵寻找与国内人员的共同文化基础的一种手段。在战争的影响下（尤其是通过战争期间的信件交流、新闻报道和与战争出版物），语言在一定程度上促进了澳大利亚文化的全球化传播。

《你好，咕咕》中的那篇文章还深度剖析了士兵对外语的看法，尤其是对阿拉伯语这类大家都不熟悉的语言。文章的"导言"部分写到，澳大利亚人和新西兰人认为阿拉伯语"就像汉语一样晦涩难懂"。同时文章也指出，很少有人知道阿拉伯语中的单词如何正确发音并对此给出明确的指导，更不用说提供阿拉伯语的语用方面的知识[34]。尽管诸如此类的指南通常都很简短，但仍然可以让那些希望得到更多指导的人更容易理解这门语言，而不仅仅只是作为士兵们幽默的来源。

总的来说，语言技能可以为士兵带来切实的好处。正如上文珀西·斯迈思的例子所展示的，具备一些基本的语言技能让他与当地居民和法国士兵的沟通更加有效。对于战俘来说，语言技能也可以

---

① 译者注：Kia ora 是一种毛利语问候语，意为你好；Coo-ee 源自悉尼地区澳大利亚原住民的达鲁克语，意为咕咕声的求救语

为他们带来很大的好处。玛丽·乔姆利（Mary Chomley）是一位战争期间在伦敦红十字会工作的澳大利亚女性。在她收到的信件中，身处欧洲的澳大利亚战俘请求该组织提供各种书籍，以度过他们难熬的监狱时光，其中就包括语言方面的书籍。二等兵阿姆斯特朗（C. R. Armstrong）是当时东普鲁士的一名战俘，他请求提供法语、德语和俄语词典。在给乔姆利的信中，他说希望"对这三种语言稍作了解，我认为现在是学习的最佳时机，因为我每天都与说这三种语言的人交流"[35]。而另外两名澳大利亚战俘二等兵莱特（J. T. Wright）和二等兵汉顿（A. L. R. Hanton）都希望学习德语语法[36]。莱特在信中还请求提供一本德语词典，他在给乔姆利的信中说，他"对德语略知一二，并希望可以深入学习"[37]。想必这些语言对于战俘与军官（以及当地人，如果他们能够逃脱的话）的交流是有用的。同时，语言学习在打发无聊时光和保持思维活力方面也非常重要[38]。

翻译人员

如前所述，在澳大利亚第一帝国军中有来自欧洲的士兵，包括法裔澳大利亚人和德裔澳大利亚人。这些人有着不同的语言背景，并将其带到军营中。许多德裔澳大利亚人应召入伍，不仅仅是为了表明他们对澳大利亚的忠诚（澳大利亚的反德情绪非常强烈），同时也因为德语技能在战争中非常有用。一些德裔澳大利亚人在审问德国战俘时就担任了口译员的角色[39]。

关于第一次世界大战期间澳大利亚第一帝国军语言翻译人员的经历，现有资料有限，但是的确有许多译员在部队中发挥了作用，我们偶尔也会听到他们的事迹。西里尔·劳伦斯指出，他的连有一位能说流利法语的口译员，他称其为"俄罗斯伯爵"[40]。而在珀西·斯迈思的连里，则由一位前学校教师担任口译员的角色[41]。查尔斯·宾（C. E. W. Bean）曾是加利波利的战地记者，后来成为澳大利亚第一帝国军官方历史学家。他也在日记中提到了加利波利有一名口译员。他写到，这名翻译可以与一些土耳其战俘交谈，并帮助他们获得一些食物和水[42]。

艾伯特·科茨（Albert E. Coates）是第二次世界大战太平洋战区的一名战俘，他对语言怀着一腔热情，后来成了一名杰出的澳大利亚医生。科茨出身贫寒，11岁就辍学。在导师的帮助下，他得以通过夜校学习入读大学，语言是他的学习领域之一。科茨在1914年加入澳大利亚第一帝国军，成为一名医疗勤务兵，先后被派往加利波利和法国服役。在埃及期间，他坚持学习法语和阿拉伯语[43]。对科茨来说，学习语言是一种自我消遣的方式，但他也意识到了语言技能的实际价值。在1915年的日记中他写道："阿拉伯语在与当地人交谈以及询问信息等方面非常有用，他们对一个能说一点自己语言的人抱有更多的尊重。"[44]

1916年3月，科茨被调到西线，在索姆河一带作战。由于他的语言才能，1917年2月他被分配到情报部门工作[45]。在西线期间，科茨花了大把的时间提升法语和德语，与战友一起学习，并利用一切机会阅读法语和德语出版物[46]。作为情报部门的一员，科茨在审问德国战俘和翻译德国文件方面发挥了重要作用[47]。

在澳大利亚第一帝国军服役的法裔澳大利亚人也有成为口译员的。冈特兰·德·图努尔伯爵（Comte Gontran de Tournouer）就曾在战争期间担任翻译，战后为澳大利亚帝国退役士兵水手联盟

（RSSILA）出版的杂志《昆士兰的澳大利亚士兵》撰写文章、诗词和绘制漫画。他于 1903 年抵达澳大利亚，被昆士兰大学录取，并在索邦大学学习。其后他在昆士兰培养起了对田园和甜食的爱好。他于 1914 年加入澳大利亚第一帝国军，并被任命为澳新军团骑兵师的助理检查官和口译员，在中东地区服役。据《昆士兰的澳大利亚士兵》报道，德·图努尔的检查和口译工作充分发挥了他所具备的八种不同语言的技能[48]。

另一位在第一次世界大战中担任口译员的法裔澳大利亚人是雅克·普莱奥斯特（Jacques Playoust）。普莱奥斯特生于法国，但在澳大利亚长大。战争爆发后，他加入了法国军队，在凡尔登和索姆河作战[49]。从 1918 年 1 月起，他隶属于澳大利亚第 5 师第 13 野战炮兵旅。普莱奥斯特既懂法语又懂德语，这使他成为一名非常重要的译员[50]。他所具备的信号知识对该旅也非常有用[51]。1918 年 10 月，普莱奥斯特在猛烈的炮火中拯救了法国平民的生命[52]。他随后被授予杰出行为勋章[53]。他作为口译员所承担的工作之一是"向长官汇报被解放村庄的情况。"[54]

普莱奥斯特深受澳大利亚同胞喜爱，他们称他为"啤酒（Turps）"①[55]。但这种喜爱似乎在很大程度上归根于他的"澳大利亚气质"。他的传记作者指出，澳大利亚士兵热衷于捉弄他们的法语口译员，有一次他骑马的时候他们故意让他的马受惊狂奔。"幸运的是，雅克是一位经验丰富的骑手。"他的家庭传记作者杰奎琳·德

---

① 译者注：这是澳新俚语，意为酒精饮品，尤其是啤酒。

怀尔（Jacqueline Dwyer）写道，"他不仅控制住了局面，而且回来时还向士兵们喊出一连串好听的澳大利亚誓词。这让他赢得了士兵们的尊重，并为他们未来的友谊奠定了基础。"[56]

通过语言与"他者"交际以及澳大利亚身份的建构

澳大利亚士兵在海外遇到讲各种语言的人。对一些士兵来说，这是一种文化冲击，可能会引起不同的反应，如恐惧、厌恶或兴奋。士兵们对语言交际的描述让我们了解到澳大利亚人如何看待他们眼中的"异国他乡"，以及语言如何在澳大利亚身份建构中发挥作用。

对澳大利亚人来说，埃及无疑是一个对立的存在。来自澳大利亚新南威尔士州福布斯小镇的德兰（T. E. Drane）在抵达开罗后不久就参观了当地的市场。"这里有法国的阿拉伯人、土耳其人、印度人、达戈人。"他在日记中写道，"太阳底下的每一个民族都在这里。"[57] 他和他的伙伴们随后去了一家法国酒吧，在那里他觉得说法语的人听起来"就像动物园里的猴子一样"[58]。种族主义显然影响了许多澳大利亚士兵在国外尤其是在中东的交际行为[59]。例如，澳大利亚第一帝国军士兵约翰·贝恩施（John Baensch）称埃及人为"鬼佬"，虽然他为了与埃及人交流而学习了一些阿拉伯语，但他将他们的语言描述为"胡言乱语"[60]。这样的描述并不罕见。对吉姆·麦康奈尔（Jim McConnell）而言，德国人（"德国佬"）说话"含糊不清"[61]。而在上文中，珀西·斯迈思也形容他自己讲的法语是"一通胡扯"。

当澳大利亚士兵去英国休假时，他们通常对可以回到讲英语的文化环境而感到如释重负。1916年6月，在英国休假的亚瑟·戴维森（Arthur Davison）写信回家说："（你）不知道，在国外待了 13 个月以后，到达福克斯顿的车站看到英语、听到英语的感觉是什么。这就像是回到自己家乡一样美妙。"[62] 阿尔弗雷德·莫里森·斯图尔特（Alfred Morison Stewart）在西线受伤，被送往英国休养。他在日记中写道："回到真正的文明社会，看到每个人都是英国人，而不是外国人，的确是一种享受。"[63] 斯坦利·托马斯·塔克（Stanley Thomas Tuck）同样表示，带着"思乡病"去英国时，他很高兴来到一个"干净、整洁、芳香、讲基督教语言"的地方。他接着说："听一个文明人清楚明了地说话真是太好了。"[64]

战后，沟通不畅可能会成为幽默的来源。曾在法国第 9 野战救护队服役的一名士兵在澳大利亚帝国退役士兵水手联盟（新南威尔士州分部）的杂志《起床号》的一期中，描述了他试图买一个煎锅来做鸡蛋和土豆的过程：

煎锅是我们法语中没有的词汇，所以我们试着用手势向店主解释我们的需求，同时强调我们对鸡蛋和土豆的喜爱。可是女店主仍然不解，摇了摇头。这时，我的伙伴脑筋一转。他拿起一张纸，画了一幅煎锅的图画。"好的"，夫人说，她微笑着点了点头，然后"嗖"地离开了商店，20 分钟后带着两个煎得很好的鸡蛋回来。[65]

战后一位法裔澳大利亚人为归国军人杂志撰写的另一篇关于"澳大利亚士兵的法语"的文章中，也把澳大利亚士兵有限的法语技能变成了幽默的源泉。有一则逸事描述了一个澳大利亚士兵试图告诉一个法国女人在她的花园里有几头牛，澳大利亚士兵说："There, you compre le lait beaucoup promenade your lettuce. No jolly bon for you?"作者写道，这句话可以直译为："你知道牛奶在你的莴苣上走。"他说，这是"波莉，你的奶牛在花园里"这句话的另一个版本[66]。100年过去了，要理解这类故事中的幽默并不总是那么容易，但在这类杂志中，沟通不畅是怀旧幽默的一个重要而常见的来源。这无疑反映了士兵们在战争中试图进行有效沟通的最真实的经历。

从这些关于与"他者"交际的简短描述中可以看出，沟通和语言在士兵的澳大利亚身份构建中起着关键作用。第一次世界大战经常被认为是澳大利亚民族主义发展的关键时期。澳大利亚派出如此多的士兵参战，其中很多战死沙场，特别是在1915年的加利波利战争，这种牺牲是澳大利亚民族主义意识形成的基础。通常，俚语被视为澳大利亚士兵彰显其民族身份的一种方式[67]，但在澳大利亚身份构建的过程中，语言的使用可以延伸到对于外语的思考，以及对于与其他英语变体有所不同的"澳大利亚语"的坚持。

如果说许多澳大利亚士兵认为自己是英国人，并将英国视为"家乡"，那么随着澳大利亚民族主义的发展，战争的经历为这种认同感带来了一些有趣的复杂性。澳大利亚士兵很快就尝试把自己描绘成比英国军人更加优秀的存在，他们自己的文化作品，比如士兵杂志，经常包含取笑英国人的趣闻逸事。例如发表在士兵期刊《号角》（*Honk*）上的一篇幽默的文章就展示了语言如何被刻意和自觉地用来强化士兵文化中的澳大利亚身份，而非英国身份：

一天晚上，两名英国士兵坐在一家酒馆里用法语大声交谈。邻桌的几个澳大利亚人觉得自己被人抢了风头，他们才不会允许这样的事情发生。于是，一位来自新南威尔士州的人兴奋地对他的同伴说："Wagga Wagga Walgett Woolloomooloo wee waa Wallerawang Woolgoolga yarramalang。""Woollongabba" 他来自昆士兰州的同伴回答道,"Cunnamulla toowoomba toowong thorgomindah indoroopilly camooweal goondinwindi。。" "Bondi coogee maroubra,"另一个斩钉截铁地说。这使英国人大吃一惊,"对不起",一个人问道,"请问你说的是什么语言?" "哦,那是我们的澳大利亚语",他说,"我们在来之前学过英语,但我们总是喜欢在自己的圈子里说自己的语言。"[68]

这则逸事中,士兵们巧妙地运用澳大利亚土著地名构建了一种虚拟语言。这种土著语言的使用并不是士兵文化所特有的,它借鉴了澳大利亚悠久的文化和民族主义传统和《简报》(*The Bulletin*)(在士兵中广泛传阅)等澳大利亚流行杂志所宣扬的土著文化。这类逸事(它构成了嘲弄英国士兵的更广泛文化的一部分)清楚地表明,澳大利亚人正在寻求构建自己区别于其他民族的身份。文中对英国人的描述正是澳大利亚士兵个人对英国人的真实态度的写照。他们并不太关注英国人和澳大利亚人(或新西兰人)的共同性,而更多地关注他们的差异性。英国士兵的方方面面,包括他们的口音,都可以成为被嘲笑的对象。例如,我们之前提过的西里尔·劳伦斯将英国口音形容为"古里古怪的"和"令人恼火的"[69]。

当然,语言也将澳大利亚人与他们的敌人区分开来。就双方使用不同的语言而言这是显而易见的。但这也意味着即使会说英语的德国人也无法理解澳大利亚英语的独特性。澳大利亚一家报纸报道了一则关于利用澳大利亚俚语发现隐藏在加利波利的澳大利亚士兵中的一个德国间谍的故事。一名已起疑心的澳大利亚军官问这个"叛徒":"这是纯粹的谎言(dinkum)吗?"叛徒无辜地回答说:"是的，那是我的名字。"他立刻被杀了①。这篇文章的标题是"通过使用俚语揪出德国叛徒"[70]。这里，我们再次看到了澳大利亚英语在战争时期被神化的过程及其塑造澳大利亚人对于"他者"态度的方式。

借用其他语言

战争时期，英语从其他语言中借用了很多词汇。这些借词证实了战争期间不同语言使用者之间的交流，以及澳大利亚人使用法语和阿拉伯语等语言的情形。澳大利亚士兵还借用了战前英国军队使用的一些词汇，其中一些词汇起源于英帝国在印度等地的统治时期。

在埃及和中东时，澳大利亚士兵从阿拉伯语中借用了很多单词，包括 aiwa、feloosh、igri、imshi 和 saeeda。aiwa 的意思是"是的"，借用了阿拉伯语词汇 aywah。Feloosh（来自阿拉伯语 fulūs）通常用来指"钱"。Igri（也作 igaree，来自阿拉伯语 ijri）用作感叹词"快点"，常与 imshi "走开"和 maleesh "不要紧"一起使用。这类术语的借用表明了命令句和祈使句在与当地人交际中的重要性。通过驻扎在埃及的英国军队，一些阿拉伯词汇早已在英式英语中出现。比如，baksheesh "免费的；不花钱的东西"（有时也作 bukshee），bukra（来自阿拉伯语 bukratan）"明天"；mafeesh "完成，完毕"，等等。

澳大利亚士兵还从法语中借用了许多单词，这些词汇通常在身处法国的英语部队中使用。这些词汇中，有些是对法语单词发音的

---

① 译者注：dinkum 在澳大利亚俚语中意为"谎言"，而这名叛徒不懂澳大利亚俚语，将"dinkum"理解成了人名。

粗略记录，例如 compree（来自法语 compris"明白吗？"），还有一些是法语单词或短语的英语化表达，比如 sanfairyann（来自 ça ne fait rien，"不要紧"）和 napoo（来自 il n'y en a plus，"没有了"）。其中一些词汇在战争时期非常流行：俚语词典编纂者、第一次世界大战退伍军人约翰·布罗菲（John Brophy）和埃里克·帕特里奇（Eric Partridge）在他们所著的《英国士兵的歌曲和俚语：1914—1918》一书中指出 compree 一词在战争期间"一直使用"。他们还用这样一句话来描述当时流行的词语 napoo："这个词被用来形容战争中的一切破坏、毁灭和失望。"[71]

澳大利亚士兵显然将这些单词融入了他们的日常词汇中，这在家书和日记中都有体现。威廉·斯莱特（William Slater）曾在法国担任救护员，他在 1917 年的日记中曾提到自己"毫无机会（chances are napoo）。"吉姆·麦康奈尔在一封家信中说，当他听到一个炮弹来时，他就"立刻（toot sweet）"冲进地窖。二等兵休伯特·德马松（Hubert Demasson）在 1917 年写给儿子的信中用到了"超级棒（très bon）"这个词，并将其翻译成了澳大利亚方言："'Tray Bon'，正如法国人所说，它的意思是非常好，或者你会说你这个小捣蛋鬼棒极了，'No bon'的意思是不好。很多人都能说一口流利的法语"[72]。澳大利亚士兵用语中的外来语的使用意味着这些词汇也传给了在国内的人。虽然战争过后这些外来词汇基本不再使用，也还是有一部分借词在澳大利亚英语中保留了下来。例如，napoo 这个词在两次世界大战期间一直都有使用，直到"二战"前后才逐渐消失。

战争期间，借词也经常被用于幽默的表达中。尽管这些词汇的

041

使用一般会被赋予一个相对准确的定义，但其通常会包含一些幽默的元素，这些幽默的元素往往涉及战时的经历或士兵（国家）身份的构建。1917 年出版的士兵期刊《笑翠鸟》（*Kookaburra*，澳洲土著语）中就收录了这样一张词汇表，并揭示了这些词汇所传达的多重含义。例如，对于 toot sweet（allez tout suite）这个词条，不仅给出了一个常规的定义——"在军语中是'跑步走（at the double）'的意思"，同时还提供了一个幽默的定义："在澳新军团的语言中意为'把你的尾巴跳没了，你这个家伙'。"这里的第二个定义既表达了幽默，同时也凸显了一种强烈的"澳大利亚特色"。另一个词条，tray bong（très bon）的释义为"并不像某些人所认为的那样，用于指代托盘装的糖果。而是你在前线吃到草莓和奶油时所使用的表达——只是在梦里吃到而已"[73]。这一解释抓住了士兵期刊里比较典型的一个感慨——美食的匮乏。

　　就阿拉伯语和法语借词而言，这种词汇借用表明了士兵与当地居民交流的基本愿望，其目的往往是为了实现基本的沟通，例如购买物品。但是这些借词极少体现跨文化、跨语言方面更深层次的交流。事实上，对其他语言的词汇和短语的篡改更多地被用来赞美澳大利亚士兵的智慧，正如我们上文提到的幽默词汇，以及战后围绕这类词汇展开的讨论。1922 年，一篇针对澳大利亚士兵俚语的报纸评论文指出，come a tallez plonk 这一短语的用法与澳大利亚的表达 come a gutser（跌倒、失败）大致相同。这篇文章的作者将其描述为"本地化的"，同时也是士兵们对法语"毫无敬意"的表现[74]。德·图努尔伯爵在战后对于"澳大利亚士兵的法语"的讨论中同样指出，澳大利亚人"很快就适应了后方的'洋泾浜'或战壕法语"。他发现，大多数法语词汇都经历了一个"被澳洲化"的过程。例如，tout de suite（立刻、马上）演变为 toot sweet，然后变成了 chooks feet；Bonsoir（晚安）变成了 Bonzer war；而 Comment allez vous?（您好吗？）则从被广泛接受的英语化的表达 come and tally plonk 被"澳洲化"为"come on tell el Kebir"[75]。

结论

这些关于第一次世界大战期间跨文化交际和语言经历的简要调查研究，有助于我们关注战争中"语言景观"的某些方面。学习语言并尝试使用外语进行交际是澳大利亚士兵战争经历的一个重要方面，但语言学习的挑战、一些澳大利亚人面对非英语使用者的种族优越感，以及澳大利亚英语和俚语作为澳大利亚民族身份的组成部分而日益受到欢迎这些方面，强烈地影响并塑造着澳大利亚士兵的身份。作为第一次世界大战故事中的一个重要群体，翻译人员也越来越多地受到关注。本章讲述了他们的一些故事，但在追踪他们的故事并聚焦于他们的工作和经历方面，还有很多工作要做。语言和跨文化交际应当成为澳大利亚人战争故事中更加核心的特征，本章为实现这一目标做出了贡献。

注释

1. 西里尔劳伦斯，书信，1916 年 6 月 21 日，彼得·尤尔（编）（1987），《劳伦斯中士去法国》（墨尔本：墨尔本大学出版社），第 1 页。
2. 朱利安·沃克（2017），《词语与第一次世界大战：语言、记忆、词汇》（伦敦：布鲁姆斯伯里出版公司），第 44 页。

3. 希拉里·福蒂特（2012），"引言"，希拉里·福蒂特和迈克尔·凯利（编），《语言和军事：联盟、占领和缔造和平》（霍恩德米尔：帕尔格雷夫－麦克米伦出版社），第1－11页，此处见第4页。

4. 桑坦塔努·得斯（2018），"纠结的情感：种族、邂逅和反殖民的世界主义"，桑坦塔努·得斯和凯特·麦克洛夫林（编），《第一次世界大战：文学、文化、现代性》（牛津：牛津大学出版社），第240－261页。此处见第242－243页。

5. 特别是帕尔格雷夫战争语言研究系列中的一些文章，例如：希拉里·福蒂特和迈克尔·凯利（2012），《战争中的语言：冲突中语言接触的政策和实践》，希拉里·福蒂特和伊蒙娜·奥比亚（2013），《"战争语言"：外国与英国在欧洲的战争努力，1940－47》，以及朱利安·沃克和克里斯朵夫·德克勒克（编）（2016），《语言与第一次世界大战：跨国战争中的交际》。

6. 克丽斯塔·考曼（2016），"'parlez'与'avec moi'不适合一起使用的情况：在西线学习和使用'战壕法语'"，沃克和德勒克（编），《语言与第一次世界大战：跨国战争中的交际》（霍恩德米尔：帕尔格雷夫－麦克米伦出版社），第25－43页，此处见第25页。

7. 桑德里安·范·登·诺尔盖特（2016），"陷于交火中：第一次世界大战期间的口译员"，沃克和德克勒克（编），《语言与第一次世界大战：跨国战争中的交际》（霍恩德米尔：帕尔格雷夫－麦克米伦出版社），第98－112页，此处见第100页。

8. 克雷格·吉布森（2014），《前线背后：英国士兵与法国平民，1914－1918》（剑桥：剑桥大学出版社）。

9. 朱利安·沃克，《语言和第一次世界大战》，第28页。

10. 克雷格·吉布森，《前线背后》，第147页。

11. 保琳·乔治林目前正在完成一篇论文，研究法裔澳大利亚人在第一次世界大战期间的经历，《"为了崇高而英勇的法国"：一战期间法－澳身份的认同》（墨尔本大学）。

12. 约翰·威廉姆斯（2003），《德国澳新军团与第一次世界大战》（悉尼：新南威尔士大学出版社），第xv页。

13. 约翰·威廉姆斯，《德国澳新军团与第一次世界大战》，第5页。

14. 哈里·卡德瓦拉德，书信，1916年2月15日，"第一次世界大战（1914－1918）中的书信：二等兵亨利·托马斯·卡德瓦拉德，第七营4160号"，澳大利亚战争回忆录，PR01199。

15. 朱利安·沃克，《语言和第一次世界大战》，第31页。

16. 克雷格·吉布森，《前线背后》，第149页。

17. 见澳大利亚战争回忆录第250页，个人物品卡。对此详细的讨论见阿曼达·劳格森（2012），《与枯燥为敌：澳大利亚士兵在第一次世界大战及之后的精神生活》（阿宾登：阿什盖特出版社），第39－40页。

18. 牧师中校詹姆斯·高尔特（1920？），《高尔特神父的特技书》（伦敦：埃普沃斯出版社），第162页。

19. 爱德华·摩尔，日记，1915年1月22日，《从加利波利到索姆河：萨珀·爱德华·摩尔的一战日记》（维多利亚州哈克威：自行出版）。

20. 摩尔，日记，1916年4月7日，《从加利波利到索姆河》。

21. 雷格·特尔费尔（1996），《父亲的战争日记1915－1919》（地址不详：自行出版，克莱尔·普林），1917年8月15日。

22. 达菲尔，书信，1916年4月3日，吉尔伯特·曼特（编）（1992），《士兵男孩：达菲尔炮手的书信，1915‐18》（肯色斯特：袋鼠出版社），第34页。

23. 斯迈思，日记，1915年8月16日，《澳新军团的一战史：战壕传来的书信，斯迈思家书》，http://www.smythe.id.au/letters/

24. 斯迈思，日记，1916年4月2日，《澳新军团的一战史：战壕传来的书信，斯迈思家书》。

25. 斯迈思，日记，1916年4月8日，《澳新军团的一战史：战壕传来的书信，斯迈思家书》。

26. 斯迈思，日记，1916年6月7日，6月13日，《澳新军团的一战史：战壕传来的书信，斯迈思家书》。

27. 斯迈思，日记，1916年7月11日，《澳新军团的一战史：战壕传来的书信，斯迈思家书》。

28. 斯迈思，日记，1916年7月15日，《澳新军团的一战史：战壕传来的书信，斯迈思家书》。

29. 斯迈思，日记，1916年10月24日，《澳新军团的一战史：战壕传来的书信，斯迈思家书》。

30. 斯迈思，日记，1917年2月5日，《澳新军团的一战史：战壕传来的书信，斯迈思家书》。

31. 斯迈思，日记，1917年10月23日，《澳新军团的一战史：战壕传来的书信，斯迈思家书》。

32. 斯迈思，日记，1918年11月23日，《澳新军团的一战史：战壕传来的书信，斯迈思家书》。

33. 《你好，咕咕》，2：4（1918年10月15日），第13页。

34. 《你好，咕咕》，2：4（1918年10月15日），第13页。

35. 澳大利亚战争回忆录，1DRL/615，1129，二等兵C.R.阿姆斯特朗的书信，No. 255，409东普鲁士哈普斯堡，1918年10月2号，盒1，文件夹2，乔姆利资料。

36. 澳大利亚战争回忆录，1DRL/615，二等兵J. T. 怀特的书信，盒1，文件夹6，和二等兵A. L. R. 汉顿的书信，1918年1月30日，盒1，文件夹3，乔姆利资料。

37. 澳大利亚战争回忆录，1DRL/615，二等兵J. T. 怀特的书信，盒1，文件夹6，乔姆利资料。

38. 劳格森，《与枯燥为敌》。

39. 约翰 F. 威廉姆斯，《德国澳新军团与第一次世界大战》，第66页。

40. 西里尔·劳伦斯，日记，1916年4月2日，彼得·尤尔（编），《西里尔·劳伦斯去法国》，第1页。

41. 斯迈思，日记，1915年1月14日，《澳新军团的一战史：战壕传来的书信，斯迈思家书》。

42. 宾，日记，1915年8月8日，凯文·费斯特（编）（2007），《宾在加利波利：澳大利亚官方战地记者的日记》（新南威尔士州克罗斯内丝特：艾伦与昂温出版有限公司），第189页。

43. 艾伯特·科茨，日记，1915年10月19日，维尼弗雷德·格拉丁和沃尔特·格拉丁（编）（1995），《志愿者：一战期间（1914—18）澳大利亚第一帝国军第7营23号艾伯特·科茨的日记和书信》（维多利亚州伯伍德：世界制图出版社），第83页。

44. 艾伯特·科茨，日记，1915年10月19日，《志愿者》，第83页。

45. 罗万·韦布(1993),科茨,艾伯特·欧内斯特爵士(1895－1977),《澳大利亚传记词典》（国家传记中心，澳大利亚国立大学）http://adb。anu。edu。au/biography/coates-sir-albert-ernest-9772/text17269，1993年首次以书面形式出版，2019年5月2日开始提供线上访问。

46. 艾伯特·科茨，日记，1916年4月9日，书信，1917年6月7日，《志愿者》。

47. 艾伯特·科茨和纽曼罗·森塔尔（1977），《艾伯特·科茨的故事：寻路的意愿》，（墨尔本：海兰大厦出版社），第22页。

48. 《昆士兰的澳大利亚士兵》3:3（1927年8月1日），第5－6页。

49. 杰奎琳·德怀尔（编）(1985)，《雅克·普莱奥斯特或"七个澳大利亚人"的战时日记和信件1914－18》（悉尼：自行出版），第2页。

50. 杰奎琳·德怀尔（2017），《在澳大利亚的弗兰德斯人：羊毛和战争的个人历史》，（墨尔本：澳大利亚学术出版社），第193页。

51. 埃里克·贝尔蒂（2015），"雅克·普莱奥斯特（1883－1947）：悉尼法语社区的关键人物"，埃里克·贝尔蒂和伊凡·巴尔科(编)，《澳大利亚法国人的生活》（墨尔本：澳大利亚学术出版社），第294－318页，此处见第304页。

52. 杰奎琳·德怀尔，《在澳大利亚的佛兰德斯人》，第228页。

53. 见澳大利亚战争回忆录。

54. 埃里克·贝尔蒂，"雅克·普莱奥斯特（1883－1947）：'悉尼法语社区的关键人物'"，第308页。

55. 杰奎琳·德怀尔，《在澳大利亚的佛兰德斯人》，第194页。

56. 杰奎琳·德怀尔（编），《雅克·普莱奥斯特或"七个澳大利亚人"的战时日记和信件（1914－18）》，第85页。

57. 德雷恩，日记，1914年12月15日，T.E.德雷恩《澳新军团加里波利战争日记全集》http://bushroots.com/wp/2009/06/extracts-from-anzac-gallipoli-war-diary-by-tedrane/

58. 德雷恩，日记，1914年12月15日，《澳新军团加里波利战争日记全集》。

59. 琼·博蒙特（2013），《破碎的国家：第一次世界大战中的澳大利亚人》（新南威尔士州克罗斯内丝特乌鸦巢：艾伦与昂温出版有限公司），第60页。

60. 约翰·贝恩施，日记，1915年11月25日，（1993），《战争日记1915－1916》（季隆：吉隆历史学会），第20页。

61. 麦康奈尔，书信，1918年2月10日，多萝西·吉尔丁（编）（2012），《来自前线的书信》（悉尼：视野出版公司），第109页。

62. 戴维森，书信，1916年6月18日，达夫内·埃利奥特（编）（2013），《亚瑟·詹姆斯·罗素·戴维森：从二等兵到第17营的上尉1915－1918》（阿德莱德：德通社出版），第99页。

63. 斯图尔特，日记，1916年8月12日，玛格丽特·威尔明顿（1995），《阿尔弗雷德·罗伯特·莫里森·斯图尔特：一个无名英雄的日记》（新南威尔士州鲁登纳姆：自行出版），第141页。

64. 塔克，日记，1918年9月8日，格特鲁德·柯比（编）（1989），《斯坦利·托马斯·塔克的战争日记（1917-1918）》（维多利亚州季隆：自行出版）。

65. 《起床号》，2:5（1929年1月31日），第18页。

66.《昆士兰的澳大利亚士兵》(1927年6月1日),第27页。

67. 阿曼达·劳格森(2015),《谣言与炮弹:第一次世界大战中的澳新军团俚语》(南墨尔本:牛津大学出版社).

68.《号角》所载文章,1915年8月29日,大卫·肯特(1999)重新印刷,《来自战壕和骑兵舰:澳大利亚第一帝国军的经验1914—1919》(亚历山大:黑尔和艾雷蒙格出版社),第152页。

69. 劳伦斯,日记,1916年3月24日,彼得·尤尔(编),《西里尔·劳伦斯去法国》,第1页.

70.《本哥尼亚语》,1915年9月9日,第9页。

71. 约翰·布罗菲和埃里克·帕特里奇,《英国士兵的歌曲和俚语:1914—1918》(伦敦:学者出版社,1930)。

72. 德马松,书信,1917年3月19日,拉切尔·克里斯滕森(编)(1988),《写给我亲爱的人:哈伯特·德马松的日记和书信1916—1917》(弗里曼特尔:弗里曼特尔艺术中心出版社),第141页。

73.《笑翠鸟》,2(1917年7月),第5页。

74.《每日新闻》,(珀斯),(1922年4月22日)第11页。

75.《昆士兰的澳大利亚士兵》,(1927年6月1日),第25页。

陌生的盟友：反恐战争时期澳大利亚在阿富汗和伊拉克的跨文化交际

理查德·格尔曼（Richard Gehrmann）[①]

作为承包商参与阿富汗战争后，前澳大利亚士兵谢恩·布莱恩特（Shane Bryant）发现自己面临着跨文化挑战。"我和另一个训犬员只有等美军飞机上有空位的时候才能出行（这种方式称为Space-A），那时候我开始学习一门全新的语言：Space-A，翻译过来就是'低优先级'。美国军人（按照军衔排序）处于最高优先级，其次是其他联军士兵和飞行员，最末等级的则是我这样的民事承包商。"[1]

澳大利亚与其他军事盟友进行跨文化交际的过程中，其军队人员的语言[2]也像其他军事语言一样逐渐吸纳了其他语言的词汇[3]。长时间的相互接触、使用大家普遍接受的术语来简化交流的现实需求、能够跟某种语言所被赋予的价值产生关联等原因都可以促使语言之间产生相互借鉴。"一战"前推崇的一直是英国军事英语及其风格。

[①] 理查德·格尔曼，南昆士兰大学人文与传播学院，澳大利亚昆士兰州图文巴市，电子邮箱：richard.gehrmann@usq.edu.au

All Sir Garnet 这一短语是 "it's all Sir Garnet" 的缩写，意为 "一切都好"，是为了致敬吴士礼（Sir Garnet Wolsey）爵士——后维多利亚时期一名非常称职的英国将领，但现在这个短语几乎无人知晓了[4]。澳大利亚与英属印度曾保持长期军事同盟关系，当时的一些术语仍然沿用至今。比如，每天，生病的澳大利亚士兵来到军事医疗中心，医疗兵或医生会给他们出具 chit（印军用来称呼一小张纸的俚语），用来作为请假的凭据或说明他们的医疗禁忌。Dhobi 意为 "清洗"，puggaree（装饰性的布带）仍被用于装饰澳军的宽边软帽。其他沿用至今的术语则反映了澳大利亚在马来西亚、印度尼西亚、越南、所罗门群岛和布干维尔岛军事部署期间的跨文化交际。内森·马林斯（Nathan Mullins）在他的阿富汗战争回忆录中介绍了 makan（印度尼西亚和马来术语，意为 "吃"）、vui tui（来源于越南语中指小相册的词，意为 "塑料小册子"）和 em tasol（南太平洋洋泾浜语，意为 "所有事情都完成了"）等词汇[5]。这些术语最终能保留下来都归功于军事环境下跨文化交际的深远影响。阿富汗和伊拉克的战争为语言交流和跨文化交际的深入开展提供了机会。据统计，澳大利亚先后至少有 34500（2001—2014 年）人在阿富汗服役，近 17000 人（2003—2010 年）在伊拉克服役，其中只有很少一部分人员在两地轮换过。两次战争中，澳军在整个中东作战地区（MEAO）[6]的部署规模相对较小，一般都是联军部队的从属部队，因此需要与其他不同军事文化进行交流。

从语言和交际的角度研究战争在过去 10 年取得的长足发展，其中以福蒂特（Footitt）和凯利（Kelly）的著作最具代表性[7]。本章在该研究领域的贡献主要是从语言角度入手，同时也在前人如伍德沃（Woodward）和詹金斯（Jenkings）等对个人战争回忆录研究的基础上[8]，调查了曾参与最近两场战争的澳大利亚人的相关记录，从中寻找跨文化交际的实例。学术界对近期战争回忆录的研究成果很丰富[9]，但关于澳相关经历的研究还在初始阶段。在反恐战争中，澳军曾与伊拉克、阿富汗、意大利、加拿大、新加坡等国家的军人一同服役，但本章将重点探索澳军与美国和荷兰两支盟军交际的情况。本研究主要基于节选的个人记录[10]，这些记录揭示了战争参与者如何理解和体验战争中的跨文化交际。本研究同时把这些记录与新闻报道以及研究者在伊拉克战争（2006—2007年）和阿富汗战争（2008—2009年）中的个人经历进行了比较。

在中东作战地区的部署意味着澳大利亚军队需要解决两方面的交际问题：战争中的口译和笔译。一个与战争地点有关，另一个与共事的联军有关。首先，两次部署的一个共同点是多数澳洲军人对当地语言（主要是阿拉伯语或普什图语）都不熟悉。这使澳军与他们在伊拉克和阿富汗安全部队的盟友、有时中立的民众以及叛乱敌人之间的沟通变得复杂。这种不熟悉意味着必须使用口译员，但即便如此，与当地人的语言交流也会受到阻碍。澳大利亚、伊拉克和阿富汗之间的文化差异给交际带来了进一步挑战。其次，两次部署的另一个共同点是英语为指定的工作语言。英语是美国使用的主要语言，也是荷兰（NLD）广泛使用的第二外语，有人因此认为沟通不存在困难。尽管澳大利亚和美国在语言上有共性，却仍存在交际、口译和语言方面的挑战。而澳大利亚和荷兰之间的区别则表现得更明显。

澳军与盟国军队之间的交际情况在两个交战区中体现出巨大

的差别。对较年轻或是军衔较低的澳军官兵来说，他们或许从来没有出国经历，也从来没有与外国人共事过，缺乏面对不同文化的经验，因此，与美军或荷军共事会有很大的文化冲击。对那些首次与美国人接触的人来说，澳大利亚大众媒体中无所不在的美国流行文化可能会让这种文化冲击得到部分缓解，但媒体描绘的小说式美国与现实中的美国是不同的[11]。其他更有经验的澳军官兵则在参与行动前就对即将共事的联军部队进行了充分的了解。在成为美军驻伊拉克总部高级指挥官（2004—2005年）前，少将吉姆·莫兰（Jim Molan）在联合军演中与美军有实际接触，这让他对美国军事文化有了直观的了解[12]。因此，与其他士兵的回忆不同，他的个人记录就很少涉及跨文化交际的问题。

试图与陌生世界中的当地人交流：语言媒介

尽管本章关注的是澳军与其西方盟国之间的语言交流和跨文化交际问题，但也应该考虑其与阿富汗和伊拉克当地人开展语言和文化交际时的孤立感和距离感。詹姆斯·普拉斯切维奇（James Prascevic）发现，口头词句或许无法理解，但语气和声强可以辅助交际："当我进入巴格达潜在狙击火力危险区域时，一位伊拉克士兵冲我吼叫，尽管他说的话我听不懂，但我也知道他在斥骂我。"[13] 澳大利亚国防军试图通过以下手段应对在陌生语言和文化环境中开展行动的挑战：一是从本国移民中招募具有流利母语程度的人员入伍；二是给没有目标语言背景的部队提供培训；三是雇用合约口译员。遗憾的是，尽管澳大利亚有各种各样的移民项目，但仍然缺乏大量掌握伊拉克本地语言、伊拉克阿语和阿富汗本地语言，且符合军队需求的移民。澳军无法招募到很多流利母语程度的移民[14]，其中部分原因来自体制和语言方面[15]，另外还因为那些从被战争折磨的国家移民出来的人自然不愿意参军，也不愿他们的子女参军。

为支持军事部署，库克角的澳大利亚国防军语言学校开设了为期一年、三个月和一个月的各种语言培训课程[16]。部分澳军官兵在这里接受了阿拉伯语、普什图语和达里语（阿富汗语言）的专门培训。澳大利亚以前部署到布干维尔、东帝汶和所罗门群岛的部队需要使用印度尼西亚语/德顿语（帝汶语）和洋泾浜英语的变体，受训人员可以在有限的学习时间内达到一定的程度，满足基本的交流需求。步兵保罗·德·盖尔德（Paul de Gelder）说，当他完成了为期两周的德顿语基础课程后，由于其他人都不会说德顿语，他就成为排里的翻译[17]。

在伊拉克和阿富汗服役所需的语言更难学习。就部署伊拉克部队所需的阿拉伯语而言，其大量变体只是多种困难之一。在这两场战争中，尽管澳大利亚国防军一直与美国（口译员的主要最终用户）争夺训练有素的国际口译员，但仍然需要大量依赖合同口译员。这些国际口译员（大多是男性）有些是土生土长的美国公民，有些则是受过大学教育的当地年轻人，他们在交战区不携带武器，冒着相当大的风险。这些久居城市、受过职业教育的口译员还必须面对在农村地区恶劣条件下生活和工作的挑战以及巨大的战斗风险。尽管他们的身份是非武装人员，但仍有口译员使用武器的情况。例如，2009年1月，一名与澳大利亚军队一起训练阿富汗国民军（ANA）的口译员遭遇伏击，为了应对危机，他使用从叛乱分子手中缴获的武器向对面的阿富汗叛乱分子开火，然后利用他的语言技能"在后方小队中激励阿富汗国民军士兵"[18]。这种"跨文化交际"形式得到了与他共事的澳大利亚士兵的高度赞赏,但口译员在弥合隔阂方面所能做的毕竟有限。考虑到澳军在交战区中与陌生当地人有更大的社会距离和文化差异,可以预见澳军会更倾向于同美国或荷兰军队交流,至少他们的文化在表面上看起来要相似得多。

与在伊拉克和阿富汗的美国人合作

澳大利亚在中东作战地区的军事行动只覆盖特定的阶段和地点。2001年,一支小规模的澳大利亚部队进入阿富汗驱逐塔利班,随后,少量的澳大利亚部队驻扎在喀布尔坎大哈机场,最终在2006年,1500人被部署在南部乌鲁兹甘省的塔林考特(Tarin Kowt)。2003年,一小部分澳大利亚军队参与了对伊拉克的入侵。在随后的重建阶段,小部分人被派驻到首都巴格达市、巴格达中部绿区和巴格达国际机场(BIAP)(工作人员、后勤和空中交通管制岗位)执行任务。最终,澳军保留了一支安全分遣队,用于保护澳大利亚驻巴格达大使馆,其他部队则被派去训练新的伊拉克军队。2005年至2009年期间,澳大利亚在南部穆萨纳省和济加尔省有一支500人的特遣队。除了在荷兰军队管理的乌鲁兹甘省,澳大利亚军队的驻地距离美国军队更近。

澳大利亚和美国都是以英语为母语、以盎格鲁人为主导的多元文化国家,无论是从历史经验还是从最近的全球化来看,都有着许多共同的文化联系,因此可以推测,战时的跨文化交际问题可能较少。作为太平洋共同防卫组织(ANZUS)和其他军事条约的盟友,澳军与美军保持了例行军事演习,两军人员长期开展了互惠交流。

澳军此前曾在"二战"和越战中与美军并肩作战，有合作的历史。然而，美国在伊拉克和阿富汗战争中开展了大规模行动，投入了大量的正规军、预备役、国民警卫队和民事人员，这与澳大利亚的小规模部署有很大不同。事实上，当吉姆·莫兰于2004年首次抵达伊拉克时，他注意到，虽然以美军为主的整个联军有175000人，但他是澳军在伊拉克仅有的311人之一[19]。挑战既来自美国人的期望管理，也来自澳大利亚军人在美军极端爱国主义的军事文化传统中的日常互动。作为从属合作伙伴，澳军人员能够理解美军的语言并与其交流，他们也经常采用美军的词汇。尽管存在一些差异，但跨文化交际问题一般都能克服。

美国当时正在打一场高强度的战争，长达一年的重复部署很常见。戴维·萨韦基（David Savage）是一位在阿富汗从事援助项目的国防部文职人员（在遭受一次儿童自杀式爆炸袭击后，他因脑部和脊椎严重受伤而不得不坐在轮椅上），他曾在安全部队中遇到一位23岁的美国士兵。这名士兵已是第四次被派往中东，他此前曾两次前往伊拉克，一次前往阿富汗。类似情况并不罕见，反映了美军非常高的部署频率[20]。虽然澳大利亚部署的人数随着时间的推移而增加，但很少有人参加过连续12个月的执勤，这与美军有很大区别。

抵达中东作战地区的澳军不得不调整他们对美国人的期望。对许多人来说，澳大利亚人在越战中的英勇表现[21]使他们产生了一种印象，即澳军的作战能力比美军强得多。吉姆·莫兰回忆说："自从我参军以来，我从上级那里听到的几乎每一个故事和读到的每一篇报道都重点谈论我们这位强大盟友的缺点。我认为，美国士兵虽然确实很勇敢，但离称职还差得远……我们谈论的是美国如何输掉越南战争，而不是'我们'如何输掉越南战争。"[22] 澳大利亚军队在伊拉克战争中袖手旁观[23]，以及在阿富汗发挥的作用不如英联邦盟友加拿大或英国重要，意味着"澳军优越感"这种认识需要有所改变[24]。

美国文化与语言使用

抵达中东前，澳军在国内进行行前训练时已经收到了关于伊拉克或阿富汗的文化简报。在抵达海湾地区的集结区（如科威特或阿拉伯联合酋长国的迪拜空军基地）后，他们还能够得到关于"跨文化调适"的进一步简报，介绍在相关情况下如何适应美国文化，因为他们将与美军一起工作和生活。

这些简报的目的是为了减少澳军和美军之间的摩擦，增进相互了解。简报包含类似"如果贬低美国非常独特的价值观和宗教信仰，可能会冒犯对方"等主题。谢恩·布莱恩特曾在阿富汗的美军中做合同工，他对美国人的看法是积极的，但也观察到了文化上的差异。他回忆说："他们一般都很友好，也很有礼貌。我发现，与澳大利亚士兵相比，很多美国军人非常愿意表露自己的宗教信仰，他们在吃饭前做祷告并不稀奇。"[25] 简报提醒澳军要注意美军的等级观念和礼仪规则，以及他们高度的爱国主义，这与澳大利亚更为随意和打破传统的文化形成了对比。另一个要避免的话题是谈论收入。与澳军的高额服役津贴相比，美军的工资和津贴较低，尽管步兵詹姆斯·普拉斯切维奇指出，有些人"确实说，如果能拿我们这么高的薪水就好了，但对他们来说，这一切都是为了代表国家。每当我问'你为什么参军'的时候，大多数答案都是因为'9·11'事件。他们为自己的国家感到骄傲，也为他们能够在海外代表国家感到自豪。"[26] 无论他们投共和党还是民主党的票，美国总统都是他们的总司令，而且比澳大利亚总理受到的尊重要多得多，因此澳军与美军的公开谈话也必须做出相应的调整。美军喜欢剪短发，也就是所谓的"板寸"发型，还喜欢花几个小时在健身房举重，这也使他们区别于澳军。许多澳军官兵被安置在以美军为主的联军总部，了解美国文化规范成了日常工作中的一大挑战，而这一问题对他们在伊拉克南部艾尔－穆萨纳省和济加尔省的同胞来说则远没有那么紧迫，因为那里部署的全部是澳大利亚部队。

文化差异还体现在敬语和脏话的使用上。在日常私下谈话中，普通美军士兵之间的对话有时非常礼貌，有时也很粗俗[27]，但在公开或官方场合中，美军对语言使用和不可接受的行为方面表现出高度的政治正确性。这在澳军看来很极端。所有驻中东的部队都被要求喝足量的水，每个人都可以对自己进行的一项基本测试是每天两次检查他们的尿液是否清澈而非暗黄色。美军的公开口号是比较含蓄的用语"一天两次都清澈（be clear twice a day）"，而澳军的口号则是直白的"一天尿两次清尿（piss clear twice a day）"。政治正确和谨慎也反映在公共集会所用的语言上。屡获殊荣的脱口秀演员汤姆·格雷森（Tom Gleeson）描述了他在2006年到中东进行巡回演出的经历[28]。他在那里向美澳军人表演了对英国艺术家詹姆斯·布朗特（James Blunt）的歌曲《你很美丽》的模仿秀。格雷森在表演中全面讽刺了布朗特的性格、生活和音乐，最后以"James Blunt,

059

与c[un]t押韵①"这句话结束。美国人听后表示出明显的惊恐和抱怨，格雷森的公关人员告诉他不要再这样做，然而，他在下一场演出中又这样做了！

美国军事文化规范了男女交往的各个方面。虽然两国军队都有禁止不正当性接触或成立兄弟会的规定，但澳军对男女之间的日常交往态度更为宽松，并认为美国的限制很反常。在美军设在中东地区的中转基地短暂过境时，澳军被安置在机库大小的临时帐篷里过夜。作为客人，澳军不得不遵守美军的要求，即男女军人分别睡在不同的帐篷里。但事实上，男性睡的帐篷可能塞得满满当当，而女性的帐篷可能只有几个士兵。在类似情况下，澳军的常规做法是，大家不分男女，舒舒服服地睡在同一个地方。这并不是说美军的公共行为准则保护了澳洲[29]及美国女性军人[30]的隐私。事实是，设定的规则与日常生活的实际情况之间可能会存在差异，尤其是在女性占少数的环境中，一些美军女性士兵照样会受到男性士兵的性侵犯。信号官莎拉·沃森（Sarah Watson）评论说，性别失衡和她明显的外籍身份让她显得很特别："这确实增加了一种令人不快的压力。我在餐厅经常被美国人明目张胆地挑逗。"[31]

跨文化差异还包括种族多样性和公众对这种多样性的肯定。与规模小得多的澳军相比，部署在伊拉克和阿富汗的美军部队在种族方面更加多样。大量的美国人来自少数族裔社区，有非洲裔美国人、西班牙裔美国人和亚裔美国人等。这种多样性在公开庆典方面就有

---

① Cunt 是粗俗的说法

所体现。例如，在巴格达，澳军在餐饮设施或食堂用餐时，时不时会碰到张贴海报、歌唱表演、乐器演奏和食物品尝等活动。这些活动都是为了庆祝美国种族的多样性而举办的，如"全国拉美裔美国人月"或"韩裔美国人日"。这种国家多元文化的公开展示让许多澳大利亚人感到惊讶，他们曾认为美国的文化更为单一。尽管澳大利亚也是多民族国家，但却没有类似的庆祝活动。

在美军基地的澳军官兵通常会在美军经营的餐饮设施用餐，那里提供各种典型的美国食品，以高脂高糖食物为主，但其他选择也足够满足澳军的口味。然而，即使只是去吃饭，也是一种语言和跨文化接触的日常体验。进入餐厅的人员必须出示证件，并且经常被站岗的士兵用美军特有的俚语"HOOAH"迎接，美国人会用同样的词来回应。澳大利亚人通常只在故意取笑餐厅警卫时才会用这个词来回应，或者他们有时也故意用最普通的"g'day mate"来回应，时间一长，餐厅警卫也在潜移默化中学会了对澳大利亚人使用"g'day mate"这个问候语。

借用美军军语

除了跨文化适应之外，在中东服役的澳军大量接受美军术语标志着其对美军军事语言的全面适应。之所以出现这种情况，一方面是出于功能或实际需要，即要与占主导地位的军事伙伴相匹配，使用统一的口头和书面用语，另一方面也是因为使用这种语言是老兵经验和身份的标志。通过使用美军的中东军事术语，澳大利亚军人凸显了他们在"沙坑"或"沙箱"①参战的地位和经验，而不是像东帝汶或所罗门群岛这样较为温和因而层次不高的维和任务。

功能性或实用性术语是为简化交际而使用的官方缩略语和表达方式。作者能够回忆起来的术语包括：TIC（发音为"Tick"，意为保持联系的部队）、TOC（"Tock"，战术作战中心）、DFAC（"Deefack"，食堂）、MSR（主要补给线）、CSH（"Cash"，战斗外科医院）、IED（简易爆炸装置）、5和25s（简易爆炸装置搜索模式）和YPOC（"Whypock"，可能重新使用并装满简易爆炸装置炸药的黄色棕榈油桶）。不同的人被称为LN或local national（伊拉克或阿富汗公民）、TCN（第三国国民，通常是来自全球南部的合同工）和terp（口译员）。在不同国家对敌人的称呼随时间而变化。缩略语AIF（anti-Iraqi forces）表示"反伊拉克部队"，而对澳军来说，他们已经习惯了将AIF用于表示第一次世界大战中备受尊崇的澳大利亚第一帝国军（Australian Imperial Force），因此使用起来有点难以接受。后来，美军使用INS取代AIF来表示"叛乱分子"的标准用语，对澳军来说是一个可喜的变化。

T型墙是厚混凝土防爆墙，通常用于保护伊拉克部队免受火箭弹袭击或小型武器的攻击，而在阿富汗，HESCO石笼（装满碎石的金属丝网容器）则很常见。囚犯是PUC（"Puck"，受控制的人），这个名词当然也可以有动词形式，如下面的对话："Did they bring a PUC in with them?"——"Yes—actually they pucked two guys in the last

---

① 译者注：沙坑 sandpit 是英联邦国家指称伊拉克的军事俚语；沙箱 sandbox 是美军指称伊拉克的军事俚语）

raid."（"他们带了一名囚犯来吗？"——"是的，事实上他们在上次突袭中抓了两个人。"）在美军总部，负责作战的参谋军官被称为战斗上尉和战斗少校。这也是澳大利亚军队在自己总部或在联军总部工作时采用的做法，尽管使用武器投入实际战斗与参谋军官用幻灯片（PowerPoint）执行同样重要但远不那么英勇的任务之间存在明显的差异。

当然，非官方的美军俚语也被澳军采用。Battle rattle 指的是完整的军事装备，包括防弹衣；pogue 是步兵用来指其他所有人的贬义词；FOB（发音"fob"）是一个官方术语，代表前方作战基地，一般都是大型安全军事基地，在基地工作的人员被称为"富比特人"（Fobbits），因为他们的工作不会接触到铁丝网以外的危险区域，这意味着他们面临的唯一风险是间接火力（IDF），通常来自火箭或迫击炮。巴格达的绿区（Green Zone）是位于巴格达市中心的大使馆和国家总部周围稍安全的区域，从胜利营（Camp Victory）沿爱尔兰路一直走就能抵达。胜利营是美军位于巴格达国际机场（BIAP）的主要基地，位于巴格达边缘。令人困惑的是，在阿富汗，绿区并不安全，反而是一个潜在的非常危险的种植区和居民区，位于河谷沿岸。虽然许多澳大利亚人会一点阿拉伯语（shukran，谢谢）或普什图语/达里语（tashakor，谢谢），但借用最多的词汇还是来源于美国军队这一中东作战区域的主导力量。

在阿富汗与荷兰人合作

虽然一些澳大利亚部队驻扎在坎大哈和喀布尔，但在阿富汗的澳军大部分在北约的安排下，作为国际安全援助部队（ISAF）的一部分在乌鲁兹甘省南部的荷兰营与荷兰军队一起工作。尽管荷兰是西方联军的成员，但它近些年与澳大利亚并未有过军事合作，是一个相对陌生的盟友。虽然少数澳军曾在"二战"期间与荷军共同抗击过日军，但双方的军事合作微乎其微，战后澳大利亚对印度尼西亚的军事占领更是对澳荷关系无半点好处。对在 21 世纪共同服役的澳荷两军士兵来说，过去缺乏军事合作加剧了现有的文化差异。

荷兰的社会文化比澳大利亚更开放和进步，这在军事交流和实践的各个方面都有所反映。在 2006 年至 2010 年乌鲁兹甘省的军事行动期间，荷兰自由主义价值观和共识及其重视讨论的军事文化明显不同于澳大利亚，甚至饮食和运动时穿氨纶紧身衣的习惯也不一样。尽管澳、荷两军在战争中相互合作，而且荷兰士兵的语言天赋远高于澳大利亚士兵，他们的英语水平很高，但澳荷军队之间仍然存在一定程度的差异，荷兰的军事术语并没有成为澳大利亚军事词汇的一部分。

澳大利亚在 2001—2002 年和 2005 年分别向阿富汗部署了少量特种部队，但直到 2006 年才开始大规模部署常规部队。澳大利亚在阿富汗的主要行动是从 2006 年起向乌鲁兹甘特遣部队派遣分队[32]，这也许是澳大利亚首次接受非英语作战司令部指挥，并部署长期[33]兵力。在美军司令部指挥下使用的是美军术语，驻阿富汗的澳大利亚军队只在很少的情况下才使用荷兰军队的术语。特遣部队开始时由荷兰人领导，但随着时间的推移，包括澳大利亚、法国、挪威、新加坡、斯洛伐克、英国、美国和阿富汗在内的多个国家的人员都加入进来。来访的记者克里斯·马斯特斯（Chris Masters）注意到，在荷兰管辖下的混乱局势中，"每个国家的军队都倾向于各执一词，既不公开争吵,也不会热情地团结起来,乌鲁兹甘的盟友们选择采取一种武装中立的姿态。"[34]

荷兰文化与语言使用

荷兰军队以他们轻松的军事文化为荣,甚至包括在"正式"阅兵式上的随意行为,这种休闲军事风格在外表和着装上表现得尤为明显。与澳大利亚军人相比,荷兰军人立正、稍息要轻松得多。军事文化比较研究表明,人们普遍认为荷兰军队比较独立、善于交际、灵活且不拘小节,甚至显得松散而且粗鲁,但同时也有态度友好且能力很强的一面[35]。与澳大利亚军队驻扎在同一个军事基地的还有一些其他欧洲军队(例如在伊拉克南部的意大利军队、阿富汗的法国军队和斯洛伐克军队),与这些欧洲军队类似,荷兰军队对理发和剃须的态度更为宽松。在军队,特种部队士兵的胡须代表很高的威望,但欧洲人的胡须往往更时髦、更有裁剪感。用澳大利亚少校雷切尔·布伦南(Rachel Brennan)的话说:"你会看到他们在体育馆周围或在食堂吃饭,留着长发,穿着莱卡衫到处跑,一些人留着莫西干头。他们跟我们就是不一样。我们认为他们的管理方式更宽松一些。他们会乘坐普通车辆而不是装甲车,对待事情的态度也不同。"[36]

荷兰具有国家特色的共识和讨论也是其军事文化的一部分,这一点对于经常与荷兰军队共事的澳大利亚人(如本章作者)来说显而易见。利用八个月的时间每天深入了解荷兰军队,会对他们在军事问题上的独特做法、认真的态度和古怪的幽默感有更深入的认识。在澳军认为的正式会议上,荷兰军队可能出现大量讨论、非正式的批评和暧昧的回应，这在一些澳大利亚人看来很不专业，因此也导致了跨文化误解和压力[37]。当然，这有点自相矛盾，有人认为澳大利亚军队以平均主义和非正式文化为荣，这种文化是为了区别于英国军队的等级意识和等级制度而形成的价值观[38]。特种部队文化中隐含的公开讨论和非正式批评受到普遍赞赏。然而，被派往主流常规部队的澳大利亚军人更喜欢拘谨和更刻板的行为方式。联军士兵可以如此公开地谈论和讨论军事问题甚至加入工会，这让他们感到不适应。

"荷兰人是宽容的、非军事化的"这一看法也遭到一些反对。扎尔伯格（Zaalberg）称，"过去的观念认为荷兰是一个传统上爱好和平、反军国主义和文化敏感的民族"，但其在阿富汗高度活跃的实际军事行动却未反映出上述特点[39]。一些澳大利亚人也注意到了这一事实。中校杰森·布莱恩（Jason Blain）说："很多人认为荷兰军队软弱无能，而我的经验是他们专注于走出困境并取得成果，这是一群有趣的人，他们不希望被看作职业军人。"[40]

澳大利亚国防军严格的不结交政策——限制士兵之间的性接触——在荷兰人看来有些奇怪。反过来，澳大利亚士兵假定荷兰士兵之间存在着高度的友爱关系。这只是众多跨文化差异之一。荷兰人的淋浴是男女不分的，对许多澳大利亚人来说，这似乎证实了他们对欧洲人行为最深的怀疑。而且在健身房里荷兰男性的形象也是有问题的。穿莱卡或氨纶紧身衣而不穿澳大利亚士兵必须穿的短裤这一做法在澳大利亚士兵看来非常不恰当，以至于脸书上出现了一个页面来专门讨论这个"问题"。

政治正确的范围是出现跨文化挑战的另一个方面。在这一方面，荷军的做法似乎与美军的做法相反。美军更倾向于高度宗教化，并且在公开场合公开如此。而荷军则是公开的世俗化，除了军事牧师外，他们还有一个对应的非宗教人员。荷兰人比他们的澳大利亚同行更乐意以开放的方式来开玩笑和提及性问题。澳大利亚人也对荷兰的圣诞传统中的圣尼古拉斯（Sinterklaas）和黑彼得（Zwarte Piet）感到由衷的震惊，因为根据这一传统，一些荷兰士兵会用黑脸妆装扮成圣诞精灵。

荷兰的餐饮文化对许多澳大利亚人来说似乎也很陌生。荷兰军营的荷式餐厅每周三供应印度尼西亚式咖喱菜，这一文化传统来源于荷兰在东印度群岛的殖民经历[41]。但 Blauwe hap 或 Rijsttafel 等菜名从未进入澳大利亚军事术语。荷兰军队的另一个传统是在周日早上吃海鲜早午餐，这可能是许多澳大利亚人第一次接触荷兰的鲱鱼卷或生腌鲱鱼片，要将其卷成圆柱形，里面再放上馅。这并不是荷兰军营的其他国家军队所能接受的餐饮潮流[42]，当时还有人对荷兰军队的伙食提出抗议。对荷兰伙食的抱怨最终传到了澳大利亚国防军总司令、空军司令安格斯·休斯顿（Angus Houston）耳中。他向一位政府官员承认，虽然荷兰伙食"总体上营养丰富"，但"问题是，它不是澳大利亚口味，而是欧洲口味"[43]。

出现紧急情况可能会加剧双方跨文化交际的困难。战斗医务兵特里·莱德加德（Terry Ledgard）在参与了一场两名受伤荷兰士兵的直升机战场医疗护送之后，将其中一名伤员送入塔林科特的荷兰医院，结果一名荷兰创伤护士对他的救护方法提出了质疑。他描述说，她对他治疗伤员的愤怒反应让他觉得好像遇到了"陌生的荷兰文化、敌意和情境压力三者组成的百慕大三角旋涡，感到无所适从"[44]。

从阿富汗其他语言借词

极少数荷兰军事术语成为澳大利亚军事词汇的一部分，反映了跨文化理解的各种局限性。使用非常实用的北约 9 行式战场伤亡情况报告格式是因为它是标准报告格式。由于阿富汗南部训练任务的特殊性，还采用了其他通用军事术语。例如，煎蛋（omelette）一词来源于作战指导和联络小组（OMLT）中的缩略语，是指少量曾指导和训练阿富汗国民军士兵的澳大利亚部队或安全援助部队的其他士兵。

具有重大地理意义的阿富汗术语，如 dasht（沙漠地区）和 quala（大院）逐渐成为常规军事用语，shura（阿拉伯语中的"会议"一词，在伊拉克和阿富汗都有使用）一词也是。另一个术语 jundi，在阿拉伯语中指士兵，一开始在伊拉克战争中被使用，后也用于阿富汗行动中，指阿富汗的任何男性[45]。步兵凯尔·威尔逊（Kyle Wilson）和许多澳大利亚士兵一样，在战场上使用了阿富汗词汇，这些词汇可以在士兵们回忆录中记录战斗打响之前的一些情景中找到。"我有一种不好的预感，他是个浑蛋，我们就跟着他。我大喊'Waderaja'（站住），但他没理我。"[46]然而，阿富汗语言很少渗透到澳大利亚的军事意识中，也没有成为澳大利亚标准军事俚语的一部分。与 1915 年至 1918 年驻扎在法国的澳大利亚部队不同，大多数部署阿富汗的澳大利亚部队驻扎时间最多为 8 个月，而不是几年，他们休息和放松的时候很少与当地居民有接触。在阿富汗期间，他们不巡逻时，待在安全的军营和巡逻基地，与当地居民隔离开，因此与他们进行日常交流的机会有限。

指导阿富汗国民军的部队与阿富汗士兵一起被派往偏远的巡逻基地，他们与士兵接触更多，因而有必要学习更多的阿富汗术语。

但因为"绿对蓝"的杀戮事件(阿富汗叛变士兵杀害联军士兵)有所增加,这种接触在澳大利亚部署的后期变得更少。

澳大利亚在伊拉克和阿富汗的跨文化交际分析

考虑到美国部署的大量军队、对全球文化的影响及其超级大国地位,美军术语在这两场战争中占主导地位并不令人惊讶。荷兰军事术语没有成为澳大利亚军事词汇的一部分有各种可能的原因。其一,自2001年以来,美国一直是反恐战争中联军的领导者,这一事实赋予了美国主导权,并使任何其他军事文化都难以取而代之。其二,荷兰语和英语之间的差异意味着许多澳大利亚人对荷兰语术语的使用并不敏感,从而限制了采用非英语术语的可能性。还应该强调的是,荷兰人是有才华且教育程度较高的多语言民族,大量的荷兰军人都讲英语,进一步限制了荷兰军语向澳大利亚军语传播。英语毕竟是任务语言,也是一种全球语言,澳大利亚人不需要也不必费心学荷兰语,所以更没有理由采用荷兰语词汇。

其三,可能与澳大利亚军人对自己和荷兰军人作为战士的看法有关。澳大利亚军队也许认为自己更接近好战的美军,而距离表面温和、强调共识、作风散漫的荷军较远,虽然荷军在反叛乱中强调军民合作的策略[47]备受赞誉,但在一些澳大利亚军人看来却是一种软弱的做法。澳军对荷军在乌鲁兹甘省主导的军事行动发表的大量负面评价,有力佐证了上述观点。美军认为他们的北约盟友在支持战斗方面做得不够,由此还产生了一个玩笑,称阿富汗安全援助部队的缩写ISAF(荷兰部队袖子上的单词)代表"I saw Americans fighting(我看到美国人在战斗)"。具有讽刺意味的是，尽管澳大利亚在阿富汗参与军事行动比美军少得多，但这个美军玩笑竟被驻扎在乌鲁兹甘的澳大利亚部队改编成了"我看到澳大利亚人在战斗"。马林斯（Mullins）回忆起一个对dutch这个词的讽刺解释："dutch"代表"don't understand the concept here（不理解这个概念）"[48]，而马斯特斯（Masters）注意到，澳大利亚士兵对荷兰的国际缩写（NLD）有另一种解释，即它代表"no one likes Dutch（没有人喜欢荷兰人）"[49]。有澳军称，荷军没有为澳军提供足够的支持[50]。与此相反并应当指出的是，尽管澳军认为自己的战斗性更足，荷军也曾声称，澳军拒绝在战斗中支持他们，因为澳军的交战规则更加严格[51]。谁最好战并不是本章的重点，关键点可能不在于澳荷军事合作的现实情况，而在于澳大利亚对这种合作的看法。

荷军2010年离开时，澳大利亚的军事优越感肯定让美国人也感到困惑。尽管在乌鲁兹甘的兵力比其他国家都多，但澳大利亚坚持在2012年之前都接受美军指挥（乌鲁兹甘多国联合部队），以避免承担领导该省的政治成本。本章不探讨盟国对在伊拉克和阿富汗的澳大利亚军队的看法，但罗伊研究所（Lowy Institute）出版的一本题为《无关紧要的迷茫和胆小》的书却很能说明问题[52]。吉姆·莫兰在评价伊拉克战争中的联盟关系时指出："英国人称我们为'新法国人'，而美国则视我们为其盟友之一。美国比英国客气得多。"这些言论印证了这样一种观点，即澳大利亚只是小规模参与战争，他们更侧重于巩固同盟关系，而不是追求军事胜利。

结论

总之，澳大利亚军队在伊拉克和阿富汗的军事行动对研究澳大利亚军事文化很有意义。澳大利亚军队面临着与英语国家和非英语国家盟友进行语言与跨文化交际的挑战，且在不同情况下存在着显著差异。本章探讨了澳大利亚军队在阿富汗和伊拉克与盟国军队进行军事交流的经历，表明战争中军语相互借用的传统仍在继续。同时也表明，英语在全球的广泛使用，加上美国是澳大利亚经常交往的主要盟国，意味着在当前，美军军语一直是澳大利亚借用外国军事术语的主要来源。另外，尽管有明显的文化相似性，但文化差异使盟友之间的沟通仍可能存在问题。布莱恩·塞尔梅斯基（Brian Selmeski）指出，根据加拿大的经验，战争中的跨文化能力需要在更好的简报、更多的语言培训和对敌人和国际关系知识的了解基础上更进一步[53]。了解军队普通官兵如何理解与盟友的跨文化交际将大大有助于增进理解并为未来积累经验。过去的研究表明，多国部队行动中的文化多样性既可以是弱点，也可以是优点[54]。未来澳军仍可能参与多国联合行动，因此对过去的实践进行研究具有重要意义。

在伊拉克和阿富汗战争中，澳大利亚军队采用了盟友的一系列术语。采用这种内部术语的原因多种多样，可以是基于对另一种军事文化的崇拜，也可以反映占据主导地位的军事文化对其他从属军事文化的影响；此外，文化相互接触的时间长短也是一个因素。还有一个因素是，士兵们希望使用"时尚军语"，表现出真正士兵的样子，表明自己是经验丰富、游刃有余的勇士。使用在交战区习得的术语和语言代表着经验，彰显使用者的内部人士身份，是老兵的标志之一。

澳大利亚政府决定作为军事盟友介入反恐战争后，澳军参与了在伊拉克和阿富汗的作战行动。在这两场战争中,澳军参与规模相对较小,并没有寻求一个领导角色,而是作为从属部分参与其中。澳大利亚军队在阿富汗和伊拉克必须面对与陌生的盟友进行语言和跨文化交际的挑战,但即使是在处理表面上更为熟悉的盟友关系时,语言和跨文化交际问题也同样重要。

注释

1. 谢恩·布莱恩特和托尼·帕克(2010),《战犬:一个澳大利亚人和他的犬赴阿富汗战争》(悉尼:麦克米伦)第51页。

2. 我用"military"一词来指军队或士兵,如陆军、海军或空军的成员。

3. 要详细了解这些术语的范围,见阿曼达·劳格森(2005),《澳大利亚人在战争中的语言》(墨尔本:牛津大学出版社)。

4. 理查德·福瑟林厄姆(2009),"描绘一个新世界:早期澳大利亚戏剧中的语言",《澳大利亚大学语言文学协会期刊》,111,第1-20页,此处见第5页。

5. 内森·马林斯(2011),《低下你的头:一名突击队员对阿富汗战争的真实描述》(悉尼:艾伦和昂温),第80-81页。

6. MEAO一词包括澳大利亚在伊拉克和阿富汗的军事活动,以及在整个阿拉伯湾的基地和船只上的军事活动,但本章的重点是伊拉克和阿富汗。

7. 希拉里·福蒂特和迈克尔·凯利(编著)(2012),《语言与军事:联盟、占领与和平建设》(罕德米尔:帕尔格雷夫·麦克米兰)。

8. 雷切尔·伍德沃德和尼尔·詹金斯(2012),"'这个地方不值得我们任何一个男孩犯险':地缘政治、军国主义和阿富汗战争回忆录"，《政治地理学》，31：8，第495-508页。

9. 西恩·戴维克（2016），"'瓦尔哈拉崛起'：军事回忆录中的性别、体现和经验"，《安全对话》，47：2，第133-150页；兰贝塔·亨德里卡·埃斯梅拉达·克莱因辛克（2017），《军事回忆录：国际阿富汗战争自传的定量比较》（马萨诸塞州波士顿：布里尔）；朱利安·波马雷德（2018），"通过前线故事将暴力标准化：美国狙击手的案例"，《批判性军事研究》，4：1，第52-71页。

10. 虽然穿制服的军人在这项研究中占主导地位，但国防文职人员和前军人也是试图在战争期间与盟友沟通的澳大利亚人的一部分。

11. 理查德·格尔曼（2017），"国家的敌人：文化记忆、电影和伊拉克战争"，杰西卡·吉尔德斯利夫、理查德·格尔曼（编）《反恐战争与记忆》（查姆：帕尔格雷夫·麦克米伦），第69-89页。

12. 吉姆·莫兰（2008），《在伊拉克指挥战争》（悉尼：哈珀柯林斯），第23-24页；第40页。

13. 詹姆斯·普拉斯切维奇（2014），《归来的士兵：我的战斗：帝汶、伊拉克、阿富汗、抑郁症和创伤后应激障碍》（墨尔本：墨尔本图书），第92页。

14. 尽管有针对这一群体的特定目标。见安东尼·约翰（2013），"从制度到职业：转型中的澳大利亚军队文化"，《澳大利亚陆军期刊》10：3，第187-202页，此处见第191页。

15. 休·史密斯（1995），"社会变革的动力和澳大利亚国防军"，《武装部队与社会》，21：4，第531-551页，此处见第12页。

16. 见伊萨雷斯·素拉切邦（2016），《澳大利亚国防军语言学院强化语言教学的需求评估》，博士论文，维多利亚大学。

17. 保罗·德·盖尔德（2011），《没有时间恐惧》（坎伯韦尔：企鹅出版社），第93页。

18. 本·古利，马特·莱斯，汤姆·拉特（2012），"作战指导和联络小组"，戴夫·艾伦（编）《山谷之战：第7营战斗组》（MRTF-1），《阿富汗，2008.10-2009.6》（威尔逊顿：莱特出版社），第36页。

19. 莫兰，《在伊拉克指挥战争》，第310页。

20. 保罗·菲尔德（2017），《给我避难所：来自前线和回家的勇气、忍耐和生存的故事》（里奇蒙德：艾克），第6-7页。

21. 格雷姆·多贝尔（2014），"澳大利亚最持久战争的联盟回声和预兆"，《澳大利亚国际事务期刊》68: 4，第386-396页，此处288-289页。

22. 莫兰，《在伊拉克指挥战争》，第23-24页。另可见加里·麦凯（1998），《三角洲四人组：澳大利亚步枪兵在越南》（悉尼：艾伦和昂温），第215-223页。

23. 吉姆·哈米特（2008），"我们曾经是士兵：澳大利亚皇家步兵团的衰落？"《澳大利亚陆军期刊》，5: 1，第39-50页。

24. 在伊拉克，英国人认为澳大利亚人不愿意参与战斗。约翰·布拉克斯兰（2014），《从惠特拉姆到霍华德的澳大利亚军队》（墨尔本：牛津大学出版社）第241-242页，第246-247页。关于加拿大和澳大利亚部署的比较，见金·诺萨尔（2009），"理解阿富汗：澳大利亚和加拿大国际稳定任务的国内政治"，《国际期刊》，64: 3，第825-842页。

25. 布莱恩特，《战犬》第62-63页。

26. 普拉斯切维奇，《归来的士兵：我的战斗》，第83页。

27. 例子见埃文·赖特（2005），《一代杀戮》（伦敦：柯基），克里斯·凯尔（2012），《美国狙击手》（纽约：哈珀）。

28. 汤姆·格里森（2008），《与空军特别部队一起玩扑克：伊拉克和阿富汗喜剧之旅》（悉尼：新南威尔士大学出版社）。

29. 自2011年曝光性丑闻以来，澳大利亚国防部队发生了重大变化。见杰西卡·卡尼尔（2017），"死亡与少女：澳大利亚士兵的回忆、丑闻和性别"，载于杰西卡·吉尔德斯利夫和理查德·格尔曼（编），《记忆与反恐战争》（查姆：帕尔格雷夫·麦克米伦），第237-262页，此处见第251-255页。

30. 例如，可参考凯拉·威廉姆斯（2005）的回忆录，《爱我的步枪更过你：美国陆军中的年轻女性》（伦敦：W.W.诺顿公司）。

31. 保罗·菲尔德（2017），《给我避难所》，第228页。

32. 这是在2010年荷兰撤出并移交指挥权后，由美国领导的乌鲁兹甘联合小组。

33. 1942年，澳大利亚人曾在荷兰人的指挥下在爪哇短暂服役。见安德鲁·福克纳（2008），《亚瑟·布莱克本：澳大利亚英雄、他的手下和他们的两次世界大战》（肯特镇：韦克菲尔德出版社），第340-347页；汤姆·基林（2018年），《失落的营队》（悉尼：艾伦和昂温）。

34. 克里斯·马斯特斯（2012），《罕见的士兵》（悉尼：艾伦和昂温），第119页。

35. 勒内·莫尔克、约瑟夫·苏特斯、乌尔里希·冯·哈根（2007），"同情——互通性的粘合剂：德荷军事合作十年的发现"，《武装部队与社会》33：4，第496－517页，此处见第513页。

36. 吉米·汤普森、桑迪·麦格雷戈（2015），《隧道鼠vs塔利班》

（悉尼：艾伦和昂温），第 138 页。

37. 见戴夫·艾伦编著《山谷之战》，第 14 页。

38. 詹姆斯·布朗（2013），"五十度灰：澳大利亚军队中的军官文化"，《澳大利亚陆军期刊》，10：3，第 244-254 页，此处见第 248-249 页。

39. 泰斯·布鲁克兹·扎尔伯格（2013），"使用和滥用'荷兰方法'来反叛乱"，《战略研究期刊》，36：6，第 867-897 页，此处见第 891 页。

40. 克里斯·马斯特斯（2012），《罕见的士兵》（悉尼：艾伦和昂温），第 269 页。如需了解荷兰的做法，见马丁·基岑（2012），"部落的亲密接触：将共同选择作为缓和冲突的工具——荷兰在阿富汗乌鲁兹甘省的案例"，《战略研究期刊》，35：5，第 713-734 页。

41. 马蒂斯·柯伊伯斯（2017），"Makanlah Nasi！（吃饭！）：20 世纪荷兰的殖民美食和流行帝国主义"，《全球食品史》，3：1，第 4-23 页。

42. 赛斯·罗布森（2010），"美国、荷兰和澳大利亚人在蒂林科特共同服务，观察文化怪癖"，《星条旗》，2010 年 8 月 20 日，https://www.stripes.com/news/at-tirin-kot-u-s-dutch-and-australians-serve-together-observe-cultural-quirks-1.115410

43. 罗伯·泰勒（2009），"澳大利亚军队对荷兰食品感到震惊"，路透社，2009 年 6 月 4 日，https://www.reuters.com/article/us-afghanistan-food/australias-troops-aghast-at-dutch-food-idUSTRE5523ZE20090603

44. 特里·莱德加德（2016），《不良医学：无情揭露阿富汗战争期间澳大利亚空军特别部队军医的生活》（墨尔本：维京企鹅出版社），第 122-123 页。

45. 内森·马林斯（2011），《低下你的头：一名突击队员对阿富汗战争的真实描述》（悉尼：艾伦和昂温），第 81 页。

46. 菲尔德，《让我避难》，第 117 页。

47. 扎尔伯格，"使用和滥用'荷兰方法'来反叛乱"。

48. 内森·马林斯（2011），《低下你的头》，第 90 页。

49. 马斯特斯，《罕见的士兵》，第 119 页。

50. 伊恩·麦克费德兰（2010），"荷兰人把澳大利亚士兵留在阿富汗送死"，《现在的珀斯》，2010 年 10 月 22 日。https://www.perthnow.com.au/news/dutch-left-australian-soldiers-for-dead-in-afghanistan-ng-662402792fd7f286c5bd6042990ac985

51. 汤姆海兰（2008），"在与塔利班的致命战斗中澳大利亚士兵让荷兰盟友失望"，《时代》，2008 年 1 月 20 日，https://www.theage.com.au/world/diggers-let-down-dutch-allies-in-deadly-battle-with-taliban-20080120-ge6mj6.html

52. 吉姆·莫兰（2017），"澳大利亚在伊拉克 2002-2010：无关紧要、困惑和胆怯"，《译者》，2017 年 3 月 10 日，https://www.lowyinstitute.org/the-interpreter/australia-iraq-2002-2010-inconsequential-confused-and-timid

53. 布赖恩·塞尔梅斯基（2007），《军事跨文化能力：核心概念和个人发展》（加拿大皇家军事学院安全、武装部队与社会中心）。

54. 埃弗拉特·埃尔隆、博阿斯·沙米尔、本阿里（1999），"他们为什么没有争执？多国部队中的文化多样性和作战统一性"，《武装部队与社会》，26：1，第 73-97 页。

第三部分
交际策略和语言教学

战时交际、口译和语言
历史与当代视角

战争对澳大利亚高等院校日语教学的影响，1917—1945

詹妮弗·琼·鲍德温（Jennifer Joan Baldwin）[①]

语言教学一直以来都是澳大利亚高等院校课程体系的一部分。澳大利亚高等院校以剑桥大学、牛津大学和都柏林三一学院等为典范。这些大学深耕语言教学，教授古典语言、现代语言和一些亚洲（当时被称为"东方"）语言。澳大利亚部分借鉴了这些大学的语言教学模式，但最初只提供古典语言教学。当时，古典语言被认为是那些有望成为殖民地社会、商界和政界领袖的年轻人文科教育的重要组成部分。其后，法语和德语这两门现代语言被引入澳大利亚高等教育中——在充满巨变的 20 世纪之初，人们认为这两门语言具有实用性和商业适用性。

澳大利亚的东方/亚洲语言教学则始于完全不同的情况。与在英国和爱尔兰教授和研究东方语言的学术环境不同，澳大利亚高等教育中的第一门亚洲语言——日语是作为一种实用性语言被引入其课程体系的。当时普遍认为，澳大利亚需要了解日本当代事务——

[①] 詹妮弗·琼·鲍德温，墨尔本大学，澳大利亚维多利亚州墨尔本市，电子邮箱：baldwin.j@unimelb.edu.au

尤其是日本在20世纪初的扩张主义行为促使澳大利亚不得不谨慎地考虑自身的安全问题。

1917年，悉尼大学在第一次世界大战临近尾声时开始开设日语课程。1919年，墨尔本大学在进行了数年的非正式日语教学后也正式开设日语课程。由于日本在战争中与澳大利亚保持着盟友的关系，故而在战争的最后几年，悉尼大学仍然维持着日语教学。尽管越来越多的民众担心日本帝国主义可能在太平洋地区扩张，但是在二十世纪二三十年代，悉尼和墨尔本大学的日语教学一直持续进行。可以说，第二次世界大战之前全球对于日本意图的关注，促进了日语教学的发展。学习日语的价值日益凸显，人们得以从日本报纸上获得最前沿的商业和政治信息。

然而，随着日本在1941年12月加入第二次世界大战，这一情形发生了巨大的变化，以墨尔本大学尤为显著。在墨尔本大学，人员的大幅调整导致新的日语教师不断以非正式的身份入职。而在悉尼大学，学者们协助国防军开展日语教学。

本章描述了澳大利亚高等教育中日语教学的起源和起因，墨尔本和悉尼大学（当时澳大利亚的主要大学）日语教师各自截然不同的背景以及第二次世界大战对澳大利亚日语教育和教师的负面影响。本章的四位叙述者都是日语教师，其中两位来自悉尼大学——苏格兰人詹姆斯·默多克（James Murdoch）和英国人亚瑟·萨德勒（Arthur Sadler）；另外两位来自墨尔本大学——生于日本的稻垣猛氏（Mowsey/Mōshi Inagaki）以及生于苏格兰的托马斯·乔利·史密斯牧师（Thomas Jollie Smith）。他们的从教故事贯穿了第一次世界大战后期以及整个第二次世界大战期间。

悉尼大学

在 1916 年国防部和澳大利亚驻伦敦和东京的高级专员讨论大学岗位的合适人选之后，悉尼大学于 1917 年开始进行日语教学[1]。时任国防部部长乔治·皮尔斯（George Pearce）担心日本可能在未来对澳大利亚发动战争，故而提出这一提议[2]。尽管第一次世界大战期间澳大利亚和日本是盟友，但澳大利亚政府在目睹了 1895 年甲午中日战争、1905 年日俄战争以及 1905 年日本攻占朝鲜并于 1910 年殖民朝鲜之后，担心日本会进一步向太平洋地区扩张。下文将详细介绍在悉尼大学任教的两位主要的日语老师詹姆斯·默多克和亚瑟·萨德勒。

詹姆斯·默多克：苏格兰人

当时，澳大利亚对日语教学的需求在于其有利于增进日本和澳大利亚之间的商业关系。但这背后显然还有更深层次的原因。优秀的大学岗位候选人通常还需要具备进行审查工作的能力。詹姆斯·默多克在日本生活了大约 25 年，他的第二任妻子是一位日本女性，他在日本的学校和高等院校任教期间也进行日本历史的写作[3]。詹姆斯·默多克在 61 岁成为悉尼大学教师。当时不为人知的是——按照历史学家艾尔萨·宰努丁（Ailsa Zainu'ddin）的说法[4]——国防部在很大程度参与了这项任命。

澳大利亚直到 1901 年才成立联邦政府。在此之前，澳大利亚的大部分外交政策都与英国保持一致。其后，澳大利亚逐步在其管辖区域制定独立的外交政策。随着外交政策日益独立，防务问题日渐凸显，澳大利亚对于亚洲力量在该地区实力增长的可能性尤为担心。

从 1917 年 3 月 20 日开始,默多克每周一和周二在悉尼大学授课,最初大约有 80 名学生[5]。与此同时,默多克每周还需前往离堪培拉不远的敦特隆皇家军事学院授课三天。皇家军事学院成立于 1911 年,是澳大利亚未来军官的摇篮。法语和德语是皇家军事学院设置的传统语种[6]。默多克在那里教授的第一个班级仅有八名学生,都是经过精心选拔的具有超强语言学习能力的佼佼者,其目的是为澳大利亚军队培养口译人员,供国防部派往日本[7]。除了在悉尼大学和皇家军事学院教授日语之外,默多克还参与了将日语课程引入福特街男子高中的工作。据说默多克说话明显带有苏格兰口音,他说日语的时候还夹杂着苏格兰式浓重的 r 音[8]。

历史学家周美津(Misuzu Chow)指出,默多克坚持让母语为日语的人协助他工作。1917 年 12 月底至 1918 年 1 月初,默多克回到日本并带回两个日本人协助他的工作[9]。其中,小出南子(Koide Nanzi)被安排在悉尼大学任教,宫田明一(Miyata Mineichi)则进入福特街男子高中任教。时任新南威尔士州教育部主任的彼得·博德(Peter Board)批准了在中学阶段进行日语教学的安排[10]。1918 年末,默多克再次回到日本,次年 3 月,默多克和妻子返回澳大利亚,随行的还有他妻子的兄弟冈田六雄(Okada Rokuo)。冈田六雄(Okada Rokuo)计划在敦特隆皇家军事学院教授日语课程以"训练学员实际对话和书写的能力"[11]。默多克每年都会以探亲的名义回日本,并借机对日本政治和社会现状进行评估。默多克以信件和面谈的方式向澳大利亚军事情报主任埃德蒙·皮塞(Edmund Piesse)汇报上述情况。由于日本人随时都有可能截获他的信息,默多克不得不小心翼翼地从日本发送加密信件。

除了教学，默多克还承担了政府的审查工作，翻译澳大利亚政府所截获的日本文件。澳大利亚特别关注日本潜在的军事扩张和间谍活动[12]。默多克和皮塞之间的许多信件目前被保存在澳大利亚国家图书馆的档案中。这些信件证明了默多克在揭露日本行动中所扮演的角色。尽管默多克的贡献远不止教授日语，但是在第一次世界大战的最后几年，默多克在悉尼大学的日语教学工作从未间断。1918年，考虑到默多克在广泛的行动中发挥的有效作用，为了将他留在澳大利亚，悉尼大学和国防部共同商定将默多克晋升为东方学教授[13]。然而好景不长，詹姆斯·默多克于1921年去世，享年65岁。

亚瑟·萨德勒：英格兰人

在国防部的授意下，他们很快物色到了默多克的接替者[14]。悉尼大学非常幸运，不久就聘请到另一位日语讲师亚瑟·萨德勒来填补东方学教授席位。他从1922年开始在悉尼大学任教。萨德勒出生于英国，是希伯来语和亚述语的学者，曾在日本教授拉丁语和英语，并学习日语。萨德勒曾在英国有过一段婚姻，但于1916年在东京娶了第二任妻子，一位英日混血女性。萨德勒一直在悉尼大学教书，直到1948年退休回到英国。萨德勒撰写了大量关于日本历史、日本艺术、古典和现代文学的文章，并广泛涉猎日语文献。他将日本诗歌翻译成英语并因此闻名。然而据周美津说，并没有证据表明萨德勒曾像他的前任默多克那样为澳大利亚领导人就日本事务提供建议。萨德勒更像是一个文人[15]。除了萨德勒之外，接下来的20年里，悉尼大学东方学系还涌现了其他一大批日语教师。

进入 20 世纪 30 年代和战争岁月

两次世界大战期间，一位名叫冈田禄阔（Okada Rokuo）的语言教师从皇家军事学院去到悉尼大学，并在那里任教三年。冈田禄阔在悉尼大学的合同到期后，继续在福特街和北悉尼高中以及悉尼英格兰教会文法学校任教，最终在 1927 年 1 月离开悉尼回到日本[16]。而皇家军事学院的日语课程则由杰弗里·海顿（Jeffrey F. M. Haydon）负责，他是那里的现代语言教授。另一位日语讲师伊光北行（Kitakoji Isamitsu）从 1926 年底到 1928 年底在悉尼大学任教[17]。悉尼大学的日语教学从未间断，尽管到 1928 年，皇家军事学院的教学活动已经减少为每年一次的检测、监查和考试[18]。

据珍妮佛·布鲁斯特（Jennifer Brewster）在澳大利亚档案馆发现的一份文件显示，1937 年，皇家军事学院停止了日语培训。该文件中称："这种语言没有太多文化价值，几乎需要终身学习，在大学里花时间学习这门语言实际上是一种浪费，除非学生在大学毕业后仍然继续学习这门语言或者前往日本，然而，这显然是不可能的。"[19] 尽管如此，萨德勒继续在悉尼大学教授日语，在整个第二次世界大战期间，悉尼大学有许多以日语为母语的讲师。

1941 年 12 月日本发动太平洋战争后，日语教学形势发生了巨大变化。人们认为日语对澳大利亚的国防安全至关重要。皇家军事学院当初放弃与悉尼大学的合作、停滞日语教学的做法有欠考虑，皇家军事学院需要在悉尼大学学者的帮助下重新开展日语培训。

当时澳大利亚迫切需要招募和培训日语专家，虽然这需要花费几年的时间。马克斯·维多斯基（Max Wiadrowski）是一名精通日语的澳大利亚皇家空军（RAAF）情报员，在他的极力主张与游说之下，1944年3月，悉尼建立了日语培训基地。日语课程在悉尼大学萨德勒教授的指导下进行[20]，并得到乔伊斯·阿克罗伊德（Joyce Ackroyd）[21]和玛格丽特·莱克（Margaret Lake）[22]的协助。考虑到高等院校的语言教学过于学术化，无法完全满足军事运用的需要，军事语言专家在晚间还会进行进一步的强化教学。参与的学生包括皇家空军、陆军和海军的人员。悉尼大学为澳大利亚皇家空军语言学院提供的日语教学从1944年7月持续至1945年7月[23]。

第二次世界大战激发了民众对日语学习的需求，由此催生的语言学家在战争结束后很多被派驻日本，尽管如此，战后悉尼大学的日语学生人数还是有所下降，1950年后不再招收新生，日语学科也因此取消[24]。悉尼大学的日语教学一度停滞到1959年[25]。布鲁斯特指出，日语已经处于次要位置。由于新一轮的"冷战"和中国的共产主义革命，对澳大利亚而言，汉语和俄语比日语更具有战略意义[26]。

墨尔本大学

与悉尼大学相比，墨尔本大学又是另外一番景象。虽然早在1913年，墨尔本大学就考虑引入包括日语在内的更多语言，但不愿对日语教学投入足够的资金。随着第一次世界大战的爆发，从大学招募职员和学生入伍参加战斗成为当务之急，扩展语种的计划因此搁置。不过最终，墨尔本大学还是开设了日语课程，但仅仅作为其非学位课程的一部分。起初，墨尔本大学的日语课程由长老会牧师托马斯·乔利·史密斯和日本人稻垣猛氏合作开设。

托马斯·乔利·史密斯：苏格兰长老会牧师

托马斯·乔利·史密斯是苏格兰长老会一位牧师的儿子，出生在苏格兰，儿时随家人来到澳大利亚。乔利·史密斯是一位杰出的学者，曾在墨尔本大学接受教育，并在语言和逻辑方面成绩优异，后来成为一名长老会牧师。乔利·史密斯曾在南澳大利亚的一个教区服务，其后前往墨尔本大学担任了一年的希伯来语讲师。1905年到1922年期间，乔利·史密斯在东莫尔文（墨尔本）的尤因纪念教堂担任牧师。根据联合教会神学家伊恩·布雷沃德（Ian Breward）的说法[27]，1916年乔利·史密斯曾计划向待在朝鲜半岛的日本人进行传教，因此自学了日语。然而，当时日本通过军事手段统治了朝鲜，他的这项工作遭到了当时日本政府的阻挠[28]。

1917年，乔利·史密斯利用其与墨尔本大学的联系，成为游说墨尔本大学教授日语的团体中的一员[29]。1918年8月，墨尔本大学文学院提议实行讲师制度，单列教育服务费，并且经费自筹，无须大学承担任何费用[30]。乔利·史密斯此时已经以非正式教师的身份教授日语了[31]。1917年，稻垣猛氏开始在墨尔本私下教授日语，1919年，乔利史密斯和稻垣猛氏在墨尔本大学正式任教，并创立了日本研究。两人的合作关系于1922年终止。当时乔利·史密斯被任命为墨尔本大学奥蒙德学院神学院希伯来语和旧约研究会的主席。乔利·史密斯于1927年9月去世。1922年起，稻垣猛氏成为当时夜校唯一的日语老师。这项任命得到了埃德蒙·皮塞的大力支持，皮塞曾是稻垣的学生，之前本章也提到他是军事情报总监[32]。

稻垣猛氏：日本国民

稻垣猛氏 1880 年出生于日本静冈县。1906 年前后来到澳大利亚，最初待在星期四岛。之后，稻垣猛氏南下，在墨尔本安家。稻垣猛氏参加了维多利亚国家美术馆的艺术课，并在那里遇到罗斯·奥尔金斯（Rose Allkins）。他们于 1907 年在东圣基尔达公理教堂结婚。资料显示[33]，稻垣猛氏曾做过服务员、洗衣工和艺用模特。他还曾私下教授日语[34]。稻垣猛氏婚后试图加入澳大利亚国籍,但未能如愿。1915 年，稻垣猛氏曾试图加入澳大利亚第一帝国军（AIF），但同样遭到拒绝[35]。他的妻子坚称稻垣猛氏在日本受过高等教育，但这缺乏确凿的证据。稻垣猛氏除了在大学任教外，还在 20 世纪 30 年代参与了"3LO"电台的日语广播节目[36]。同时，他还与维多利亚国家美术馆保持联系，协助馆长伯纳德·霍尔（Bernard Hall）整理和编目日本文物[37]。

作为墨尔本大学唯一的日语教师，稻垣在其岗位一直坚守到 1941 年。每周六上午，稻垣猛氏还到南墨尔本的麦克罗伯逊女子中学讲授日语。从 1936 年起，稻垣猛氏的女儿，时年 28 岁的稻垣村（Mura Inagaki），在卫理公会女子学院担任日语教师[38]。1941 年 12 月 7 日早晨，当日本轰炸珍珠港的消息传到澳大利亚时，51 岁的稻垣被人从家中带走，囚禁在维多利亚州的塔图拉，直到战争结束。这是许多生活在澳大利亚的日本人的命运。莱斯利·奥茨（Leslie Oates）那时还是个少年，1939 年至 1941 年期间他曾参加过麦克罗伯逊周六上午的日语课。莱斯利·奥茨指出，1941 年末，在稻垣被关押后，他的中级日语证书考试是由稻垣罗斯评的分[39]。

墨尔本大学存档的信件显示，稻垣的妻子罗斯曾向大学求助，但是没有得到回应。教务主任认为稻垣不属于正式员工，只是一名临时教师。尽管稻垣曾教过也认识一些有影响力的人，但这些关系都于事无补。埃德蒙·皮塞、彼得·罗素（Peter Russo）（后来澳大利亚日本事务的权威人士）、朗菲尔德·劳埃德（Longfield Lloyd）（驻日贸易专员）和亚历山大·墨尔本（Alexander Melbourne）（许多关于对华和对日外交政策报告的撰写者）等都曾是稻垣的学生[40]。就连支持他最初任命的约翰·莱瑟姆爵士（Sir John Latham）也拒绝给予稻垣帮助。在稻垣遭受关押时，皮塞、伯纳德·霍尔和托马斯·乔利·史密斯都已去世，而彼得·罗素和朗菲尔德·劳埃德仍然建在。然而，学生们并不支持稻垣，他们甚至在稻垣案件的听证会上针对稻垣的教学进行了批判[41]。稻垣从未被墨尔大学完全接纳，墨尔本大学也从未像悉尼大学那样官方承认日语教学的地位，于是，稻垣一直被拘留。事实上，战争期间在澳大利亚的许多日本人都是如此。罗斯不幸于1943年辞世，因此当稻垣被释放时，他自愿被遣返日本。1947年1月1日，在澳大利亚度过了35年（超过他生命的一半）后，稻垣离开了这个国家。他的离开得到了他已婚的女儿稻垣村的祝福，当时稻垣村38岁。

1941年之后墨尔本大学的日语教学

稻垣被拘留后，墨尔本大学面临一个棘手的问题：如何继续为学生提供日语教学。教学日历显示，接下来的数年中，墨尔本大学的日语教学并没有停止，而是由不同的教师进行短期授课，这些教师通常以临时聘用的方式招入。有资料表明，他们都出生于日本，在"二战"后期，这些教师曾为情报部门工作过一段时间，或者为澳大利亚政府做过审查工作。1942年3月，大学教务长福斯特（Foster）先生联系了在墨尔本维多利亚兵营南方司令部情报部门担任翻译的乔治·格里高利（George Gregory）。福斯特先生隐晦地表示他们正在寻找一位"在大学没有固定日语教学任务"的教师[42]。随后，文学院院长马克斯·克劳福德（Max Crawford）向大学理事会推荐了格里高利先生并获得批准。

格里高利能说一口流利的日语，他于1941年初抵达澳大利亚。格里高利的母亲是日本人，父亲是苏格兰人，他在日本长大并接受教育[43]。格里高利曾为澳大利亚广播电台用日语进行播音。1942年6月，格里高利写信给克劳福德教授，说他需要减少一个班的日语教学量，并推荐查尔斯·索萨·巴维尔（Charles Souza Bavier）担任三年级的代课教师。格里高利说，巴维尔出生于瑞士，在日本接受教育，后加入了澳大利亚国籍。第一次世界大战时，曾在位于加里波利的澳大利亚第一帝国军服役。在结束了日本的讲学后，巴维尔回到了澳大利亚[44]。格里高利指出，巴维尔一直在国防部供职并曾在新闻部门担任广播监控员[45]。然而，巴维尔的经历比格里高利所知道的更为丰富。事实上，1911年左右，巴维尔曾在中国的革命军队中服役，在第二次世界大战爆发前，巴维尔接受英国情报机构军情五处招募，成为一名秘密特工，收集日本在新加坡的相关情报[46]。

存档信件显示，文学院院长和教务长接受了格里高利对巴维尔资格的陈述，在未对其进行资格真实性审查的情况下给巴维尔提供了这个职位[47]。然而，巴维尔并没有在三年级日语教学岗上待很长时间，他仅仅工作了一个学期。1942年8月18日，格里高利写信给学校，表示巴维尔不得不离开墨尔本无限期地前往布里斯班，而

091

他自己也由于身负其他的任务，不得不辞职。像之前一样，格里高利推荐了一位接任者——塞尔伍德夫人（Mrs Selwood）。她是菲利普岛考斯长老会牧师的妻子[48]。塞尔伍德夫人有着日本血统，1941年11月她从横滨经香港抵达墨尔本。她和丈夫以及两个女儿抓住了太平洋战争爆发前离开日本的最后机会，偷偷搭上了最后一批从日本撤离的船只。据《霍舍姆时报》报道，塞尔伍德夫人曾是一所日本高中的教师[49]。

1942年初，塞尔伍德夫人的语言技能在日本陆军训练学校备受青睐。该学校开设在墨尔本老舰队大楼中。1942年到1945年，塞尔伍德夫人担任这所学校的首席教员[50]，她的工作正是当时学校所急需的。随着格里高利和巴维尔的离去，大学迫切需要寻找到可以接替他们日语教学工作的人。由于陆军训练学校的工作安排在白天，塞尔伍德夫人欣然接受了墨尔本大学的日语教职，并于1942年9月投入工作。墨尔本大学曾试图打听巴维尔的归期，并期待他能重新走上三年级的日语讲台，但由于政府需要巴维尔，而他自己也不确定未来的去向，所以墨尔本大学最终放弃了这个想法。从1943年开始，塞尔伍德夫人同意接下所有的日语教学任务。她的这项教学工作一直坚持到1945年底[51]。

1945年是墨尔本大学临时教师职位存在的最后一年，其中也包括日语教职。如前所述，从1942年初开始的随后四年里，墨尔本大学的教学安排并不完善，招聘程序也很不正式。多年来形成的这种非正式的、临时聘用的教师制度非但不能让人满意，对大学来说更是一种尴尬的存在。于是，所有这些教师都被告知他们的岗位从1946年起将不再续签，而临时教师制也将被废除[52]。自此，墨尔本大学停止了日语教学，直到 1965 年，日语教学才作为学位课程的一部分再次开设。

结语

正如上文所述，第一次世界大战结束时，出于对日本军事侵略的恐惧，悉尼大学开始开设日语课程，并主要由西方人在以日本为母语者的协助下进行教学。随着第二次世界大战的爆发，澳大利亚迫切需要精通日本语言的专业人才，这使悉尼大学投入到军事人员的日语教学中。

而在墨尔本大学，日语课程的开设具有一定的商业原因，但其采取尽可能廉价的方式进行，并未得到大学管理部门的支持。随着日本加入第二次世界大战，唯一的日语教师稻垣遭到拘留，墨尔本大学以临聘的方式让日语教学得以继续。墨尔本大学对稻垣并不关心，在稻垣遭到拘留时没有给他提供帮助，而是与他划清界限。

正如文中所阐释的那样，澳大利亚的日语教学受到战争的直接影响，对于战争的恐惧以及战争的到来促使悉尼大学开展语言教学。然而，澳大利亚政府在"二战"期间的拘留行为对墨尔本大学的日语教学产生了负面影响，这在稻垣的遭遇上有所体现。然而，关于战争影响及这两所大学日语教学的叙述并没有就此结束。

随着澳大利亚和日本不再处于战争状态，澳大利亚大学的日语教学曾一度停滞。战争和冲突开始进入新的阶段：与苏联"冷战"，中国共产主义革命的余波，以及中华人民共和国宣告成立。澳大利亚高等院校如何在他们的语言教学中应对这些问题又是另外一个有待诉说的故事了。

注释

1. 詹妮弗·布鲁斯特（1996），"你不可能有75%的失败率：1917—1950年澳大利亚日语教学中的理想主义和现实主义"，海伦·马里奥特和莫里斯·洛（编），《与日本的语言和文化接触》（克莱顿：莫纳什大学日本研究中心莫纳什亚洲研究所），第4-39页，此处见第5页。

2. D.C.S.西森斯（1987），"詹姆斯·默多克（1856-1921）：历史学家、教师和其他成就"，《日本亚洲学会汇刊》，4：2，第1-57页，此处见第45页。

3. 马乔里·雅各布斯，"悉尼大学的东方研究"，《澳大利亚季刊》，25：2，第82-90页，此处见第83页；悉尼大学参议院（1919），"截至1918年12月31日的悉尼大学参议院报告"（自1919年悉尼大学校历），第648页。

4. 艾尔萨·G.汤姆森塞丁（1988），"1919—1941年墨尔本大学的日语教学"，《教育评论史》，17：2，第46-62页。

5. 布鲁斯特，"你不可能有75%的失败率"，第6页。

6. 周明训（2003），《澳大利亚的日本研究：80年来的独特发展》（京都：日本研究国际研究中心），第20页。

7. 西森斯，"詹姆斯·默多克（1856—1921）"，第48页；雅各布斯，"悉尼大学的东方研究"，第82页。

8. 西森斯，"詹姆斯·默多克（1856—1921）"，第20，47页。

9. 周明训，《澳大利亚的日本研究》，第19页。

10. 布鲁斯特，"你不可能拥有75%的失败率"，第8页；哈罗德·温德姆（1979），"上来，彼得（1858—1945）"，《澳大利亚传记词典》，网址：http://adb.anu.edu.au/biography/board-peter-5275，2018 年 4 月 12 日访问。

11. 布鲁斯特，"你不可能有75%的失败率"，第 8 页。
12. 周明训，《澳大利亚的日本研究》，第 26 页；内维尔·米尼（1996），《恐惧与害怕：皮塞和日本问题 1909-1939》（堪培拉：澳大利亚国家图书馆），第 7，13 页。
13. 布鲁斯特，"你不可能有75%的失败率"，第 6，7 页
14. 周明训，《澳大利亚的日本研究》，第 34-35 页。
15. 周明训，《澳大利亚的日本研究》，第 34-35 页。
16. 布鲁斯特，"你不可能有75%的失败率"，第 10-11 页；米尼，《恐惧与害怕》，第 14 页。
17. 布鲁斯特，"你不可能有75%的失败率"，第 11，12 页。
18. 布鲁斯特，"你不可能有75%的失败率"，第 10 页。
19. 布鲁斯特，"你不可能有75%的失败率"，第 14 页。
20. 乔伊斯·克罗伊德（1986），"日本研究：过去和现在"，《日本研究》，6：1，第 13-18 页，此处见第 13 页；周明训，《澳大利亚的日本研究》，第 43 页。
21. 乔伊斯·克罗伊德，日语学者，1944-1947 年在悉尼大学，后又去了堪培拉大学学院、澳大利亚国立大学和昆士兰大学。见周明训，《澳大利亚的日本研究》，第 43 页；布鲁斯特，"你不可能有75%的失败率"，第 30 页。
22. 雅各布斯，"悉尼大学的东方研究"，第 84 页；科林·芬奇（2003），《身着制服的语言学家》，（克莱顿：莫纳什大学日本研究中心），第 55 页。

23. 巴里·特纳（1983），"卓越的世界：澳大利亚皇家空军的发展学校的语言"，《国防能力期刊》，38，第 18-24 页，此处见第 21 页；芬奇，《身着制服的语言学家》，第 55 页。

24. 雅各布斯，"悉尼大学的东方研究"，第 86 页．

25. 斯特凡氏（1984），"悼念戴维斯 1924—1983"，《日本研究》，4：1，第 17-18 页，此处见第 17 页。

26. 詹妮弗·布儒斯特（1989），"你不可能有 75% 的失败率！澳大利亚战时日语教师的行政和教学问题"，JSAA 会议摘要，澳大利亚的日语教学，载于《日本研究》，9：2，第 10-35 页，此处见第 13 页。

27. 伊恩·布里沃德（1988），"史密斯，托马斯·乔利（1858—1927）"，《澳大利亚传记词典》，网址：http：//adb.anu.edu.au/biography/smiththomas-jollie-8486，2017 年 3 月 13 日访问。

28. 伊恩·詹金（1991），《寻找他的王国，东马尔文尤因纪念教堂的持续使命，一个百年历史》，（东马尔文：尤因纪念教堂），第 28 页。

29. 墨尔本大学文学院，"日语百年纪念"，网址：https：//arts.unimelb.edu.au/e/centenary-of-japaneselanguage#history，2018 年 4 月 13 日访问。

30. 文学院就日文教学问题向理事会提交的报告，1918 年 8 月 16 日，教务主任办公室 1999.0014，文件编号：1918/151。

31. 他在大学里应该是有名的，因为他曾在三一学院和奥蒙德学院讲授神学，并在文学院讲授逻辑。

32. 墨尔本大学文学院，"日语百年纪念"，网址：https：//arts.

unimelb.edu.au/e/centenary-of-japaneselanguage#history，2018 年 4 月 13 日访问。

33. 早川正阳（1990），"稻垣猛氏和在澳大利亚的日本居民 1906—1947"，未发表的文学士论文（墨尔本大学），第 49，50 页。

34. 艾尔萨·汤姆森塞丁（1985），"嫁给一个外国人是犯罪吗？"，玛丽莲·雷克和法利·凯利（编），《双倍时间：维多利亚州的女性——150 年》（林伍德：企鹅出版社），第 335-343 页，此处见第 336 页。

35. 朱丽叶·弗莱什和彼得·麦克菲（2003），"稻垣猛氏（1880—1947）"，载《150 年：150 个故事》（墨尔本：墨尔本大学历史系），第 90 页。

36. 芬奇，《身着制服的语言学家》，第 30 页。

37. 格温·兰金（2013），《伯纳德·希尔：艺术界遗忘的人》（悉尼：新南方出版社与维多利亚州图书馆联合出版），第 191 页。

38. 艾尔萨·G.汤姆森塞丁（1982），《他们梦想一所学校：1882—1982 年卫理公会女子学院的百年历史》（墨尔本：海蓝德出版社），第 229 页。

39. 莱斯利·奥茨，私下交流，2012 年 7 月 2 日。

40. 理查德·塞勒克（2003），《墨尔本大学的商店 1850—1939》（卡尔顿：墨尔本大学出版社），第 643 页。

41. 早川，"稻垣猛氏和在澳大利亚的日本居民 1906—1947"，第 61 页。

42. 福斯特写给格雷戈里，1942 年 3 月 24 日，墨尔本档案馆大学，1999.0014，1943/414（单元 298）。

43. 芬奇，《身着制服的语言学家》，第 42 页。

44. 巴维尔更有可能是在他父亲与一名欧洲女子有染后出生在日本。他的父亲抛弃了他，留下查尔斯由他的日本情妇千佳抚养长大。

45. 格雷戈里写给克劳福德，1942年6月6日，墨尔本大学档案，1999.0014，1943/414（单元298）。

46. 吉丽亚·夸（2016），"书评"，《新加坡武装部队学报》，第3期，第70，71页。

47. 克劳福德写给福斯特，1942年6月17日，福斯特写给巴维尔，1942年6月26日。墨尔本大学档案馆。1999.0014，1943/414（单元298）。

48. 格雷戈里写给苏塞克斯，1942年8月18日，墨尔本大学档案馆，1999.0014，1943/414（单元298）。

49. 通讯员文章，"撤离者秘密离开日本"，《霍舍姆时报》，1941年11月18日，第3页。

50. 布儒斯特，"你不可能有75%的失败率"，第26，27页；特纳，"外屋的优点"，第20页；芬奇，《身着制服的语言学家》，第42，44页。

51. 塞尔伍德致书记官，1943年1月4日，墨尔本大学档案馆，1999.0014，1943/414（单元298）。

52. 书记官长致塞尔伍德，1945年11月29日，墨尔本大学档案馆，1999.0014，1945/442（单元350）。

强化课程在交战区语言教学中的效果

亚瓦尔·德赫加尼[①]

澳大利亚国防军语言学院（DFSL）是一个为澳大利亚国防部人员进行英语以外的特定语言密集培训的独特机构，以使他们能够进行协作、联合和跨部门行动，或是参与其他维护澳大利亚国家利益的国防事务。国防军语言学校提供多种亚洲、太平洋、中东和欧洲语言课程，通常采用强化教学的方式，教学时间从 3 个月到 12 个月不等。学生每周上课 5 天，每天安排 6 课时学习。此外，学校还要求学生夜间在家学习至少 2 小时。

目前有关强化课程的教学文献有限，但其中多数都认为强化课程的教学质量与科目相同但耗时更长课程的教学质量相当。在回顾高等教育中强化课程的相关文献后，丹尼尔（Daniel）介绍了教学实践，指出强化课程促进了讨论，以及创造性教学[1]。她注意到，优质的强化课程都经过了精心策划，采用结构化的活动，运用多种教学策略，注重学习成效和对学生的评估。

[①] 亚瓦尔·德赫加尼，防卫语言学院，澳大利亚维多利亚州墨尔本市，电子邮箱：yavar.dehghani@defence.gov.au

李（Lee）和罗茨卡（Mroczka）在文献综述中指出教师若能有效地利用学习环境，学习时间本身可能就不再那么重要[2]。因此，他们建议教师明确学习产出成果，认识个体学习差异，创造积极的课堂环境，布置简短但高频的作业，并向学生提供定期的反馈和支持。斯科特（Scott）基于自己和前人的研究指出，强化课程有诸多优点：更集中的学习、更广泛的课堂关系、更深入的讨论，以及在特定教学和课堂情形下更优异的学习表现[3]。

国防军语言学校提供的课程类型

国防军语言学校根据学生的业务需求，提供不同类型的课程，包括：

- 战术课程（8—10 周）
- 战役课程（35 周）
- 战略课程（46 周）
- 基础语言课程（12 周）
- 通用语言课程（46 周）

本章将介绍和讨论通用语言课程，该课程为期 46 周。教师将花费一年时间对目标语言的学习者进行培训，以使受训者的目标语言达到可以和母语者进行交流的水平。课程结束时会根据澳大利亚国防语言能力量表（Australian Defence Language Proficiency Scale，ADLPRS）对学生的语言能力进行测评，量表的具体描述语如下：

澳大利亚国防语言能力量表描述语（中级）

	说
2	*部分有效*　说话者能高效表达一般性和熟悉的／专业的话题，但在其他方面，交际的质量并不稳定。在特定的范围内，说话者具备足够的词汇量来表达大多数一般功能意义和熟悉的／专业的话题，能区分不同的含义。除了偶尔出现的语序错误，以及句型明显受到英语（母语）的影响外，说话者能准确使用大多数简单的句型结构。说话者的发音可能会比较明显地受到英语（母语）影响，但基本没有表达错误或者迟疑现象。说话中的停顿或迟疑并不会明显影响交际，说话者在话语衔接或话题方面具有一定的灵活性。
2+	*一般有效*　说话者能够表达一系列综合性和专业性的话题，然而可能无法成功传达更微妙或者概念性的信息。说话者拥有足够的词汇量来谈论一般性和专业性的话题，但其表达并不总是高度准确或清晰；说话者能成功区分许多含义的细微差别。说话者的语法样式足以应付大多数的交际，可以使用并不复杂句型结构准确传达意思，尽管有时可能会明显地受到英语（母语）影响。其发音可能带有一些英语（母语）的痕迹，但这类错误基本不会引发问题。说话中的停顿或迟疑不会明显影响交际，作者可以比较灵活地衔接话语或转换话题。
	听
2	*直白*　听者能准确、完整、细致地理解对事件、过程、事物的叙述性或描述性的材料，或者对观点与意见的陈述。这些材料的主题大多明确且具体，尽管可能包含一些简单的概念性内容。材料的整体结构清晰，但可能需要适度复杂的推理。词汇涵盖了大多数的一般功能性和熟悉的或专业性的主题，同时，也可能涵盖更加非正式或熟悉的风格的重要元素。材料中可能包含较多的复杂句式，有的句子比较长，但通常表达清晰。材料以比正常语速稍慢和更为清晰的方式传达，可能会存在一些非标准的口音。

续表

2+	*比较简洁或明确* 听者能准确、完整、细致地理解主要由叙述、描述或转述他人话语所组成的材料,尽管这些材料在表达上可能包含一些简单的概念性或者分析性的内容。其主题大多明确且具体,但可能适度包含概念性材料。材料整体结构大致清晰,推理可能较为复杂。词汇涵盖了一般性和专业性的话题;风格则涵盖了从正式到非正式或熟悉几种不同类型。有些句型结构可能长且复杂。材料以正常的语速和清晰度传达,可能存在少许非标准口音。
读	
1+	*简单* 读者能准确、完整、细致地理解对事件、过程、事物的叙述性或描述性的材料,或者对于明确且具体的事物的观点与意见的陈述。这些材料的结构简单易懂,推理复杂度低。词汇仅限于熟悉的主题与功能性词汇和一些专业词汇,其含义通常浅显易懂,也可能涵盖一些更加非正式或熟悉的内容。所采用的句型简单、结构清晰。材料通常使用标准印刷形式的字体或字符,但也可能是字迹清楚的非标准字体或手写体。
2	*直白* 读者能准确、完整、细致地理解对事件、过程、事物的叙述性或描述性的材料,或者对观点与意见的陈述。这些材料的主题大多明确且具体,尽管可能会有一些简单的概念性内容。材料的整体结构清晰,但可能需要适度复杂的推理。词汇涵盖了大多数的一般功能性和熟悉的/专业性的主题,同时,也可能涵盖更加非正式或熟悉的风格的重要元素。材料中可能包含较多的复杂句式,有的句子比较长,但通常表达清晰。材料通常使用标准印刷形式的字体或字符,但也可能是字迹清楚的非标准字体或手写体。
写:字母(非罗马)文字	
1+	*有限* 通常能实现一些有效的交际,但交际的范围和表达的准确性有限。作者的词汇量仅限于熟悉的主题或功能性表达以及一些专业领域,可以表达一般信息,但在此范围之外明显受限;用词不当的情况比较常见。作者能准确地写出最简单的句子;可能会出现一些语序错误,甚至在一些简单句式中也可能会有明显的英语(母语)的痕迹。写作可能看起来比较生涩,缺乏连贯性,不能灵活衔接或者扩展语句。作者能识记并写出大部分字母,速度尚可,但会有不少错误。作者只能部分拼写不认识的单词。

续表

2	*部分有效* 作者能高效表达一般性和熟悉与专业的话题，但在其他方面，交际的质量并不稳定。在特定的范围内，作者具备足够的词汇量来表达大多数一般功能意义和熟悉的与专业的话题，能区分不同的含义。除了偶尔出现的语序错误，以及句型明显受到英语（母语）的影响外，作者能准确使用大多数简单的句型结构。在段落以上层面，作者在话语衔接或话题转换方面灵活度有限。作者能识记并写出所有字母，只有偶尔几处错误；能部分实现自主写作，速度适中，错误较少。作者具有很好的生词拼写能力。
写：字母（罗马）文字	
2	*部分有效* 作者能高效表达一般性和熟悉或专业的话题，但在其他方面，交际的质量并不稳定。在特定的范围内，作者具备足够的词汇量来表达大多数一般功能意义和熟悉的或专业的话题，能区分不同的含义，但在此范围之外明显受限。除了偶尔出现的语序错误，以及句型明显受到英语（母语）的影响外，作者能准确使用大多数简单的句型结构。在段落以上层面，作者在话语衔接或话题转换方面灵活度有限。作者在拼写、标点、大写字母的使用方面基本是正确的，能拼出大多数生词。
2+	*一般有效* 作者能够表达一系列一般性和专业性的话题，尽管可能无法有效表达更为细致或概念性的信息。作者具备足够的词汇量来表达一般性和专业性的话题，但表达并不总是高度准确或清晰；能够区分不同的含义。作者的语法知识足够用于所有交际，除了少量的英语（母语）的痕迹外，作者通常能准确使用不复杂的句型结构。在段落及以上层面，作者可以比较灵活地衔接话语或转换话题。作者在拼写、标点、大写字母的使用方面通常是正确的，几乎能拼出所有生词。
写：基于字符的文字	
1+	*有限* 作者通常能实现一些有效的交际，但交际的范围和表达的准确性有限。作者的词汇量仅限于熟悉的主题或功能性表达以及一些专业领域，可以表达一般信息，但在此范围之外明显受限；用词不当的情况比较常见。作者能准确地写出最简单的句子；可能会出现一些语序错误，甚至在一些简单句式中也可能会有明显的英语（母语）的痕迹。写作可能看起来比较生涩，缺乏连贯性，不能灵活衔接或者扩展语句。作者能识记并写出大部分字符，速度尚可，但会有不少错误。

续表

	2	*部分有效* 作者能高效表达一般性和熟悉或专业的话题，但在其他方面，交际的质量并不稳定。在特定的范围内，作者具备足够的词汇量来表达大多数一般功能意义和熟悉的或专业的话题，能区分不同的含义。除了偶尔出现的语序错误，以及句型明显受到英语（母语）的影响外，作者能准确使用大多数简单的句型结构。在段落以上层面，作者在话语衔接或话题转换方面灵活度有限。作者能识记并写出最为常见的字符；能部分实现自主写作，速度适中，错误较少。作者可以拼写一些未知的简单的人名或地名。
笔译		
	1+	*简单* 译者能够运用恰当的语言准确地理解和翻译对事件、过程、事物的简单的叙述性与描述性材料，或者对于明确与具体的事物的观点与意见的陈述。材料结构简单易懂，推理复杂度低。词汇仅限于熟悉的主题或功能性词汇和一些专业词汇，其含义通常浅显易懂，也可能涵盖一些更加非正式或熟悉的内容。所采用的句型简单、结构清晰。材料通常使用标准印刷形式的字体与字符，但也可能是字迹清楚的非标准字体或手写体。
	2	*直白* 译者能运用恰当的语言准确、完整、细致地理解对事件、过程、事物的叙述性或描述性的材料，或者对观点与意见的陈述。这些材料的主题大多明确且具体，尽管可能会有一些简单的概念性内容。材料的整体结构清晰，但可能需要适度复杂的推理。词汇涵盖了大多数的一般功能性和熟悉的与专业的主题；同时，也可能涵盖更加非正式或熟悉的风格的重要元素。材料中可能包含较多的复杂句式，有的句子比较长，但通常表达清晰。材料通常使用标准印刷形式的字体与字符，但也可能是字迹清楚的非标准字体或手写体。
口译		
	1+	*简单* 译者能够运用恰当的语言准确地理解和翻译对事件、过程、事物的简单的叙述性或描述性材料，或者对于明确与具体的事物的观点与意见的陈述。材料结构简单易懂，推理复杂度低。词汇仅限于熟悉的主题与功能性对话和一些专业词汇，其含义通常浅显易懂，也可能涵盖一些更加非正式或熟悉的内容。所采用的句型简单、结构清晰。材料传达语速比正常语速更慢，口音标准。每部分不超过20个单词。

续表

2	*直白* 译者能运用恰当的语言准确、完整、细致地理解对事件、过程、事物的叙述性或描述性的材料，或者对观点与意见的陈述。这些材料的主题大多明确且具体，尽管可能会有一些简单的概念性内容。材料的整体结构清晰，但可能需要适度复杂的推理。词汇涵盖了大多数的一般功能性和熟悉的或专业的主题；同时，也可能涵盖更加非正式或熟悉的风格的重要元素。材料中可能包含较多的复杂句式，有的句子比较长，但通常表达清晰。材料通常使用标准印刷形式的字体与字符，也可能使用字迹清楚的非标准字体或手写体。材料传达语速比正常语速稍慢，可能会有一些不太标准的口音。每部分不超过35个字。

国防部队语言学院（DFSL）（2019）"澳大利亚国防语言能力量表（ADLPRS）"

课程时间表

如前所述，该课程每天6节课，持续5周。每周课程表样本如下：

第三周 时间表

	第1节 0800-0850	第2节 0855-0945		第3节 1005-1055	第4节 1100-1150		第5节 1300-1350	第6节 1355-1440
周一	复习	新材料	早间休息	说	写	午餐	语音实验室	口译
周二	语法	新材料		说	读		语音实验室	笔译
周三	复习	新材料		说	写		语音实验室	口译
周四	语法	新材料		说	读		语音实验室	笔译
周五	复习	新材料		说	写		文化	文化

课堂环境

通用语言课程以一个持续的强化训练体系为依托，每天的第一节课用以复习之前的教学内容，第二节课开始学习新内容。每天有不同的课程主题。同一个主题会在一天中通过听、说、读、写、口译、笔译进行全方位的练习。第二天的第一堂课用以复习词汇和语法。通过这种方式，在一整天中练习同一个主题的词汇、语法、听力和对话，这样学生就可以掌握它，而不是在课后数小时再进行练习。然而学生每天仍然需要花费至少 2 小时完成额外的作业，以掌握当天学习的新词汇（至少 30 个）。

使用音译

国防军语言学校教授的大多语言都使用非罗马文字，包括阿拉伯语、波斯语、韩语、汉语和日语。然而，通过介绍文字体系开始语言教学，会使学生在语言学习的早期阶段更加困惑。如果采用这种方法，学生需要集中精力学习新语言的词汇、语法和文化，同时花很多时间学习文字中的字符。为了避免这种情况，我们用音译的方式来介绍最开始 1—2 个月的语言课程，而将对文字的介绍留待学生克服了他们对语言结构的困惑，并学会了一些入门词汇之后进行。这让他们有信心去学习更为复杂和更具挑战性的文字系统。

经验表明，这种方法比传统方法更加有效。在传统方法中，语言培训开始就以书面文字的形式引入课程。这种语言教学的典型案例是星期六语言学校，他们采用与母语学习同样的方式向移民家庭的孩子教授社区语言。这种教学方式导致大多数学生对语言学习丧失了兴趣，因为他们不熟悉的文字体系占用了过多的课堂时间，而不是说、听以及其他更加即时适用的技能。

强化课程的益处

强化学习的第一个好处是重复性学习。换句话说，学生学习语言的频率更高。由于课间间隔很短，学生可以更加便捷地练习、提问和获得反馈，而不是将问题留到下一周来解决。同时，语言接触频率也很高。学生每天都用目标语言和老师交谈，他们会学到大量的新词汇和语法。学生有机会接触更多的素材，尽管信息比较零散和碎片化。学生的词汇量得到扩展，而且他们将有机会学习比平时更复杂的语法结构。

语言强化课程安排非常紧凑！在一般大学的语言课程中，学生通常开展 50 分钟的课程学习，然后进行 23 个小时其他活动（以及休息），之后再进入下一节语言课程的学习。他们可能会花一个小时或更多的时间做作业、听磁带，并围绕这一小时的课程进行其他复习活动。但是如果学生每天上六个小时的课，他们每天至少需要花两个小时来完成家庭作业，甚至更多。国防军语言学校的学生制作速记卡并随身携带。他们每天直接在卡片上记录新单词，并不断测试自己。这种密集训练的结果是，在课程结束时学生逐渐掌握了数千张速记卡上的内容。

课程结构

如前所述，通用语言课程为期 46 周，每周 5 天，周一至周五每天 6 节课，每节课 50 分钟。课程的六项宏观技能包括：口语、听力、阅读、写作、笔译、口译。每项技能每天至少花费一个课时进行教学，其中最为重视的是口语，每天安排了两个课时。

在口语课堂上，学生每两人一组，表演他们在课堂上学习的对话。这种小组活动和角色扮演为学生使用目标语言做了准备。

口译技能

派往交战区的学生都会重点提升口译技能。虽然所有宏观技能在语言学习中都很重要，但在实际工作和任务安排中口译是学生必备的技能。为了能够在两个人之间用两种不同的语言进行翻译，口译员还应该具备良好的听、说技能。

口译作为一种语言技能在主流的第二语言课程中并没有和其他四项宏观技能（说、听、读、写）一起教授。该技能主要用于完成工作相关的任务，需要较高的第二语言水平，因此口译通常在中级或高级课程中开设。

在澳大利亚，国防军语言学校创造了一个独特的第二语言环境，在那里，学习口译是学生工作的一个基本部分。口译技能和其他宏观技能都在强化语言课程中教授。在课程结束时，学生能够有效地执行口译任务，并在战争地区运用他们的这项技能。澳大利亚国家笔译和口译协会是国防军语言学校以外唯一开设口译课程的单位。

口译的挑战

学生在口译过程中会遇到各种各样的挑战：

· 识记单词和短语

- 短期记忆
- 自我修正
- 迟疑
- 混淆方向
- 使用英语词汇
- 对原语言词汇和短语不熟悉

此外，文化适宜性是口译人员面临的另外一个重要问题，对派遣到交战区的服务人员来说这也是他们特别关切的问题。虽然轻微的文化不适用并不会妨碍意义的传达，但它会在某些情况下削弱或者破坏表达效果。因此，在进行口译、特别是较高水平的口译评估时，语言的文化适宜性是一个需要考虑的重要因素。以下口译样本来自国防军语言学校的《普什图语教材》[4]。样本提供了一个在此类情形下的对话示例：

口译样本

下面的对话是口译练习样例，其中一名学生扮演澳大利亚人，另一名学生扮演当地人，由第三名学生充当他们之间的翻译：

1	澳大利亚人：	当地人，你感觉如何？
2	口译员：	حفيظه. څنګه احساس کوې؟
3	本地人：	ېم. دا ډېر ښه احساس دی چې سلامت یم. نېکمرغه یم چې ژوندی یم. یوازې خوشحال یم چې یم تا سره
4	口译员：	很高兴能和你们在一起。安全的感觉真好。很幸运我还活着。

109

续表

5	澳大利亚人：	是的，我希望你好一些了，你看起来比刚到基地的时候状况更好。请告诉我到底发生了什么事。
6	口译员：	وکړې. یقیناً چې ته د هغه وخت په پرتله ښه ښکاري کله چې قشلې ته راورسیدې. لطفاً ما ته ووایه چې تا ته څه درپېښ شول هو، هیله کوم چې نور هم ښه احساس
7	当地人：	په وړوکي ساختماني پروژه کې د درې میاشتو لپاره/ څخه کار کوم. ما د چې په موټر کې یې کښېنم زه یو مرستندوی یم. زه د هلمند ولایت مارجې په ولسوالۍ کې د خلکوسره خبرې کولې چې یو سړي ما ته امر وکړ
8	口译员：	我是救援人员。我在赫尔曼德省一个小型建设项目工作了三个月。我当时在Marja镇和人们聊天，有人走过来命令我上他们的车。
9	澳大利亚人：	你是说当着大家的面吗？
10	口译者：	په همدا ډول؟ د هریو(د ټولو) په مخکې؟
11	当地人：	هغه راغلو او توپک یې ما ته ونیو او ویې ویل، چې د هغه سره ولاړ شم. هو. هریوه (ټولو) ولیدل.
12	口译员：	是的，大家都看见了。他走上前拿枪指着我，让我跟他走。
13	澳大利亚人：	之后发生了什么？
14	口译员：	او بیا څه پېښ شو؟
15	当地人：	سترګې یې وتړلې. وروسته هغه زه یو ځای ته بوتلم او یوې وړې کوټې ته خو یوازې سترګې په لاره او سترګې هغه زه خپل موټر کې کښېنولم او زما یې تېله کړم. هغې کړکۍ نه درلودلې. ما فکر کاوه چې هغه به ما ووژنې په لاره وم
16	口译员：	他把我带到他的车上，蒙上了我的眼睛。然后开车将我带到一个地方，把我推进一个小房间。房间没有窗户。我以为他要杀了我，我只能一直等着。
17	澳大利亚人：	他和你说话了吗？还有没有其他人员？
18	口译员：	هغه تا سره په مجموع کې خبرې وکړې؟ هلته بل څوک وه؟

续表

19	当地人：	شه. زه مطمئن یم چې هغه یو کس و. هاغسې چې زما سترګې تړلې وې، ما هیڅ نه لیدل او هیڅ نه اوریدلنه، هغه یوازې ما ته ویل چې چپ
20	口译员：	没有，他只是一直叫我闭嘴。我确定只有一个人。因为我戴着眼罩，所以什么也看不见，也听不见其他人的声音。
21	澳大利亚人：	他拿走了你的物品吗？
22	口译员：	هغه ستا کوم شی واخیست؟
23	当地人：	هغه زما بټوه او بوټان واخیستل. اوه، او زما ګوته.
24	口译员：	他拿走了我的钱包和鞋，还有我的戒指。
25	澳大利亚人：	你是如何逃出来的？
26	口译员：	او ته څنګه وتښتیدلې؟
27	当地人：	واوریدل او په چیغو مې شروع وکړه. تقریباً نیم ساعت وروسته خلک یې ماته کړه. او بیا یې دلته راوستم خو ساعته ما د خلکو غږونه راغلل او دروازه
28	口译员：	几个小时后，我听到外面有人，就开始大喊大叫。大约三十分钟后，人们冲过来把门砸开。然后他们把我带到这里。
29	澳大利亚人：	你被关了多久？
30	口译员：	د څه مودې لپاره بند وې؟
31	当地人：	شاید ۳ یا ۴ ساعته.
32	口译员：	很可能三至四个小时。
33	澳大利亚人：	你是否记得那是在什么地方？
34	口译员：	نو، ستا دا ځای په یاد دی چې چیرته دی؟
35	当地人：	تال کلي/ قلې ته نږدې، هغو خلکو چې زه یې وژغورلم ،په لارۍ کې د نه پوهیږم چې دا ځای چیرته دی؟دا د دې ځای په شمال کې و، شاید نیم ساعت لپاره پټ کړم، یقیناً

111

续表

36	口译员：	在北边，可能在高卡拉附近。救我的人把我藏在他们的卡车里大约半小时，所以我不知道确切的地点。
37	澳大利亚人：	你真是个幸运的人。绑架你的人没有策划好。他听起来不像塔利班——塔利班通常不会这么做——但谁知道呢？他可能只是个小偷，还在琢磨接下来该拿你怎么办而已。
38	口译员：	هغه چا چې ته یې اختطاف کړی وی (تښتولی وی) صحیح پلان یې نه خوک پوهیږي. کېدای شي چې هغه حفیظه، ته یو ډېر نېکمرغه سړی یې! و جوړ کړی. هغه طالب نه برېښی — هغوی داسې رفتار نه کوي — مګر یو غل و او نه پوهیده چې تا سره بیا / وروسته څه وکړي
39	当地人：	زه ډېر نېکمرغی احساس کوم.
40	口译员：	我感觉很幸运。
41	澳大利亚人：	好的，我将安排人将你送到喀布尔。你和家人联系上了吗？
42	口译员：	پرته تک تیاري ونیسو. تاسو تر اوسه د خپلې کورنۍ سره خبرې کړې دي؟ بنه، موږ به تاسو ته د کابل د
43	当地人：	سهار خپلې میرمنې سره خبرې وکړې. هغه ډېره حیرانه وه خو هغه ښه ده. هو، مننه. ما نن
44	口译员：	感谢你。今天早上我和妻子联系了。她感觉很震惊但一切无恙。
45	澳大利亚人：	这就好。好的，我建议你现在好好休息，当你去喀布尔的行程安排好之后我们会通知你。
46	口译员：	کوم، اوس آرام وکړئ او تاسو ته به ووایو چې د کابل سفر، څه وخت تیاریږي،دا بنه ده. سمه ده، تاسو ته وړاندیز
47	当地人：	سمه ده. ستاسو د ټولو مرستو څخه مننه.
48	口译员：	没问题。感谢你们提供的所有帮助。

摘自澳大利亚国防军语言学院 (DFSL) (2010) 普什图语教材。

文化和语言

众所周知，文化和语言存在着密切的关系。一个社会的文化敏感度可能并不适用于另一个社会。语言中也有与文化语境密切相关的词汇和短语，我们不能脱离其文化语境进行翻译。

脱离文化的语言是虚幻和抽象的。语言与文化之间的密切关系早已在相关文献中引起了人们的注意。此外，语言只有在相应的文化背景下才能被理解[5]。语言和社会群体的身份之间存在着联系[6]。因此，理解一种语言的文化有助于说话者与使用该语言的群体产生认同感，使他成为该文化的内部人。我们不可能脱离文化背景来理解文化负载词和短语。麦凯（McKay）认为，要将一种语言用于特殊目的，就需要学习与话语相关的文化[7]。学生学习通用语言课程，不仅要能表达和翻译这种语言，还需要熟悉其文化，因为在战场上，文化误解就像沟通障碍一样危险。

因此，这些强化课程中一个重要的非语言科目就是文化敏感度。文化敏感度和语言本身同样重要，有时甚至比语言更为重要。众所周知，没有文化背景，交际可能会受到很大的阻碍。下面将介绍阿富汗语言学生所学习的文化敏感度知识，这些知识的重要性显而易见。

- 对于长者和妇女使用高度正式的语言：用于称呼妇女和长者的语言是高度正式的，不能与口语混合使用。
- 避免对长者发号施令：作为年轻人，你不应该命令长者做任何事情。当然，在军事行动和紧急情况下例外。
- 避免在长者面前伸腿或躺下：当有长者在场时，坐着伸腿或躺下是不礼貌的。

- 避免骂人：你不应该咒骂任何人，即使是你的同事。在阿富汗文化中，咒骂是一种巨大的侮辱，只在打斗中使用。应避免使用猥亵的语言。
- 避免在公共场合与异性表达爱意：在阿富汗文化中，人们不会在公共场合与他们的伴侣表达爱意，如果你在公共场合表达爱意，对其他人来说是一种侮辱。
- 斋月期间避免在公共场所吃喝：在斋月期间，你应该避免在公共场所吃喝。
- 避免饮酒：应避免在公共场合或当地人在场时饮酒。
- 避免触摸女性身体部位或试图握手：作为男性，你不应该触摸女性的任何身体部位，问候时不应握手或亲吻她们。避免故意把男女混在一起。避免将一名女性和一名男性单独留在房间里。尽可能让澳大利亚女性面对阿富汗女性，或者让阿富汗同事面对阿富汗女性。避免和阿富汗人约会或做出任何形式的性暗示。如果你不知道女性的名字，就叫她姐妹。
- 避免干扰祈祷和宗教仪式。
- 不要穿鞋或带狗进入清真寺。
- 不要拿宗教开玩笑或不必要地评论宗教。

提供给学生的其他文化指导。

- 日期转换：阿富汗历法与公历不同，2018 年是 1397 年。要转换日期，学生需要加 621 年。学生们要学习如何转换日期，因为在农村地区的当地人不一定知道其他日历，了解当地日历中的日期是很重要的。

- 称呼：称呼一个人的时候用先生或夫人的头衔，或者工作头衔后面加姓氏，例如穆罕默迪先生（Mr. Mohammadi）、工程师艾哈迈迪（Engineer Ahmadi）。在这些语言中，头衔要么在工作之前，要么在工作之后。除了称呼孩子、亲密朋友和亲戚，直呼其名被认为是一种冒犯。

有一些词组在不同的语境中有不同的意思。要正确使用这些词组，学生需要非常了解语境，例如 befarmäyin 一词，其字面意思是"你可以下单"8。然而根据不同的语境，该短语有很多不同的礼貌含义，如下：

- "有什么需要帮助吗？"语境：例如，你走进一家商店说"你好"，店主就会说 befarmäyin。
- "进来。"语境：例如，当你敲门，里面的人说 befarmäyi。
- "给。"语境：例如，当你要为你在商店里购买的东西付钱时，你把钱交给店主并说 befarmäyi。
- "请继续。"语境：例如，当你正在说话时，有人打断了你，然后他道歉并告诉你 befarmäyi。
- "请坐。"语境：例如，当你进入某个地方，里面的人给你让座，并说 befarmäyi。
- "你先请。"语境：例如，当你和别人一起进入某处时，你对他说 befarmäyi。

此外，还需要了解亲属称谓。许多关系术语都与文化有关。换而言之，它们会根据特定文化中人与人之间的关系类型以及适用于

115

这些关系的规则而变化。英语中的一些关系术语在其他语言中没有对应的词汇，例如，同居伴侣，同性恋和双性恋关系。在达里语中，关系的多样性是有限的，主要通过婚姻来界定。然而，也有英语中不存在的亲属称谓。例如，

- 叔叔：Kaka（父方）/mama（母方）
- 阿姨：ama（父方）/khala（母方）
- 表兄弟：pesar ama（阿姨的儿子，父方）/dokhtar mämä(叔叔的女儿，母方）
- 妻子的姐妹 :khiyäshna

粗话的使用是另一个与文化相关的语言内容。粗话在不同的语言中是不同的，因为它们通常与文化有关。例如，这些词在阿富汗文化中是非常无礼的：

- خر（驴）
- سگ（狗）
- گاو（牛）

实地训练

实地训练是长期语言课程中的一个独立部分，为期两周。学生和老师前往目标语言国家，在当地语言和文化中开展语言能力的实践。该培训在课程临近尾声时进行，是一次现实情境下的语言测试，可以展示每个学生掌握语言的程度，以及他们与母语使用者进行交际的能力。在这两周中，学生主要完成三项任务：围绕感兴趣的话题对目标语的母语使用者进行采访，收集采访结果，用目标语撰写一份报告。学生每天早上完成这些任务，可以在商店、办公室、学校、

公园等不同地点见到不同的人并对他们进行采访。

由于这是学生第一次真正接触目标语言、文化及母语人士，他们可能会不知所措，甚至有人会因为不懂语言而感到恐慌。然而，在实地训练接近尾声时，学生逐渐适应其所处的环境，信心得到提升，对语言与文化有了更深的理解，他们通常可以更好地进行交际。

结论

本章对国防军语言学院的强化语言课程进行了概述，重点讨论了为期一年的通用语言课程，阐述了语言水平的要求、日常课程大纲、跨文化训练和口译实例。这些强化课程使国防军语言学院的学生通过为期一年的目标语言学习，达到可以在阿富汗等部署区域与本地人进行有效沟通的水平。对语言和文化的了解有助于交际，并减少因沟通障碍而产生的误解和冲突，甚至可以挽救生命。经验表明，精心选拔的学生通过在强化的语言环境中进行培训，可以达到很高的语言能力实用水平。采用重复性教学方式，将语言学习和文化培训有机结合，配合每天的复习，能给学生带来积极的效果。战争区域作战部署的实际经验也证明了这种学习方法的有效性。

注释

1. E. L. 丹尼尔（2000），"跨学科时间缩短课程述评"，《大学生学刊》，34：2，第298-308页。
2. S. L. 李 和 M. 姆洛茨卡（2002），《密集课程形式的教学：争取有效实践的原则》（马里兰州巴尔的摩：提交给北美夏季课程协会年度会议的论文）。

3. P. A. 斯科特（2003），"高质量强化课程的属性"，《成人和继续教育新方向》，97，第 29-38 页。

4. 国防军语言学院的《普什图语课程手册》（2010）。

5. J. P. 吉，G. 霍尔和 C. 兰克希尔（1996），《新的工作秩序：新资本主义语言的背后》（悉尼：爱伦和爱文出版社），第 1-23 页。

6. C. 克拉姆契（2001），《语言与文化》（牛津：牛津大学出版社），第 65 页。

7. S. 麦凯（2002），《作为国际语言的英语教学》（牛津：牛津大学出版社），第 85 页。

8. Y. 德赫加尼（2009），"翻译文化负载词汇和短语的挑战"（堪培拉：提交给 AARE 年会的论文），第 5 页。

多国军事行动中战略传播的挑战：美国和德国在国际安全援助部队中的做法

贾斯敏·盖博（Jasmin Gabel）[1]

过去一个世纪，人类战争的方式发生了巨大变化。几十年来，新技术使战争能够在计算机屏幕前面安全地进行，最大限度地降低了部署地面部队的必要性。尽管有国家仍因领土问题而陷入战争，但自 21 世纪初以来，席卷西方世界大部分地区的战争是无法简单地根据其最终目标进行界定的。近二十年来，西方国家已将无数资源投入到"反恐战争"中。

"反恐战争"改变了我们对战争及其战略方针的理解，不仅增加了多国联合行动的次数，行动的时间也有所延长。自美国、英国、法国和苏联结盟击败纳粹德国以来，多边战争的重要性与日俱增。第二次世界大战后，北大西洋公约组织（北约）和联合国等国际组织是在维持成员国之间持久和平的原则基础上建立起来的。虽然目的是和平，但成员国并没有放弃其军事力量；相反，他们采用了建

---

[1] 贾斯敏·盖博，独立学者，德国柏林市。

立一种相互依存、共同训练军队和共同执行维和任务的战略[1]。

国际安全援助部队（ISAF）是在"9·11"事件和2001—2002年塔利班被击败之后，为了后塔利班时代的阿富汗的安全形势而组建的。国际安全援助部队是迄今为止最大的联合军事力量。2001年至2014年，它在阿富汗开展行动，一度有51个国家参与其中。国际社会以前曾有过多国军事合作，北约对前南联盟的军事行动就是一个例子。但就规模或合作成效而言，没有任何一个行动能与国际安全援助部队相比。该部队的行动具有广泛、多样的跨文化特征，因而存在许多不同的挑战，其中之一是需要由其成员国协调公共传播。

类似国际安全援助部队任务这样的多国军事行动可以运用多种传播策略。在安全援助部队内部，北约是其战略传播的汇聚中心，因为许多最重要出兵国是北约成员。然而，在多国行动中常见的是，每个参与的国家也有专门针对本国受众的传播策略。在社交媒体、互联网和全球化出现之前，这种多样性可能并不是一个重要的问题。但是，在当今时代，信息在几分钟之内就可以轻松地在全球范围内共享和传播时，个体叙事（尤其是相互矛盾的叙事）会迅速成为所有相关人员的公关噩梦。

本章探讨了在这样的大型多国行动中是否有可能就任务类型、任务动机和任务目标发布统一信息的问题。为此，本章分析并比较了美国国防部和德国联邦国防部（德国国防部，BMVg）的传播策略。之所以选择美国和德国作为研究主体，是因为它们都是国际安全援助部队任务的主要参与者。另外，这两个国家都是北约成员国，也是传统西方国家。

本章首先着眼于政治话语的概念以及媒体、政治行为者和公众之间的关系，以确定政治舆论背后的合法权力以及舆论如何受到影响。接下来，探讨美国和德国的基本叙事。这些叙事彼此不同：美国借鉴了美国民间宗教的起源神话，以及"天定命运论"和美国例外论；德国的叙事起源于该国"二战"后的重建时期，主题是多边主义和反军国主义。本研究的假设是，这些作为一国对自身文化理解的核心叙事，是影响公众舆论的基本主题。然后，本章运用框架分析法分析德国和美国国防部的新闻稿。这种方法主要考察在安全援助部队执行任务期间，两国的基本叙事是否影响到了各自的传播主题。

政治行动的合法化

权力通过政治话语被分配和合法化。这种话语包括按照规则形成的表述，并产生相互关联[2]。从本质上讲，话语可以定义为构建现实和分配决定现实的权力的竞技场。在这种情况下，权力是支配和限制话语的力量。正如苏珊娜·基尔霍夫（Susanne Kirchhoff）所说："治理过程发生在压制的机制中，该机制限制了社会中能说和不能说的内容。"因此可以确定,权力和话语彼此之间是相互联系的。苏珊娜·基尔霍夫作了进一步论证，"政府行为必须不断宣传，以使其合法化"，因为"在民主政体中行使权力取决于人民意愿。"[3]换句话说，在一个民主国家，行使权力的人只有在被公众视为其权力合法的情况下才能这样做。如果这种合法性受到削弱，那么他们采取政治行动的能力也将受到削弱。

可以认为，政治话语的竞技场由三个主要角色主导：政治行为者、媒体和公众。但是，这三者在此竞技场中的权力和所占空间并不均等。在我们的现代社会中，媒体是公众话语的裁判，是阿特休尔所说的"权力代理人"[4]。话语，代表着可以建立、质疑和协商合法性的公共论坛。然而，积极参与的通常仅限于精英人士。正是媒体"规范了这种进入话语场的渠道，并通过其他参与者发布的信息来构建他们的言论。"[5] 由于媒体更倾向具有支配地位的主体，那些有权势的人往往更容易获得这种有限的参与权。

社交媒体已经动摇并挑战了这一机制。例如，我们都见证了公民记者在阿拉伯之春（Arab Spring）期间所产生的重大影响，而且社交媒体"机器人"也在继续引发政治争斗[6]。然而，传统媒体虽然在社交媒体时代被削弱，但目前仍能够保持其独特的地位和合法性。可以说，在使军事行动合法化的话语领域尤其如此，因为这仍然是一个鲜为人知的封闭领域。

政治与媒体

政治参与者充分认识到媒体对舆论的影响力[7]。因此，许多人试图在自己和媒体之间进行某种权衡。在这种情况下，如果媒体发布有利的报道，则将给予他们更多的独家信息。新闻自由仍然是许多西方民主国家的基本信条之一。但记者依赖于获得独家消息，这让他们不得不依靠愿意泄露信息的信息源——越高层越好[8]。"争取信息源"和"出卖信息源"之间的界限并不总是清晰和明确的。自媒体和国家官方媒体之间的区别有时可能很明显，但有时又可能很模糊。一般认为，公众对于报道的可靠性和质量的要求维护了媒体的可信度[9]。但是，人们需要对媒体与国家之间的关系，以及它们之间的相互依存关系进行持续的关注。

在战争时期，媒体通常会更依从政府的叙述。在武装冲突期间，政府似乎也更倾向于使用媒体作为引导舆论的工具。艾琳·萨尔斯泰因·帕塞尔（Erin Sahlstein Parcell）和琳恩·韦伯（Lynne M. Webb）表示：

> 战争，甚至仅是战争威胁……往往会颠覆新闻界与国家之间的正常地位，以至于媒体不会成为权力的制约，而是顺势而为，成为政府的官方宣传渠道[10]。

这种政府的媒体管理机制会向新闻界提供进入政府防务机构的机会[11]。议程控制理论认为，对某一问题的新闻报道程度与选民在评价政治家时对该问题的重视程度直接相关。因此，政府争相让媒体引用他们的说法也就不足为奇了。伊恩·斯图尔特（Ian Stewart）和苏珊·卡鲁瑟（Susan L. Carruthers）在对战争、文化和媒体的研究中指出：

> 军队和政治领导人试图影响媒体所传达的信息，认为媒体报道将决定他们可以得到多少国内和国际支持来达成自己的目的[12]。

军民关系

在使军事行动合法化过程中，政府可能会争取让媒体采用某些叙事策略来影响公众舆论[13]。但是，要确定哪些叙事会有效，还必须了解民间社会与军方的关系。军民关系可以被定义为：

> 普通民众和政府机构与军队发生的直接和间接关系，如立法会上有关国防预算、政策法规和军队使用上的争论，以及民事和军队高层之间为制定和执行政策而进行的复杂商讨[14]。

军方和民间机构之间的相互信任程度往往根植于这些机构的文

化历史渊源。这种历史关系影响着记者对军事事件进行调查和报道的方式。因此,

文化差异还塑造了美国和德国的军事行动表现形式,说明了不同的军民体制和不同的政体下的战争也截然不同[15]。

公众、媒体和政治机构(本文中指军队)三者相互依存、相互影响而又彼此依赖。军队如何处理这些关系,以及如何制定行动框架(如使用武力)来达成预期目标,取决于目标受众的文化背景。即使在自由民主国家内部,文化差异也决定了军队采用什么样的政治话语使其行动合法化,这也就影响到每支军队传播给定信息的路径[16]。

如果一个政府决定开展战争行动,它就需要运用政治话语以及根植于文化和意识形态的传播策略来操控公众的情感和观点。一旦成功,大多数人将会支持既定的政治行动,从而使政府发动战争变得合法。因此,必须了解受众的意识形态和基本叙事,以在合法化过程中建立有效的传播策略。这些意识形态和基本叙事可能会有很大差异,即使表面上似乎具有相同价值观(例如自由和民主)的国家之间也是如此。因此,需要使用不同的传播策略来使同一种政治行动合法化。

美国的基本叙事

长期以来,军队一直被美国人民视为最值得信赖的机构,在对国家机构的民意测验中满意度一直处于前列[17]。同样,士兵长期以来比一般公民更受人尊敬[18]。当今美国这种军国主义思想深深扎根于这个国家的历史。当美国决定发动大规模武装冲突时,总统们总

是尤其倾向于用美国传统意识形态来阐释各种风险[19]。这种意识形态语言的核心是美国民间宗教的思想以及天定命运论和美国例外论的观念。

在美国建国之初，其突出的新教特点"为整个美国生活添加了一层宗教维度"[20]。新教与美国身份的这种紧密联系创造了具有"共同信仰的无缝网络"[21]。固有的宗教民族性影响了美国政治体制的发展[22]。"美国公民宗教"一词由罗伯特·贝拉（Robert N. Bellah）于1967年提出，此后被社会学家用来讨论一系列有关的信仰、象征和仪式，其中许多是从美国历史中汲取的，用来表达美国人对其政治进程的信心。这种公共宗教的建立是"美国资本主义和民主制度神圣合法性"的基石[23]。例如，美国宪法经常被视为超越任何特定时间和地点的神圣文件。

"天定命运论"描述了关于美国起源的神话，规定国家是上帝建立的。上帝带领人民来到这片土地，让他们能够建立一个新的优越的社会秩序，然后"给所有其他国家带去光明"[24]。神赋予的任务是要重塑世界形象，成为"世界道德指南针"。在现代，分散在全球各个角落的美国人被认为是为世界提供了这个道德指南针[25]。天定命运论的核心观点是上帝将美国人视为天选之人，赋予其使命和任务；而"美国例外论"描述了一种信念，即美国及其人民在性格、宗旨、价值观和历史上都是独一无二的[26]。这些主旋律在冲突环境下尤其适用，因为它们有助于"阐明国家在国际社会中的地位、作用和政策"[27]。军国主义行动在这种背景下立即被奉为一种"善行"，有助于鼓动其他国家向美国看齐。

尽管军国主义在美国经历了起起落落，并在20世纪60年代和

70年代越南战争时期开始受到广泛质疑。但在"9·11"事件后，美国似乎患上了某种历史健忘症[28]。"9·11"催生了新的美国军国主义，巴切维奇（Bacevich）称，它"从神话中汲取了大部分生存的力量"[29]。政客们发现，"对美国军队战斗经历的情绪化描述和理想化的美军士兵形象"[30]能很好地被大众所接受并转化为选票。

当国际安全援助部队的任务开始之后，"对美国例外论广泛而几乎自发的支持一直存在"[31]。巴切维奇指出，似乎"在宗教和政治的十字路口，结果几乎没有改变"[32]。历史证明，美国的公民宗教、天定命运论和美国例外论是爱国主义和军国主义的完美孕育地，最终为武装冲突提供了令人信服的理由。因此，美国军事和国防机构在其传播战略中一直持续使用这套说辞。

德国的基本叙事

17—19世纪，欧洲的许多历史阶段都以战争为标志。首先是整个欧洲的各个王国之间，之后是国家之间，或是国家与人民之间一直处于不断的战争中。在德国，第二次世界大战结束前的100年历史中，最突出的就是不断的革命、政权更迭、动荡的魏玛共和国，最后是恐怖的纳粹政权。纳粹自然而然地把其议程的基石建立在完美德意志人或雅利安人形象之上。但是这种单一的德意志人身份的概念在100年前还不存在。19世纪中叶，当民族国家的概念席卷西半球时，统一的德意志身份才开始形成，普鲁士建立统一德意志民族国家的想法成为德国政治文化中的一个重要叙事[33]。

纳粹政权对民族主义叙事的疯狂歪曲，使得民族主义这一纯粹的概念无法被运用到后来的民族叙事中。"希特勒帝国的彻底失败粉碎了原本占主导的国家叙事"[34],这让德国人对民主方案没有了安全感,并清除了所有民族主义的基本叙事[35]。德国不仅没有明确的历史或民族主义叙事可供参考,而且在后来的几十年里被一分为二。结果,这两个德国不得不在身体和精神上独立地、从零开始重建自己。

在第二次世界大战的创伤和混乱后,德国面临着重建自身的重任。在这一点上需要说明的是,当我提到1949—1990年间的德国时,我指的是德意志联邦共和国(FRG),或者说是西德。虽然西德和东德都必须重建自己,但决定把关注点放在西德是因为,正是这个国家最终决定了我们今天对统一的德国的话语和基本叙事。

在纳粹占领下,德国人被迫摆脱1945年以前被灌输的意识形态。但是,战后短时间内建立起的社会很难让人一直怀有这种罪恶感,大家都下意识地留出空间来应对痛苦。甚至15年后,集体意识才开始注意到大屠杀带来的痛苦[36]。什么可以说、什么不能说之间的默契被保持了如此之久,以至于某种意义上这种默契已经成为一种习惯[37],使得那一代人被称为沉默的一代。

然而,正如乔施(Jaausch)和盖耶(Geyer)所注意到的,"实际上,许多德国人正在经历一种转换,一种身体和灵魂的自我意识重塑。德国正在成为一个不一样的国家"[38]。这种转变的核心是与过去的和解,我认为这个国家一直到今天仍处于这一和解的过程中。这种努力进行和解的核心是承认纳粹主义所犯下的罪行。此后,这种内疚变成了代际性和符号性的东西[39]。西德社会设法接纳了对犹太人种族灭绝和希特勒及其同伙曾经猖獗的集体内疚情绪和集体道德责任。历史学家用"Vergangenheitsbewältigung(字面意思,应对过去)"来概括幸存者们努力忘记过去、重建国家并重获稳定的努力,这是战后德国特有的。因此，新的德国基本叙事是在吸取纳粹政权的教训和对其批判的基础上建立的。内疚、责任、赔偿和赎罪是其核心。

德国在20世纪下半叶以及之后经历了重大变化，最值得注意的是"冷战"结束后的国家统一。但是，仍然"很少有其他国家的和平主义情绪比德国有更深的政治共鸣"[40]。第三帝国（纳粹德国）和大屠杀的教训持续影响着德国的外交和安全政策。而且，正如托马斯·里斯（Thomas Risse）在对德国政治文化的研究中所注意到的那样，近年来，多边主义和冲突的和平解决的内涵几乎没有改变[41]。因此，它们仍然是现代德国基本叙事的基石，代表了德国战略文化和传播策略的主题。

美国和德国国防部的框架分析

为了了解这些基本叙事是如何影响国家传播策略的，我将使用框架分析来比较2001年至2014年期间分别由德国国防部和美国国防部发布的与国际安全援助部队任务有关的所有新闻。该方法是基于罗米·弗罗利希（Romy Froehlich）和伯克哈德·吕迪格（Burkhard Rüdiger）的做法，他们通过对德国政党和各部新闻稿中的框架战略分析，重点研究政治公共关系[42]。

框架分析使我们能够识别传播战略专家等各种主体所采用的不同视角。每个框架都由包括语句、关键词和口号组成的一套模式来定义。将这些重复的模式集中起来看，就可以确定一些特定的框架[43]。我们可以把框架理解为镜片，透过这些镜片来观察给定的对象。它们通过对给定对象分类、组织和解释来进行解读[44]。框架可以是主题框架，也可以是立场框架。主题框架着眼于议题的主题方面，并提供有关在公开讨论中应如何看待或谈论该议题的说明。立场框架提供了看待某一问题时可以采取的具体的想法或政治观点[45]。

本研究的第一步，基于给定报告中经常重现的话题，将所有德国和美国国防部关于安全援助部队任务以及 2001—2014 年有关"持久自由行动"的新闻报道，都归到这些宽泛的话题类别中。

研究总结了 14 个不同类别的新闻报道（见表 1），包括伤亡报告、国际会议、对新闻报道的回应、具体行动细节、装备、部队访问、部队轮换与部署、被拘留者转移、荣誉、进度报告、财务报告、国防部长正式声明、调查，以及其他[46]。

第二步，我从 14 个类别中只选择了两个类别继续进行更详细的框架分析："国际会议"和"国防部长正式声明"。选择这两个类别的原因有两个。一是这两个类别的事件在两国都经常发生，二是这些新闻往往比其他类别的新闻能提供更多的信息，因此，它们在确认框架和模式方面更有帮助。

本研究分析了 43 篇美国国防部和 28 篇德国国防部的新闻报道。总共可以识别出 13 个框架。在这 13 个框架中，有 7 个被确定为主题框架，6 个为立场框架。美国国防部运用了 10 个框架，立场和主题框架各 5 个。在 43 篇新闻报道中，总共有 112 个框架。德国国防部使用了 9 个框架，4 个主题框架和 5 个立场框架。在其 28 个新闻稿中总共提及了 48 个框架。

弗罗利希和吕迪格（Burkhard Rüdiger）指出"为了影响在政治和/或公开讨论中公众对某个问题在某些方面的关注度，政治参与者必须将问题放入特定的主题框架中。"[47] 在确定的 7 个主题框架中，美德之间只有 "不是恐怖分子避风港"和"引以为傲的部队"这两个框架有重叠（见表2）。美国国防部在主题上主要侧重于表达阿富汗不再是恐怖分子的避风港，而德国国防部则强调了部队的重要性及其在更大规模的北约行动中的价值。

表1　新闻报道的话题类别

	伤亡报告	部队换防/部署	被拘留者转移	荣誉	调查	国防部长正式声明	国际会议	对新闻报道的回应
美国国防部	1641	44	31	6	-	21	20	6
德国国防部	12	6	-	-	2	6	20	5
	具体行动细节	装备	部队访问	进度报告	财务报告	其他	总计（除伤亡报告	总计
美国国防部	10	6	7	5	2	15	176	1817
德国国防部	3	10	11	-	-	7	70	82

与主题框架相反，立场框架传达的是政治参与者希望看到的能主导公众话语的计划和解决方案[48]。立场框架显示两国之间的相关性高于主题框架（见表3）。在已确定的6个框架中，两国都使用了的有4个，且两国各自使用了5个不同的立场框架。所以，每个国家都使用1个另一国没有使用的立场框架。有意思的是，那些仅被一方使用的框架在其被使用时都会被特别突出地强调。德国把绝大部分注意力放在了军民联合参与的重要性上（64%），而这一框架没有被美国采用。另一方面，美国很强调与阿富汗持久伙伴关系

的建设。尽管德国没有使用此框架，但它是美军使用频率第二高的框架（21%），仅次于"阿富汗军事领导层"（43%）。

表2 新闻报道的主题结构

	美国国防部 (n = 43)	德国国防部 (n = 28)
主题框架		
自由的阿富汗	17	—
稳定的阿富汗	—	32
部队的英勇	22	—
阿富汗人民的民主	17	—
引以为傲的部队	15	5
安援部队内部军队的影响	—	38
不是恐怖分子避风港	30	26
总计	101	101

表3 新闻报道的立场定位

	美国国防部 (n = 43)	德国国防部 (n = 28)
立场框架		
阿富汗军事领导层	43	18
重要伙伴关系	10	11
持久伙伴关系	21	—
阿富汗任务进展	17	*
国土安全	9	7
军民联合参与	—	64
总计	100	101

* 少于5%

当把所有 14 个框架综合起来看时，美国国防部对框架的使用比德国更平衡（见表 4）。美国的框架使用范围百分比介于 5%—22%，而德国则是从 5% 到 38%。尽管两国国防部均表现得更倾向于立场框架，但两种框架的分布在两国都相当均衡。德国（58%）与美国（52%）相比，更倾向于立场框架。在德国使用的框架中，有一个特别突出。表 4 显示，"军民联合参与"是目前为止被采用最多的框架，占 38%。使用率第二的"安全援助部队内部军队的影响"则只有 15%。美国国防部的降幅就小多了。使用最频繁的是"阿富汗军事领导层"，占 22%。排名第二的"不是恐怖分子避风港"则降至 14%。

表 4　新闻报道的所有框架

	美国国防部 ($n = 43$)	德国国防部 ($n = 28$)
所有框架		
自由的阿富汗	17	—
稳定的阿富汗	—	32
部队的英勇	22	—
阿富汗人民的民主	17	—
引以为傲的部队	15	5
安援部队内部军队的影响	—	38
不是恐怖分子避风港	30	26
阿富汗军事领导层	43	18
重要伙伴关系	10	11
持久伙伴关系	21	—
阿富汗任务进展	17	*
国土安全	9	7

续表

军民联合参与	—	64
主题框架	48	42
立场框架	52	58
总计	100	100

★ 少于5%

分析表明，两个国防部的主题都符合各自的基本叙事。美国的主题主要集中在通过增强阿富汗军事力量以使其不再成为恐怖主义的避风港。换句话说，以美国的形象改变阿富汗。这与天定命运论和美国例外论的叙事完全吻合。相比之下，德国方面的"军民联合参与"主题比其他主题更为突出，有效地确立了牢固根植于多边主义和反军国主义的叙事。

结论

总体而言，这种对比表明每个国家的传播策略均与其基本叙事相吻合，并且美、德两国国防部之间在方法和语言上存在明显差异。仅被美国采用的框架有"自由的阿富汗""部队的英勇""阿富汗人民的民主"和"持久伙伴关系"。所有这些都反映了美国民间宗教的核心价值观。他们有效地利用了美国例外论和天定命运论的叙事方式，基于其传教士本性为其干涉他国事务设定了道德依据，而这种传教士本性认为其核心责任是保护和服务，同时将民主带给世界。

相比之下，德国新闻稿使用了体现德国政治文化规范的诸如"稳定的阿富汗""安援部队内部军队的影响"以及"军民联合参与"等主题。这种框架实际上与多边主义和反军国主义的情绪有关。德国与其北约伙伴的相互联系被放在最主要地位，同时强调任务的辅助属性，而非战斗属性。由此可见，两国国防部门在战略上都采用了与核心价值观相符的叙事，以服务于军事政治行动，从而使两国参与任务合法化，直到任务完成。

分析表明，政府防卫部门的传播策略基于其基本叙事、价值观和神话故事，使政治行动在公共话语中合法化。这意味着我们可以假设，一个多国行动将受到其参与国的国内叙事的影响，这种构建合法化的力量对国防部门的传播策略具有决定性作用。由于各自情况的不同，参与国不可能形成统一有效的传播战略。最终，社会和文化框架将继续限制政府行为，与社交媒体一起甚至可能成为公众对政府的重要制衡。全球公民将有机会核实并质疑国防部门提供给我们的自相矛盾的新闻和错误消息，并对其问责。

注释：

1. 这个词本身就很可能是一个争论点。维和特派团在一开始就被认为具有公正性，并且不允许使用武力。在21世纪，随着国际行为体越来越多地参与到全球冲突中，维和特派团的性质也逐渐转变为越来越积极的角色，更类似于国际警察部队。亚历山大·诺沃塞洛夫（2016），"艾米丽·帕登·罗兹：'立场'：联合国维和行动中公正的挑战"，《和平行动评论》https://peaceoperationsreview.org/interviews/emily-paddon-

rhoads-taking-sides-the-challenges-of-impartiality-in-un-peacekeeping-operations/，2019 年 3 月 12 日访问。

2. 休伯特·克诺布劳赫（2000），"战争、话语和权力的偏执狂：米歇尔·福柯对社会的辩护"，《社会学评论》，23：3，第 263‑268 页，此处见第 266 页。

3. 苏珊娜·基尔霍夫（2010），《隐喻的战争：关于 9/11 和"反恐战争"的媒体论述》（比勒费尔德：朗氏出版社），第 47 页。

4. 阿特休尔，见基尔霍夫，《隐喻的战争》，第 65 页。

5. 基尔霍夫，《隐喻的战争》，第 6 页。

6. 克里斯·巴拉尼克（2018），"推特机器人如何助长政治争斗"scientificamerican.com. https：//www.scientificamerican.com/article/howtwitter-bots-help-fuel-political-feuds/，2019 年 3 月 12 日访问。

7. 仙托·艾英戈（2011），《媒体政治：市民的指南》，第 2 版（纽约：诺顿出版社），第 232 页。

8. 伊安·斯图尔特和苏珊 L. 卡拉瑟斯（编）（1996），《战争、文化和媒体：二十世纪英国军队的表现》（英国特罗布里奇：电影书籍出版社），第 2 页。

9. 基尔霍夫，《隐喻的战争》，第 15 页。

10. 艾琳·萨尔斯泰因·帕塞尔和琳恩·韦伯（编）（2015），《从交际的角度看军事：互动、信息和话语》（纽约：朗彼得出版公司），第 162 页。

11. 艾扬格，《媒体政治：市民的指南》，第 232 页。

12. 斯图尔特和卡鲁瑟，《战争、文化和媒体》，第 2 页。

13. 基尔霍夫,《隐喻的战争》,第 50 页。
14. 詹姆斯·伯克（2002）,"民主军民关系理论",《武装力量和社会》29：1,第 7-29 页,此处见第 7 页。
15. 雅典娜·卡拉佐吉扬尼（编）（2012）,《文化与媒体中的暴力与战争：五个学科视角》（伦敦：劳特利奇出版社）,第 144 页。
16. 拉希德·乌兹·扎曼（2009）,"战略文化：对战争的'文化'理解",《竞争策略》,28：1,第 68-88 页,此处见第 68 页。
17. 安德鲁·J. 巴切维奇（2013）,《新美国军国主义：美国人如何被战争诱惑》,更新版本。（牛津：牛津大学出版社）,第 23 页。
18. 服役人员通常获得优先登机和不同商品减价等福利,在公开讨论中,他们的声音往往占据道德高地。
19. 罗伯特·L. 艾维（2005）,"民主帝国的野蛮行为",《第三世界季刊》,26：1,第 55-65 页。
20. 罗伯特·N. 贝拉（1988）,"美国的公民宗教",《代达罗斯》,第 97-118 页,此处见第 99 页。
21. 塞西莉亚·伊丽莎白·奥利里（1999）,《为之而死：美国爱国主义的悖论》（新泽西州普林斯顿：普林斯顿大学出版社）,第 15 页。
22. 雷蒙德·F. 布尔曼（1991）,"'起源的神话',公民宗教和总统政治",《教会与国家期刊》,33：3,第 525-539 页,此处见第 535 页。
23. 布尔曼,"'起源的神话',公民宗教和总统政治",第 535 页。
24. 科尔斯（2002）,"改编自天命论的 90 年代战争话语",《宗教社会学》,63：4,第 403-426 页,此处见第 406 页。

25. 科尔斯，"改编自天命论的90年代战争话语"，第416页。
26. 史蒂芬·M. 沃尔特（2011），"美国例外论的神话"，《外交政策》，11，https：//foreignpolicy.com/2011/10/11/the-myth-ofamerican-exceptionalism/，2019年3月12日访问。
27. 科尔斯，"改编自天命论的90年代战争话语"，第403页。
28. 艾维，"民主帝国的野蛮行为"，第202页。
29. 巴切维奇，《新美国军国主义》，第97页。
30. 巴切维奇，《新美国军国主义》，第97页。
31. 巴切维奇，《新美国军国主义》，第122页。
32. 巴切维奇，《新美国军国主义》，第122页。
33. 康拉德·雨果·贾劳什和迈克尔·盖耶（2003），《破碎的过往：重建德国历史》（新泽西州普林斯顿：普林斯顿大学出版社），第39页。
34. 乔施和盖耶，《破碎的过往：重建德国历史》，第101页。
35. 乔施和盖耶，《破碎的过往：重建德国历史》，第46页。
36. 沃尔夫·坎斯坦纳（2006），《追寻德国人的记忆：奥斯维辛之后的历史、电视和政治》第一版（雅典：俄亥俄大学出版社）。
37. 莱斯利·A. 阿德尔森（2000），"土耳其人、德国人和犹太人的感人故事：20世纪90年代的文化另类、历史叙事和文学谜题"，《新德国批判》，80 https：//doi.org/10.2307/488635，第93–124页。
38. 乔施和盖耶，《破碎的过往》，第9页。
39. 沃尔夫·坎斯坦纳，《追寻德国人的记忆》，第4–5页。
40. 托马斯·U. 伯杰（1998），《反军国主义文化：德国和日本的国家安全》（马里兰州巴尔的摩：约翰霍普金斯大学出版社），第 194 页。

41. 托马斯·瑞斯（2004），"变革中的延续性：'新'德国外交政策"，《从政治和当代历史看问题》，11，第 24–31 页，此处见第 28 页。

42. 罗米·弗罗利希和伯克哈德·吕迪格（2006），"政治公共关系框架：衡量德国政治传播策略的成功"，《公共关系回顾》，32：1，第 18–25 页，此处见第 20 页。

43. 弗罗利希和吕迪格，"政治公共关系框架"，第 20 页。

44. 埃尔文·戈夫曼（1974），《框架分析：一篇关于经验组织的文章》（纽约：哈珀与罗出版公司）。

45. 弗罗利希和吕迪格，"政治公共关系框架"，第 20 页。

46. 弗罗利希和吕迪格，"政治公共关系框架"，第 20 页。

47. 弗罗利希和吕迪格，"政治公共关系框架"，第 20 页。

48. 弗罗利希和吕迪格，"政治公共关系框架"，第 20 页。

第四部分

译员在战时和战后的经历

战时交际、口译和语言

历史与当代视角

再寻家园：1941—1943 年德意志国防军中的俄国译员

奥列格·贝达（Oleg Beyda）[①]

入侵的军队首先通过暴力、枪炮和弹药传达信息，然后再向当地人解释，说他们事实上是为了和平而来，并说明为什么被占领可能还是件好事。与被占领地区民众进行交际总是通过语言工作者进行，他们要么是军队内部具有文化知识和外语技能的人，要么是被招募的当地人。因为被看作与入侵者合作，这些被招募的人通常会遇到无穷无尽的问题[1]。尽管德意志国防军 1941 年 6 月向苏联发动了那场具有种族灭绝性质的战役，德国人还是需要解决如何与当地人对话的问题。

一些研究指出了外语在冲突中的重要性，认为了解文化差异和掌握外语是理解战争中所发生事情的关键[2]。在他国驻军以及盟国之间相互合作都会不可避免地涉及多语言和多民族环境，在这种情况下口译员的角色至关重要。无论是对从事语言工作的个人还是整

[①] 奥列格·贝达，墨尔本大学，澳大利亚维多利亚州墨尔本市，电子邮箱：oleg.beyda@unimelb.edu.au

个译者团体来说,都是如此³。用社会学方法研究战争中口译员的话题才刚刚开始引起学术界的关注⁴。本章旨在为这一不断发展的领域进行一些补充。

无法接受的失败

一个国家的海外侨民是寻找合格翻译的来源之一,例如苏德战争期间,白俄①流亡者就担任过译员。在苏俄国内战争中,白军在 1920 年 11 月被击败,并匆匆逃离克里米亚⁵。包括整个第一军团在内的约 15 万军人和平民,跟随舰队在土耳其登陆⁶。其中的哥萨克人前往利姆诺斯岛(Lemnos)⁷,而大约有 26000 人的第一军团前往加里波利(Gallipoli)⁸。这些人随后在一个临时营地中被拘禁了三年,经历了重重艰难。这种经历给这些现在丧失了国籍的俄国人留下了不可磨灭的印记,使他们坚信与布尔什维克主义的斗争迟早会重新上演⁹。

从 1921 年到 1923 年 5 月最后一批人离开营地,白军成员开始分散到欧洲乃至世界各地。前士兵和军官做着诸如煤矿工人、木匠、行李员和出租车司机等低薪工作。但是他们拒绝放弃自己的身份。两次战争之间的流亡者用"境外俄国"一词来形容其在俄疆界之外的国家,表达了另一种形式的"俄国性",它不同于苏联,甚至带有敌意。这个"另类俄国"以非苏俄文化和热衷传统基督教为基础,创建并维持了自己的一套系统,包括节假日、丰富的新闻出版、慈善、

---

① 译者注:原文为 white Russian emigres,指在俄国革命和苏俄国内战争爆发后离开俄国的俄裔居民。

教育和专业机构。尽管地域各异，但这些流亡的俄国人还是创建了一个现代化的民族[10]。

白俄还创建了自己的国防军。为了保留白军的名号，即使不是一个具有实体的白军，他们于1924年9月1日成立了一个特殊的组织，称为俄国全军联盟（ROVS）[11]。白军总司令、流亡撤离行动的发动者彼得·尼古拉耶维奇·弗兰格尔（Pyotr Nikolaevich Wrangel）中将领导了这个由他本人建立的组织[12]。

俄国全军联盟不仅想要维持前白俄运动的凝聚力，而且明确计划要动员流亡者进行一场可能的针对苏联的战争。实际上，俄国全军联盟是一支伪装起来的待动员的军队，其结构和内部凝聚力是建立在内战退伍军人之间的友情和他们认为战争尚未结束这一信念基础之上的。参与这一组织的人都是自愿的[13]。由于他们强烈的反共信念和拥有的语言技能，这些流亡的俄国人在1941年成为德意志国防军重要的兵源之一[14]。

语言与军队

早在1935年，俄国人就出现在德意志国防军的语言培训体系中[15]。军队与由奥托·莫尼安领导的帝国口译协会（RfD）合作[16]，该协会负责国防军使用的绝大部分语言手册和指南[17]。协会也与语言学家和许多大学（例如海德堡大学）合作，确保有经验丰富的专家持续提供支持[18]。

纳粹德国有一个军区行政系统，不断地向军队输送新兵。每个军区都有一个附属的翻译连。"连"在这里指的是达到一定规模人员的行政机构，柏林的"连"有1200人，德累斯顿的人数是柏林的

143

十分之一[19]。应征入伍后，精通任何一门外语且具有一定专业知识的新兵将被送到相应军区的"连"进行筛选，通过口头和书面形式来考查其熟练程度。新兵会被分为三个等级：灰卡（Sprachkundiger，"语言助手"或初级水平）、黄卡（Übersetzer，"笔译员"或中级水平）和红卡（Dolmetscher，"口译员"或高级水平）[20]。

根据考查结果，会授予准译员一个"专业负责人"（Sonderführer）的军衔，接受特殊军事术语的培训，然后被派遣到指定的部队、司令部、战俘营（POW）或宣传部门[21]。1939年8月战争开始时，有专业技能但未经过必要军事训练的人可以作为"专业负责人"晋升为任管理职位的士官或军官[22]。这个军衔是在1937年设立的。尽管不是正规军，但这些译员的军衔与普通军衔具有对应关系[23]。"G"类"专业负责人"相当于下士；"O"类专业负责人相当于连军士长；"Z"类相当于排长，与中尉同级；"K"类相当于连长，上尉；"B"类是少校；还有"R"类是上校，这个职级存在时间短，于1940年3月就被废除了[24]。

在柏林有一个特殊的子机构，称为口译部，专门负责补充合格口译人员。这是德意志国防军最高司令部的下属机构，也是所有"翻译连"的总部[25]。在此工作的有俄国文化专家、语言学家和历史学家等[26]。俄语部的负责人是著名的斯拉夫语言文化专家马克西米利安·布劳恩（Maximilian Braun），1903年出生于圣彼得堡[27]。

德国人过去从不信任俄国民族主义者，也害怕政治斗争，因此一再禁止流亡者参军[28]。但是有足够的证据表明，这些禁令实际上在分队一级是被忽略的，因为出于军事需求，德军需要熟悉俄语的人[29]。在占领区，德国人几乎完全通过译员来传达命令[30]。

第四部分 译员在战时和战后的经历

德意志国防军倾向于在占领区用德国译员，但俄国流亡者由于语言流利，成为该规则的"一般例外"[31]。因此，德军会以一种非官方的方式来招募俄国人。例如，入侵苏联前不久的1941年6月13日，在但泽（Danzig）举行的一次特别会议上，"德国军队代表呼吁俄国人主动加入军队译员，并提到，这个职位尤其欢迎俄国军官来担任。"芬连斯基卫队上校迪米特里·霍德涅夫（Dmitrii Khodnev）是第一个响应的人[32]。他随后被派往第36机械化步兵师的补给部门，1941年服役几个月后退役。

一些沙俄流亡者来自波罗的海地区，而且具有德意志的种族背景，这使得他们非常适合担任译员[33]。究竟有多少具有双语背景的波罗的海德国人参加了苏德战争，以及他们的确切职能是什么，现在仍不得而知[34]。根据当时的种族法律，波罗的海德国人不被视为"俄国人"；因此，他们不会被看作一群"有用的外侨"，从而留下稳定的记录。俄国流亡者中的许多人就不同了，他们甚至没有其所居住国家的公民身份，在记录中就更容易被识别出来。虽然很难计算俄国流亡者作为译员被派到苏联的精确人数，但我们可以大概估计一下。到1943年5月，通过俄流亡者事务管理局从柏林向德意志国防军派遣了1200名译员[35]。此外，还有1500名流亡者从法国加入德意志国防军[36]。

多元角色

支持德意志国防军并为德效力的俄流亡者形成了一个重要的团体，有数千人之多。因此，他们也是最有争议、最复杂、最吸引注意的研究案例之一[37]。译员，尤其是白俄流亡者团体中的译员，绝

145

不仅是语言交际的机器。从本质上讲，这个角色应被视为中介者之一。作为文化中介者，他们并非没有一定的自主权，但他们能产生的影响也取决于具体情况。由于他们的民族主义世界观，大多数流亡者能与俄国农民产生共鸣，这有助于建立融洽的关系。与不懂俄语的德国军官相比，农民自然更倾向于接触他们视为"自己人"的流亡译员[38]。

译员的职位创造了军队其他部门所无法创造的机会。再加上模糊的军衔，且允许一定程度的"个人自由"，可能会收获不一样的结果。让我们来看一个例子。维克多·安德烈耶夫（Viktor Andreev）是一名流亡者，曾在第六步兵师中担任过军官译员。他被任命为该师占领的斯摩棱斯克地区一所学校的督察。因此，他有机会干预儿童教育，并为瑟乔夫卡的小学制订了教学计划。学生要学习俄国文学，在歌唱课上，老师们要"培养学生对俄国民歌的了解"[39]，还要学习德语和德国历史。

因此，译员有机会帮助其他人，即使只是在一个不大的村庄里。译员本人可以根据自己的情况来影响局势，达成目标。但是，在某些情况下，译员只能单纯扮演正式官方角色，这样可供决策和行动的范围就大大减少了。例如，若接到命令要将居民从家中驱离，译员的角色就只能是那个将苦难带给无辜人民的中间人[40]。他会变成信息的传递者和占领者邪恶意志的传播渠道。事实上，由于他的角色和身上所穿制服，他自己也是占领者之一。

译员的俄国出身是使他们能更深入接触民众的一个因素，但这种接触会损害被占领区人民的利益。例如，农民可能不愿意把粮食交给占领者，但总是会交给一个被他们看作"自己人"的俄国人。因此,译员帮助了德军(经常是以暴力方式)寻找短缺的食物资源[41]。在第 6 步兵师中,德军对流亡译员的独特优势有着充分的认识和运用。他们规定译员要先于德国人进入被占领的村庄。译员的任务是向民众解释说,他们"有必要"搬出自己的房子,腾出来让德国人住[42]。

掌握语言是一把双刃剑。译员既是流亡者又是当地的通敌者,如果他们愿意的话,可以利用语言来发财致富,因为人们依赖他的语言能力。莉迪亚·奥西波娃(Lidiia Osipova)在日记中生动地描述了讲德语的苏联人如何在列宁格勒周围利用这一优势:

译员代表着一支力量,而且是一支主要力量。他们中的大多数人都是极为可怕的败类,这些人只关心自己,并试图从人们手中压榨出可能有的一切,甚至是不可能的一切。同时,人们完全被他们所掌控[43]。

但有时候,语言掌握不够熟练的话也有弊端。虽然他们的母语是俄语,但并不是所有的流亡者都能特别流利地使用德语,而这种缺点可能会限制他们的活动或改变其角色[44]。1941 年 6 月 17 日,安德烈·沃尔科夫(Andrei Volkov)被派往第 8 装甲师。由于他对德语了解不多,他被以一名宣传员的身份带到第一线,对着扩音器喊话,召唤对方投降。沃尔科夫用狂热来弥补自己语言方面的不足。凭借对德国战争目标的坚定信念,他赢得了德国人的信任,但这并没有使他得到重用[45]。能掌握德俄两种语言对大多数人来说意味着更多的工作。此外,还出现了另一个问题:一些流亡者说的是旧式俄语,这可能是他们工作中的重大局限(尽管这取决于其分配到的岗位)[46]。

在苏联战俘与流亡翻译之间的初次接触中，俄语技能尤为重要。"专业负责人"这一级别的许多军官只要精通俄语，都被派去进行审讯工作，或者调查叛逃和宣传问题[47]。可以说，一个内心恐惧且失去判断力的苏联囚犯在监狱中，更倾向于向讲母语的同胞寻求帮助。但是，在这种情况下，一些流亡者会利用自己的特殊地位撒下死亡的种子而不是给予同情。1941年夏末，一个不知姓名的被俘红军上校描述了其战后的经历。作为被俘高官，他被带到德军师参谋总部，在那儿的一名年纪大的流亡者告诉德国士兵："这是一个布尔什维克的上校，我们必须开枪打死他。"最后是一名德国将军救了他的命，而不是俄国流亡者[48]。

流亡译员一直以来面临的一个情况是其不明确的角色定位，他们可能被分配担任各种职务。德米特里·卡洛夫（Dmitrii Karov）起初是一个司令的副官兼北部陆军的翻译。后来，他担任第18军参谋部的情报官。1943年春，他成为前线宣传员[49]。再比如，214工兵营的译员米哈伊尔·古巴诺夫（Mikhail Gubanov）要负责采购柴火和给土豆削皮[50]。然而同时，流亡者认为他们是有着特殊地位的，是占领者和被占领者之间的"关系纽带"[51]。

流亡译员扮演的角色的另一方面是，减轻占领的即时影响或让当地民众从另一个角度来看待被占领。正如我们所看到的，译员经常试图说服苏联农民服从并合作（例如在与苏联游击队的斗争中）[52]。在与当地人的聊天中，译员通常会为德国人的恶行做出解释，并偶尔还承诺未来一定会有所改变。甚至连德军所犯下的罪行都被随意地带过了[53]。通常情况下，当地人要么相信译员的保证，要么就因为害怕惹怒德国人而被迫表示同意。无论哪种方式，译员口头干预的结果都可能对德国的"新秩序"是有利的。在意大利第八军服役的安东·伊里亚姆丘克二世（ElmigréAnton Iaremchuk II）回忆起 1943 年冬天在俄拉克里耶沃（Eraklievo）村与街上的农民的谈话。一群人围着他，抱怨德国人将他们年轻人带到德国强制劳动：

> 我让他们平静下来，并告诉他们，德国人迟早会被迫善待俄国人民并归还大家的私有财产，俄国在其一千年的历史中虽然经历了鞑靼、波兰和瑞典的入侵，但最终还是战胜了他们，德国也一样——他们不会永远统治所占领的俄国土地。一个意大利年轻人认真地听了我的话，他的俄语说得很好……他们感激我说的话[54]。

在社会底层，译员是一个非常重要的群体，即使他们在很大程度上是隐形的。因此，可以想象，译员的角色是最多样化的角色之一。这样的人既是新当局的代言人，又是法律的阐释者，同时也是人民的一员。他说着两种语言，既是俄国人又是德国人。他是"来自那里"的，来自遥远欧洲的人，他被赋予了权力，可能会以某种方式帮助农民摆脱战争的混乱，或者也可能带来更多的混乱。对于农民来说，他是一个可以通过与德国人的关系来帮助其解决最紧迫问题的人。因此，译员可能要提供建议、纠正不公、为儿童施洗、组织成立地方政府或警察机构、帮助治病或解决财产问题。更有甚者，也许还在德国犯下的罪行和残酷行径中充当了帮凶的角色。归根到底，译员首先是为德国人服务的：他们使占领正常化，使纳粹目标更容易实现。

良心难安

在流亡者描述德军与俄平民之间关系的资料中，更引人关注的是那些对德军虐待和过分行为的叙述，而非关于二者关系融洽的证词。1941 年 7 月 7 日越过俄国边境后，第 36 摩托化师的德军士兵开始抢劫普斯科夫地区的农民，理由是一切都属于集体农庄，私有财产和个人权利不复存在。译员德米特里·霍德涅夫试图阻止，恳求德国士兵并想要说服他们不要与当地居民为敌，但毫无用处，德国人根本不听，他们对自己的速胜和种族优势很有信心。因为盗抢行为，霍德涅夫归国的喜悦被蒙上了阴影，他对德国会解放俄国的幻想破灭了[55]。

流亡者也目睹了德国对俄国人的口头攻击。与译员阿列克谢·邓巴泽（Aleksei Dumbadze）一起前往普斯科夫的德国士兵经常极尽恶毒地诅咒俄国，他们认为俄国是一个"执拗的、难以理解的和苛刻的"国家[56]。1942 年秋天，德米特里·卡洛夫对一名德国军官的仇俄言论感到异常愤怒[57]。一名为蓝色师团（Blue Division）工作的苏联译员后来称，一些"受德国人敌意影响"的流亡者回到了西班牙，不再继续服役[58]。

随着 1941 年末寒冬的来临，德国士兵不仅开始从民众那里偷食物，还偷保暖衣物。流亡者也注意到了这些情况[59]。1942 年 1 月，一名曾在旧鲁萨（Staraya Russa）附近服役的流亡者写到，当地指挥官办公室支付了征用物品的费用，并每月向每个平民发放 4 公斤面粉，但这种情况只是例外而不是普遍做法[60]。

伊万·斯特布林克门斯基（Ivan Steblin-Kamenskii）对发生的盗窃感到震惊，尽管最初他给这种盗窃找了个奇特的"理由"：

人除了能遇到真挚的情感，也会遭遇残酷——他们带走最后一头牛、最后一个土豆，甚至羊皮大衣和毡靴之类的东西。至于人们将如何继续生活，他们是无所谓的——他们对他们就像对待苍蝇一样，认为他们理所应该是会死的。某种程度上说，这不仅是可以理解的，而且是正义的；毕竟布尔什维克对民众的态度要差得多。战争是一件可怕的事，它带来严重后果和巨大破坏[61]。

随着时间的推移，德意志国防军士兵无视人命的盗窃和犯案令他越来越厌恶德国人：

我怀着无比悲伤的心情忍受着一切。我无法捍卫人民。我看到他们被剥夺了最后一点财产，却无法阻止那些士兵。总之，看到德国士兵这种陌生的一面，无情无义地从妇女和儿童那里夺走最后的生活必需品，而这些东西已经远远超出了他们自己生活必需的量，这让我感到非常痛苦。这让我感到混乱、愤怒、侮辱，却无能为力，还不得不留在他们身边服役……我对德国人的无知和教育的匮乏感到震惊。似乎他们根本从未听说过任何有关俄国或布尔什维克的事情。他们会问：谁是普希金，是共产主义者吗？[62]

其他人目睹了更糟糕的事情。1941年11月下旬，罗斯蒂斯拉夫·扎瓦茨基（Rostislav Zavadskii）在与瓦隆军团一起待在新莫斯科斯克期间，在日记中写到了枪杀疑似游击队员的平民的事件。宪兵部队实施了这场屠杀，而一名瓦隆军团士兵也参与了。比利时官兵在一旁看着，还有的在拍照。一个十八岁男孩的母亲徒手挖出了他的尸体，并在他身上留下了三朵花。目击这样的事件给扎瓦茨基带来了极大的痛苦，他写道："上帝啊，拯救俄国吧！"[63] 甚至还有译员参与了谋杀[64]。43军团司令哥特哈德·海因里希（Gotthard Heinrici）上将有个私人译员汉斯·贝特斯帕彻（Hans Beutelspacher）中尉，他是一名俄裔德国人，由于苏维埃的镇压而失去过几位家人。海因里希对这个在服役前曾当过大学助教的人愿意参与"清理行动"而感到惊讶，因为这类行动总是以公开绞死数十名平民、游击队员和苏联战俘而告终。

通常，流亡者会将这些负面事件好像通过某种过滤器那样过滤掉，然后孤立地去看待每一段经历。即使他们亲眼所见发生的事情，他们也试图说服自己不是每个地方的情况都那么糟糕。俄国流亡者倾向于否认德军所犯罪行是其占领政策导致的一种普遍现象，而是一种"局部的过分行为"。即使到了 1942 年春天，一些在东部服役的流亡者仍然不完全相信德国人的短视和无知，而德国人实际上一直是想要最终奴役苏联的斯拉夫人。对于流亡者来说，完全承认德国政策的错误本质是很困难的，因为这会导致他们怀疑自己从一开始就支持了一项错误的事业。

到 1942 年春天，大量负面信息显示平民和战俘受到了可怕的对待，这已无法否认。然而，一个关键的考虑是除了德国人外没有其他力量在与布尔什维克作战。在这种情况下，流亡者更愿意将自己视为德国人和俄国人之间的中介；也就是说，如果德国人的政策导致了残暴和掠夺行为，这意味着在译员和其他"移民代理人"的帮助下，可以并且需要在局部层面做出改变和进行协调[65]。

由于流亡者身处被占领土，他们有时会试图激发德军指挥官的良知，并要求改变政策以保护人民。但在大多数情况下，这些尝试都是徒劳的。因此，流亡者逐渐意识到他们已被自己所做的选择所绑架。从意识形态上讲，即使在 1943 年德国在斯大林格勒战败之后，许多流亡者的目标仍然是坚定不移地反布尔什维克，尽管有时会出现一些消沉。曾在第九军服役的谢尔盖·科赫（Sergei Koch）回忆道：

到了 2 月（1943 年），未来变得尤其未知和渺茫，当时收到了关于斯大林格勒失守和 30 万德军在废墟中丧生的消息。在此之后，布尔什维克垮台和俄国重生的所有希望都破灭了。我的心情很是阴郁，不由自主地想起了内战那几年，希望也被绝望所取代。然而，那时与背信弃义的敌人的斗争才刚刚开始，我们还年轻，仍然希望继续斗争，希望我们的盟友提供某种帮助，希望俄国人民清醒过来并推翻可恨的政权。而现在呢？我明白，随着德国人的战败，布尔什维克政权只会变得更强大[66]。

根据流亡者的资料记录，意大利占领者大多比德国人更人道。例如，在哈尔科夫（Kharkov）附近的一个村庄，一些孩子意外被士兵遗留的手榴弹炸死。作为补偿，意大利译员给了那个母亲一盒食物；而在一年前，德国人射杀了她的丈夫[67]。德国人压制个人自主权，掠夺民众；意大利人所作所为的程度轻些，或者至少没有以这种荒唐的形式[68]。与意大利高级官员交谈过的流亡译员发现，这些官员对德国的不人道政策持否定态度，并向他们表示，总体而言，意大利人与俄国人的关系更好些[69]。意大利面向基督教徒的传单中强化了对其人道形象的宣传[70]。然而，这种形象也是一种简单化的形象。意大利人一般都听从德国的命令，围捕平民，劫持人质，在烧毁村庄的同时杀害农民[71]。

对于流亡译员来说，相信德国人会以良好态度对待当地居民非常重要；这让他们更加确信自己选择了正确的道路[72]。反面案例迫使流亡者更加专注于他们作为"人民的帮助者"的角色，与此同时他们还紧紧抓住德国正面行为的例子。流亡者急切地想让自己相信，他们对生活和战争的想法可以在现实中得到体现。他们生活中的符号、事件和例子从这个角度得到了统一的解释，主要是透过昨日俄国的棱镜和在流亡年代产生的错觉。

结论

1942 年 6 月 27 日，根据"元首明确命令"，禁止"德国国防军在东线战场使用俄移民"，且不再派移民官员去往前线[73]。1942 年 8 月 18 日第 46 号指令发布，再次禁止使用"移民和前知识分子领导人"。希特勒签署的指令发布后，移民的复员工作开始了[74]。德国人准备将大多数移民送回家，但他们没法让所有人复员，因为他们分散在一个巨大的战线上，而且一些指挥官对这些指示视而不见。

战后，大多数曾在德国人手下服役的流亡者并没有认为他们的选择有任何错误。他们继续生活在自己认定的思想和意识形态领域中；1920 年是这样，1941 年也是这样，1945 年之后还是这样。他们认为纳粹只在所谓的"解放"目标方面有错误，需要予以纠正。战后的流亡媒体上，德国人的奴役政策受到批评，这也被认为是他们失败的主要原因。一些与德军合作的前流亡者走得更远，将自己重新命名为"民主派"，并改写历史上他们在"二战"中的角色[75]。

战后，白军认为自己的动机与德国人不同。流亡者参战的原因被认为是完全不同的。他们向德国国防军提供的直接支持属于"俄国事务"，尽管这些流亡者曾作为德国军人而非俄国军人在军队服役。在军队移民眼中，他们迸发出来的爱国热情丝毫未减。ROVS 继续活在自己的错觉中。

在这个军队移民臆想的世界中，仿佛所有事件都以苏俄内战的"准绳"来衡量。作为事件中心的第二次世界大战却因此被无视。对于流亡者来说，在两个庞大国家之间的冲突中找不到中心点。事件的中心和实质是俄国移民本身，就好像移民是钥匙，而战争是钥匙需要"打开"的锁。这反过来会带来胜利。而且因为这种观点，流亡者们坚信如果没有他们，德国人就无法推进战局，因此必然会向他们寻求帮助。流亡者认为1941年支持德国人就是在支持"俄国大业"。这在阿列克谢·波连斯基的话中可见一斑：

在圣彼得堡与德国打仗期间，我代表俄罗斯帝国军队的军官收到了陛下的佩奇军团（圣彼得堡军事预备学校）的命令，26年后我居然会收到一份德意志国防军的命令，这简直是无法想象。穿上德国军官的制服，我不会觉得自己是祖国的叛徒，相反，我是祖国的捍卫者，也是要将俄国从红色篡夺者手中解放出来的战士，采取这种方式纯粹是出于战术考虑[76]？

许多亲历过苏德战争的流亡译员可能都会强烈赞同这段话。按照白军关于爱国主义的错觉，他们并不是在帮助德国奴役俄国人民，因为在苏联统治下，人民已经失去了自由。从原有的规则出发，流亡者想要相信并且确实相信，反对布尔什维克主义的斗争会继续下去，而这种信念让他们坚持走了相当长的一段时间。然而，流亡者未能承认的是，作为译员，无论他们反布尔什维克的爱国主义多么真诚，多么渴望帮助他们被苏维埃化的亲人，他们不只是在传递一个残暴政权的命令，而且对个人来讲，他们的努力实际上是在怂恿一个本性凶残和反俄的纳粹政权。

注释：

1. 见一个与美国人一起工作的伊拉克人——译员伊兹——的形象，D. 芬克尔（2009），《好战士》，（纽约：法勒，斯特劳斯和吉鲁出版社），第 154 - 157 页。

2. H. 福蒂特，M. 凯丽（2012），"导言"，H. 福蒂特和 M. 凯丽（编），《战争中的语言：冲突中的语言接触的政策和实践》（贝辛斯托克：帕尔格雷夫麦克米伦出版社），第 1 - 15 页，此处见第 1，10 页。

3. P. 库亚马基（2012），"第三帝国的翻译：第二次世界大战中芬兰北部的军事翻译文化"，H. 福蒂特和 M. 凯丽（编），《语言与军事：联盟、占领与缔造和平》（贝辛斯托克：帕尔格雷夫麦克米伦出版社），第 86 - 99 页，此处第 86 页。

4. M. 因基莱里和 S. A. 哈丁（编）（2010），《翻译与暴力冲突》，《翻译：跨文化交际研究》特刊，16：2（伦敦：劳特利奇出版社）；A. 费尔南德斯－奥坎波和 M. 沃尔夫（编）（2014），《构建译员：视觉角度》（纽约：劳特利奇出版社）；T. 郭（2016），《在暴力冲突中生存：第二次中日战争中的中国口译员 1931—1945》（贝辛斯托克：帕尔格雷夫麦克米伦出版社）；M. 沃尔夫（编）（2016），《在纳粹集中营做口译》（纽约：布鲁姆斯伯里出版社）；H. 艾芬豪森（2017），《在中立与宣传之间——国家社会主义下的西班牙口译员》（柏林：科学文献出版社）；P. 库亚马基（2017），"芬兰妇女，德国猪和翻译：翻译巩固'手足情谊'的表现（1941—44）"，《翻译研究》，10：3，第 312 - 328 页，此处见第 313 页。

5. J. D. 丝梅尔（2017），《1916年的俄国内战：震惊世界的十年》（纽约：牛津大学出版社）。

6. N. A. 库兹涅佐夫（2009），《俄罗斯人的生活方式和习惯》（莫斯科：威克），第104页。

7. B. 布鲁诺（2009），"利姆诺斯岛：哥萨克人的岛屿"，《俄罗斯世界报》，1，第187-230页；K. M. 奥斯塔彭科，V.（2015），"莱姆诺斯基日记"，V. E. 科瓦萨和A. A. 科诺瓦洛夫（编），《塔尔斯克哈萨克军队军官的莱姆诺斯日记1920—1921》gg.（莫斯科：英联邦"播种"）。

8. G. F. 沃洛斯等（编）（1923），《加里波利人与俄罗斯人：俄罗斯陆军第一军在加里波利逗留系列文集》（柏林：EAG/印刷出版社）；K. 阿卡尔（2016），"俄罗斯资料中的加里波利和白俄罗斯人"，《土耳其恰纳卡莱研究年鉴》，14：20，第1-33页。

9. A. 塞默勒（2008），"加里波利到各各他：纪念俄罗斯白军在加里波利的拘禁，1920—3"，J. 麦克劳德（编），《失败与记忆：现代时期军事失败的文化历史》（贝辛斯托克：帕尔格雷夫麦克米伦出版社），第195-213页。

10. L. 曼彻斯特（2016），"无国籍状态如何迫使难民重新定义他们的民族性：从战时分散到六大洲的俄罗斯移民中可以学到什么？"，《移民和少数民族》，34：1，第70-91页，此处见第72页。

11. P. 罗宾逊（2002），《流亡的俄罗斯白军，1920—1941》（牛津：牛津大学出版部印刷所）。

12. A. 克勒纳（2010），《黑海的白色骑士：彼得－弗兰格尔将军的一生》（海牙：卢森堡出版社）。

13. M. I. 博伊林塞夫，"埃波卡，1937—1965"，第 33‑34 页。盒 1，米特罗凡·伊万诺维奇·博伊林塞夫文集。哥伦比亚大学珍稀图书和手稿图书馆巴赫梅特夫档案。

14. O. 贝达（2016），"不同的俄罗斯视角或'他们漫长的失败'：白人移居者与第二次世界大战"，T. 莫斯和 T. 理查森（编），《战争与历史新方向》（悉尼：大天空出版社），第 72‑87 页。

15. A. 埃齐亚普金（2008），"军事用语手册：震惊世界的发现"，G. 珀纳夫斯基（编），《维克多·苏沃洛夫的谎言》（莫斯科：伊奥扎），第 418 页。

16. C. 辛纳和 K. 维兰德（2013），"外语教学的翻译视角"，D. 赖曼和 A. 罗塞勒（编），《外语课的译员》（图宾根：纳尔出版社），第 94 页；C. P. 基斯里奇（2017），"'人民社区'和'正确的翻译'"，M. 贝尔和 S. 塞乌贝特（编），《教育是一个全人的过程：关于整体教学、解释研究和其他事项》（柏林：科学文献出版社），第 389 页。

17. 帝国口译协会还负责验证祖籍证明文件的翻译件，这是每个外国人（包括俄罗斯人）法律状况的一个重要方面。E. 埃伦赖希（2007），《纳粹祖籍证明：系谱学，种族科学和最终解决方案》（布卢明顿：印第安纳大学出版社），第 98 页。

18. 该大学俄语部的负责人是一名移民尼古拉·冯·布布诺夫。K. 舒尔特斯（2006），"商业与经济学院"，W. U. 埃克特，V. 塞林和 E. 沃尔加斯特（编），《国家社会主义的海德堡大学》（海德堡：施普林格医学出版社），第579页。

19. 审讯报告，约瑟夫·拉斯译，党卫军"查理曼"第33武装掷弹兵师，1945年4月17日．F. 972, op. 1, d. 299, l. 国防部中央档案馆。

20. H. 沙列夫斯基（2012），"在德国培训笔译和口译人员：过去和现在"，N. 莱因戈尔德（编），《翻译的历史：跨学科的研究方法项目框架下的国际研讨会材料。莫斯科，2011年9月15‐17日》，（莫斯科：俄罗斯国立人文大学），第165‐191页。

21. 审讯报告，约瑟夫·拉斯译，党卫军"查理曼"第33武装掷弹兵师，1945年4月17日．F. 972, op.1, d. 299, l. 98页。TsAMO RF。

22. N. 托马斯（2002），《第二次世界大战中的德国军队》（牛津：鱼鹰出版社），第122, 148页。

23. A. 施利希特和J. R. 安洁莉亚（1996），《德意志国防军。制服与设备1933—1945卷1：陆军》（斯图加特：马达布赫出版社），第305页。

24. N. 托马斯（1999），《德国军队1939—45（3）：东线1941—43. 战士#326》，（牛津：鱼鹰出版社），第10页。

25. C. 特罗尔曼（2016），《日本民族主义？从翻译社会学的角度看1933—1945年的德日关系》（柏林：科学文献出版社），第101页。

26. W. 克劳斯（2004），《抵抗运动中的罗马人：给家人的信和其他文件》，P. 耶勒和P.‐V. 斯普林伯恩主编（柏林：魏德勒出版社），第175页；W. 克劳斯（1997），《绝对主义时代的西班牙、意大利和法国文学》，P. 耶勒和P.‐V. 斯普林伯恩主编（柏林：

德古意特出版社），第 576 页；K. 赛多（2008），"普鲁士国家图书馆关于纳粹掠夺财产和帝国国家图书馆的入馆日志"，H. E. 伯德克尔和 G.-J. 博特（编），《纳粹掠夺的财产，帝国外汇管理局和普鲁士国家图书馆》（慕尼黑：K. G. 索尔），第 79 页。

27. R. 劳尔（1985），"马克西米利安·布劳恩纪念"，《奴隶的世界》，30，第 203-213 页，此处见第 204 页；H. W. 沙勒（2010），《波兹南帝国大学 1941—1945：史前、国家社会主义的建立、抵抗和波兰的新起点》（美因河畔法兰克福：朗彼得出版公司），第 189 页；J. 丁克尔（2009），《身为南斯拉夫主义者的马克西米利安-布劳恩 学术传记（1926-1961）》（慕尼黑：奥托-萨格纳出版社），第 77-80 页。

28. I. 彼得罗夫和 O. 贝达（2017），"苏联"，D. 斯塔赫尔（编），《加入希特勒的十字军：1941 年欧洲国家和入侵苏联》（剑桥：剑桥大学出版社），第 373 页。

29. 关于国防军的军事必要性：J. 卢瑟福（2014），《东线的战斗和种族灭绝。德国步兵的战争 1941—1944》（剑桥：剑桥大学出版社）；关于在红军做口译：A. 希尔（2017），《红军和第二次世界大战》（剑桥：剑桥大学出版社），第 27 页；A. 斯塔提夫（2018），《在战争的顶峰：二战中的红军和高加索山脉之争》（剑桥：剑桥大学出版社），第 80 页。

30. S. 莱恩施泰特（2012），"明斯克经验：德国占领者与白俄罗斯首都的日常生活"，A. J. 凯，J. 卢瑟福，和 D. 斯塔赫尔（编），《1941 年纳粹在东线的政策：全面战争、种族灭绝和激进化》（纽约：罗切斯特大学出版社），第 249 页。

31. 审讯报告,约瑟夫·拉斯译,党卫军"查理曼"第 33 武装掷弹兵师,1945 年 4 月 17 日, F. 823, op.1, d. 71, l. 197。TsAMO RF。

32. "ORVS 第 41 号", 1941 年 6 月 16 日, F. R-5845, op.1, d. 4, l. 37。俄罗斯联邦国家档案馆（以下简称 GARF）。

33. 例如,阿希姆·冯·库茨巴赫男爵：T. 迪德里克（2008），《保罗：斯大林格勒的创伤传记》（帕德博恩：斐迪南－肖宁格出版社），第 147, 213, 251, 336 页。

34. K. 康埃里斯（1994），"协作前的合作？波罗的海移民和他们在德国的'解放委员会'1940/41"，W. 罗（编），《职业与合作（1938—1945）：对德国占领政策中合作概念和实践的贡献》（柏林：黑格蒂希出版社），第 181 页。

35. B. 多登霍夫特（1995），"瓦西里·冯·比斯库普斯基——一位德国移民的生活"，K. 施勒格尔（编），《1918 至 1941 年在德国的俄罗斯移民：欧洲内战中的生活》（柏林：学院出版社），第 227 页。

36. K. 施勒格尔（2006），"柏林：俄罗斯城市中的'继母'"，K. 施勒格尔（编），《二十世纪的俄德特殊关系：一个已经结束的时代？》（牛津：柏格出版社），第 62 页。

37. 有关苏联口译员的经验：V. 兹达诺娃（2009），《"我们的武器是文字……"：战争中的翻译》（美因河畔法兰克福：朗彼得出版公司）；B. D. 苏里斯（2010），《前置日志：日记、故事》，T. B. 鲁贝斯卡亚和 I. I. 加利夫主编（莫斯科：ZAO 出版社）。

38. 在意大利第 52 "都灵"步兵师服役的尤里·索科洛夫中尉也很快成为了农民们感兴趣的对象 遭受到意大利人的掠夺,俄罗斯人只向索科洛夫抱怨，呼吁他保护他们。I. 索科洛夫，"来自乌克兰的意大利军队"，No. 142，1981年3月，第115-117，122页。在法国，一些被强奸的妇女求助于口译员，因为她们往往是唯一能够凭借自己的语言能力与当地居民保持联系的人。B. 贝克（2004），《国防军和性暴力：德国军事法庭上的性犯罪1939—1945》（帕德博恩：费迪南·舍宁出版社），第171页。

39. 塔巴布的附属品 6. I.D. 1.4 – 31.12.1942, Anl. 24, 29 1942年6月. RH 26-6/66. 联邦档案馆 – 弗莱堡军事档案馆（以下简称 BArch Freiburg）。

40. "来自第五中学五年级学生根纳迪·列万的雕塑"，《孩子眼中的战争：文集》，1993，第45页。

41. D. 斯塔赫尔（2015），《莫斯科战役》（剑桥：剑桥大学出版社），第208-209页。

42. 特殊使命，军团特别命令的附件，卷21.12.1941. F. 500, op.12480, d. 59, l. 132。TsAMO RF。

43. O. V. 布尼茨基和 G. S. 泽勒妮娜（编）（2012），《"结束。"德国人来了！卫国战争期间苏联的意识形态合作》（莫斯科：俄罗斯政治百科全书），第92页。

44. D. A. 朱可夫和 I. I. 科夫通（2012），《国旗和苏联制度》（莫斯科：维切出版社），第58页。

45. "对译员安德烈·沃尔科夫的评价"，1943年3月9日，T-315, R. 498，华盛顿特区，国家档案和记录管理局（以下简称 NARA）。

46. 战争开始时，阿尔曼少校领导的第十八军 Ic 部接收了一批移民，他们被怀疑在收集情报。因为他们说的俄语与农民们说的简单化的俄语有很大的不同（可能过于雄辩，带有过时的术语），以致立即引起了军方对他们不必要的注意。D. 卡洛，"第一批苏维埃部队从苏联居民中涌现"，ZS/A‐10/3，当代历史研究所的档案（以下简称 IfZ‐Archiv）。

47. M. 埃德尔（2017），《斯大林的叛徒：红军士兵如何成为希特勒的合作者，1941—1945》（牛津：牛津大学出版社），第 30‐31，48 页；O. 布赫比恩德（1978），《掷地有声：第二次世界大战中德国对红军的宣传》（斯图加特：马达布赫出版社），第 175，177 页；K. 泽利斯（2011），"德国国家社会主义政权在拉脱维亚的宣传工作（1941—1945）"，博士论文，拉脱维亚大学，第 57 页。

48. 可能这就是格奥尔基·安东诺夫，他从 1942 年起与德国人合作。男性，52 岁，大俄罗斯，正规军。附表 A，第 18 卷，第 341 例（采访人 M.L.，记录员 A4），第 16 页，哈佛大学苏维埃社会制度项目。哈佛大学，维德纳图书馆。

49. D. 卡洛夫，"俄罗斯人在非方法论的科学和反科学中的作用"，第 22，137 页，盒 280，文件夹 4。鲍里斯·I. 尼古拉耶夫斯基藏品（以下简称 HIA/Nicolaevsky），斯坦福大学胡佛研究所档案馆。

50. 古巴诺夫的明信片，1941 年 12 月 9 日，F. R‐5759，op.1，d. 64，l. 461. GARF。完整的传记重构：O. 贝达（2018），"'重新打内战'：米哈伊尔·亚历山德罗维奇·古巴诺夫少尉"，《东欧历史年鉴》，66：2，第 245‐273 页。

163

51. "视觉障碍",《新词语》,第 77 号,1943 年 9 月 26 日,第 6 页。柏林国家图书馆,普鲁士文化遗产(以下简称 SzB)。

52. D. 朱可夫和 I. 科夫顿(2016),《警察:历史、法官、犯罪》,Izd. 3-e, ispr. i dop,[莫斯科:"皮亚提伊·里姆"出版社("畅销书")],第 261 页。

53. J. D. 恩斯塔德(2018),《纳粹占领下的苏维埃人:二战中脆弱的忠诚度》(剑桥:剑桥大学出版社),第 73 页。

54. A. 加布里埃利 [A. 利亚雷姆丘克 II],"与意大利军队在俄罗斯,我的最后一次(第四次)战争",第 98 页,盒 1,格洛布斯出版社记录(以下简称 HIA/Globus),斯坦福大学胡佛研究所档案馆。

55. D. 霍德尼夫,"日耳曼军队中的救世主",第 24 - 25, 31, 34 页,盒 10,文件夹"小型手稿"。芬兰救生员波尔克记录(以下简称 BAR Ms. Coll/Finliandskii Polk),哥伦比亚大学珍本和手稿图书馆巴克梅特夫档案。

56. A. 邓巴德泽,"摘自佩沃基克的笔记",《访谈》,No. 206,1969 年 2 月,第 42 页。

57. D. 卡洛夫,"俄罗斯人在非方法论的科学和反科学中的作用",第 166 页。

58. V. 鲁丁斯基,"列宁格勒前线的西班牙人",《在白十字之下》,No. 3,1952,第 13 页。

59. "就是这样",《苏沃洛韦茨》,40(55),1949 年 10 月 21 日,第 2 页,俄罗斯国家图书馆(以下简称 RGB)。

60. 俄罗斯总军事联盟 I 部门管理的信息摘要,1942 年 3 月 1 日,第

3 页。

61. 1941 年 12 月 21 日条目，伊万·斯特布林·卡门斯基的日记。斯特布林·卡门斯基家族的档案（以下简称 ASKF）。

62. 1942 年 3 月 30 日条目，同上。

63. R. V. 扎瓦茨基（2014），《对外战争：俄罗斯国防军军官的日记，1941—1942》，O. I. 贝达主编（莫斯科：索德拉茨特沃"波塞夫"公司），第 126 页。

64. J. 许尔特（编）（2016），《毁灭性战争的记录：海因里希将军笔下中的东线 1941/42》（达姆施塔特：科学图书协会），第 64‑65，85‑87 页。

65. N. 萨赫诺夫斯基，《1940—1945 年的事件以及我的亲身经历》第 16 页，作者的私人档案。

66. S. 科赫，"下卡尔洛沃（译者回忆录）"，《查索沃伊》，No.530，197 年 8 月，第 19 页。安德烈－萨文作品集（以下简称 UNC-CH/Savine），北卡罗来纳大学教堂山分校路易斯－威尔逊图书馆珍贵书籍收藏。

67. A. 莫雷利 [V. 列瓦绍夫]，"在故乡"，《查索沃伊》，No. 308，1951 年 5 月，第 25 页。UNC-CH/Savine。

68. A. 莫雷利 [V. 列瓦绍夫]，"在故乡"，《查索沃伊》，No. 309，1951 年 6 月，第 15 页。UNC-CH/Savine。

69. 同上，第 16 页。

70. A. 莫雷利 [V. 列瓦绍夫]，"在故乡"，《查索沃伊》，No. 311，1951 年 9 月，第 23 页。UNC-CH/Savine。

71. T. 薛明华（2005），《1942/43 年东线的意大利人：关于墨索里尼对苏联战争的文件》(慕尼黑：R. 奥尔登堡)，第 33‐38 页；X. M. 努涅斯·塞萨斯（2018），"无法憎恨？1941—1944 年东线西班牙人和意大利人战争经历的一些比较评论"，《欧洲现代史期刊》，16：2，第 269‐289 页，此处见第 277 页。

72. 一些带有类似情绪的俄罗斯总军事联盟的战时报告见：K. M. 阿列克桑德罗夫（2005），《俄罗斯军人维马赫塔 英雄或是叛徒 文章、材料集》（莫斯科：埃克斯莫约萨出版社），第 512‐529 页。

73. J. 霍夫曼（1974），《德国人和卡尔梅克人：1942—1945 年》（弗莱堡：隆巴赫出版社），第 98 页。

74. W. 胡巴特什（编）（1983），《希特勒 1939—1945 年的战争指令。德国国防军最高司令部的文件》（科布伦茨：伯纳德和格拉夫出版社），第 201‐205 页。

75. B. 特罗姆利（2016），"一个神话的形成：全国劳工联盟、俄罗斯移民和冷战时期的情报活动"，《冷战研究期刊》，18：1，第 80‐111 页，此处见第 83‐84 页。

76. A. 玻利维亚，"1941—1945 年在塞尔维亚的俄罗斯军团"，第 IV 部分，第 29‐30 页。P（2）PL-POLIA，普通手稿收藏，BAR。

第四部分　译员在战时和战后的经历

1945—1951 年澳大利亚战争罪审判中的口译员：从"已然"到"偶然"

乔治娜·菲茨帕特里克（Georgina Fitzpatrick）[1]

在日本提问必须非常小心，因为否定疑问句存在一个大圈套——日本人的回答会和我们相反。例如，"你没去，是吗？"我们会说："不，我没去。"而日本人会说："是的，你说得对。我没有去。"所以他们会同意你的说法。你必须非常小心。如果他的回答是，"是的，他做了。"那我得想一想。我的问题问对了吗？我必须尽我所能地确保我理解对了，因为我意识到，如果我理解错了，他就会有生命危险。（John Hook 与作者的对话，2010 年 3 月 11 日）

第二次世界大战结束后，澳大利亚军事法庭在 1945 年至 1951 年[1]期间在亚太地区的 8 个地点进行了 300 次审判。被告涉嫌犯战争罪，大多数是日本各级军官和一些平民，但韩国和中国台湾的殖民地应征士兵也面临起诉。控方和最初的被告方的军事律师都是用

---

[1] 乔治娜·菲茨帕特里克，墨尔本大学，澳大利亚维多利亚州墨尔本市，电子邮箱：georgina.fitzpatrick@unimelb.edu.au

英语工作的澳大利亚人[2]。总统和参与审判的法庭成员也是如此。然而，庭审的证人，除了那些将日语作为第一或第二语言的人之外，还包括来自巴布亚新几内亚和其他岛屿等偏远地区的人、被解放的印度或中国战俘、来自拉包尔的中国平民，以及偶尔出现的德国传教士。毫不奇怪，这种巴别塔型语言对澳大利亚战争罪审判来说是一个巨大的挑战。发生误解的可能性是无限的。

虽然加代子竹田（Kayoko Takeda）对远东国际军事法庭（IMTFE）的翻译进行了详细的研究[3]，但很少有发表的关于在亚太地区所谓的"次级"战犯审判中的翻译研究[4]。本章将探讨澳大利亚审判中为提供翻译所采取的措施，以及应对这一问题的解决方法。根据我对一些澳大利亚陆军翻译人员的采访以及审判笔录和相关文件[5]，本章将概述当时所面临的情况，主要是与日语有关的情况，并分享我个人的一些观察和思考。

1941年12月太平洋战争爆发时，澳大利亚军方不仅忙于应对军事威胁，还急于寻找专业的语言工作者。很少有澳大利亚人会说日语[6]。一旦盟军阻止了日本在新几内亚的进攻，俘获的日本人员和文件都将由盟军进行管控。对审讯方面的语言专家和翻译的需求变得更加迫切。科林·芬奇（Colin Funch）记录了战时语言学校应对这一问题的历史经验，但与审判最为相关的是1942年9月盟军翻译部门（ATIS）的成立。随着美国和澳大利亚军事人员的不断增加，这一盟军部门的总部设在布里斯班，下辖五个主要部门：翻译科、审讯科（负责审讯被俘的日本人并撰写审讯报告）、情报科（收集、整理和传播情报）、印刷科（印刷和复制），最后是训练科，对所有的盟军翻译部门语言工作者进行测试和分类[7]。

第四部分　译员在战时和战后的经历

战争结束后,如何保证足够多的精通日语的语言工作者变成了一件更加困难的事情。在整个太平洋的几十个地区内,成千上万的日本人都在投降,向澳大利亚军队投降的日本人通常有一名翻译陪同[8]。形势严峻,任务复杂。众所周知,日本军队不仅对战俘,而且对占领区的平民都犯下了累累暴行。盟军致力于起诉这类犯罪,因此需要更多的语言工作者[9]。每次当地部队投降时,他们都会仔细检查缴获的文件和数千名投降的敌方人员,寻找那些涉嫌犯下战争罪的人。在审讯以及审理缴获的文件和报告时都需要翻译。我在2009年和2010[10]年采访过的所有翻译人员,在参与澳大利亚战争罪审判之前,都曾担任过上述全部或部分角色。

语言工作者在战争罪调查阶段的作用还需要进一步的研究,但在本章中,我将集中讨论下一个阶段:实际审判嫌疑人过程中的翻译。军队正在撤离的时候,谁能在亚太地区分散的八个地点——韦瓦克、摩罗泰、纳闽、达尔文、拉包尔、新加坡、香港和马努斯岛——担任翻译?

语言工作者的分类

尽管在战争初期就招募了一些语言工作者,而且他们可能已经有了撤离的资格,但许多人都留在审判现场担任译员。他们分为五类。首先是芬奇所说的"现成的"日语翻译,他们主要是战前在日本居住了多年的侨民。其次,有部分是应征入伍的男性(还有一些女性[11]),战争期间他们在各种语言学校接受训练,这类人员准备推迟复员。第三种,有部分自学成才的译员[12]。在审判中,我又发现了两种类型的人:一种是从美国和英国军队,甚至是敌人那里借来的人；另一种是碰巧在现场发挥了翻译作用的人，有一些只是帮助厘清了特定单词或短语的含义，还有一部分是直接担任了口译，我称之为"偶然的译员"。

"现成的"语言工作者

由于篇幅有限，我无法详细介绍这类"现成的"的语言工作者。根据芬奇的说法[13]，这一类别共有 51 人，许多人推迟撤离，留在战争罪审判中充当庭审现场或者幕后的译员[14]。其中有一些是直接从撤离船上招募来的，例如下面要介绍的这个故事。

1941 年，东部司令部要求内务部提供所有从"东方"撤离的人的姓名和地址。这些人都能熟练掌握他们所在地区的语言特别是日语，无论是会书面语还是口语[15]都是情报人员寻找的潜在译员。在 1941 年底战争开始前，最后一艘从横滨开往澳大利亚的"安回号"上，他们招募了几个乘客——约瑟夫·达·科斯塔（Joseph da Costa）和他的妹妹玛丽亚（Maria）[16]。他们的父亲战前在日本做商人。两位在日本接受过教育，语言表达非常流利。

玛丽亚留在墨尔本的审查学校[17]，训练其他人和翻译人员，而约瑟夫在军事训练之后去了审讯现场[18]。一开始，他在审讯被俘的日本人时担任翻译，后来他自己也成了一名审讯员。他的日语非常好，如果把他放在屏风后面，嫌犯不会意识到他是一个外国人。然而，他告诉我，他仍然需要学习审判中出现的法律、军事和医学术语[19]。他在纳闽的八次审判中担任译员[20]。

约瑟夫·达·科斯塔在审判中做了 30 天的翻译工作，非常认真地履行了他的职责。例如，当我问起他晚上军官食堂里的社交生活时[检察官阿索尔·莫菲特（Athol Moffitt）上尉在他未发表的日记中愉快地详细描述了这些活动[21]]，达·科斯塔告诉我他没有参加过。相反，他去了囚犯的关押地，向被告讲述了当天审判中发生的事情。他担心那些受审的人并没有真正理解提问以及他们的回答的重要性[22]。

战时语言学校的学生

第二类在部队服役的语言工作者曾在审查学校和澳大利亚皇家空军（RAAF）语言学校接受过培训[23]。几年前，我采访过其中五个人：约翰·胡克（John Hook），约翰·费里斯（John Ferris），已故的戈登·梅特兰（Gordon Maitland），已故的莱斯·奥茨（Les Oates）和已故的约翰·莱特（John Wright）。从某种意义上说，我还采访过第六个人，已故的大卫·西森斯（David Sissons），他是1946年莫罗泰（Morotai）审判中一些案件的翻译，他写下的大量论文为我在《澳大利亚战争罪审判》（*Australia's War Crimes Trial*）[24]一书中的相关章节提供了依据。我将以约翰·胡克的经历为重点，概述译员在法庭上所面临的一些问题。

1946年间，在不同地方的审判中，在澳大利亚出生和接受教育的译员在日复一日的即时口译压力下明显有些力不从心。在拉包尔进行的188次审判中逐渐开始采用会双语的日本人——无论是军人还是平民——作为主要译员，澳大利亚语言工作者充当翻译的监督员。约翰·胡克回忆说，在等待法院判决的时候，他与其他监察员和日本人一起讨论如何使用正确的词或短语[25]。胡克进入审查学院进行文件翻译之前，曾在墨尔本大学学过两门日语课程[26]，他解

171

释说：

> 我们确实和塞尔伍德夫人（Selwood）谈过。但问题的关键是……我们接受了阅读和写作方面的基本训练。然而，当我和彼得·巴伯（Peter Barbour）一起被派往现场的时候，被派去当口译员，但我们接受的是笔译训练，这感觉就像是被扔进了深渊[27]。

据约翰·费里斯（John Ferris）说，采用翻译监督是因为日本翻译：

> 他们的英语说得很好，很快我们就发现他们的英语能力超过了我们的日语能力。因此，我们采取了这样的做法，即使用其中一名译员作为主要口译员，我们中的一名译员也总是在那里帮助解释出现的任何问题，或者如果我们认为法院可能误解了一项翻译，就暂停诉讼程序[28]。

自学的语言工作者

起初，我以为芬奇所说的的第三类人不会被澳大利亚人雇佣为官方翻译。然而，在胡克、费里斯和巴伯被遣散后，1947年拉包尔审判中有两位自学外语的人员成了译员：格斯·多德里奇（Gus Doddridge）和彼得·迪莫普洛斯（Peter Dimopoulos）。多德里奇参与了后面六次的审判[29]。生于澳大利亚的他在战后自学了日语。据约翰·胡克说：

> 他来到拉包尔从事翻译工作，但他的知识相当有限。但他曾在婆罗洲从事水运工作，与日本海员颇有往来。他已经学会了一些语言，我认为他在及格线边缘[30]。

彼得·迪莫普洛斯出生在希腊，但从11岁起就住在澳大利亚。他在新加坡和泰国当战俘的四年间开始学习日语，并在集中营当过翻译。报纸上曾有过关于迪莫普洛斯和多德里奇在广田明（Hirota Akira）少将的"指挥责任"审判中担任翻译监督员的报道，但两人都没有正式宣誓担任审判的翻译[31]。

借来的语言工作者

第四个主要类别包括从澳大利亚同盟国和敌人军队借用的语言工作者。战争结束时，仍有许多美军驻扎在澳大利亚北部。盟军翻译部门的美国成员中存在二代日裔（nisei）译员，澳大利亚对被俘日本人的审讯也因此受益良多[32]。其中一个例子就是宫尾中士（R.Y. Miyao），当道格拉斯·布鲁斯（Douglas Bruce）上尉审问自认吃人的田崎雄彦（Tazaki Takehiko）中尉时，他是道格拉斯·布鲁斯上尉的翻译[33]。然而，随后在韦瓦克对田崎雄彦审判中，宫尾并没有担任翻译。法庭采用了另一名来自美国陆军的日裔翻译。不巧的是，宣誓就职的人员名单并不完整[34]，审判时的照片只捕捉到了坐在其中一名证人旁边的翻译[35]。

1948年的香港，就像1946年的新加坡一样，澳大利亚当局依靠他们的英国主子来满足需要，但并不总是令人满意[36]。军事法官布罗克上校（Colonel Brock）指出，为澳大利亚法庭提供的译员的质量是审判过程中"最严重的缺陷"。他在初审后报告说，最高法院不得不重审书面译文，并试图将其翻译成"可理解的英语"，并进行了一次又一次的编辑。"因此，目前看来，诉讼记录并没有说明实际涉及的工作。"于是他请求指派一个合格的翻译[37]。

有一短暂时期，英国将关俊雄（Seki Toshio）借调给澳方进行复杂的海南岛审判。关俊雄出生在上海，在一所英国学校接受小学

173

教育，然后就读于一所美国高中。关俊雄主要负责双方翻译的监督。布罗克说，在日译英的过程中，关俊雄几乎每次都要接手。他还每隔三句就要纠正一次英日翻译[38]。1938年，当关俊雄离开时，据布罗克估计，他几乎节省了价值300到350英镑的时间损失[39]。

在拉包尔的审判中，被俘的日本人经常充当主要的翻译。上尉铃木平八郎（Suzuki Heihachirō）出生在美国，但在拉包尔被俘投降的日本军队中，他作为主要的翻译，至少参与了25次审判，包括对广田将军的审判[40]。他是从日本军队招募来的几名美籍日裔翻译之一[41]。

"偶然"的译员

在澳大利亚长期审判中使用的最后一类译员是那些临时提供翻译服务的人。例如，参与了三次达尔文（Darwin）审判的正式观察员胡赛莱特（J. M. L. Hosselet）少校，在第二次东帝汶罪行审判中，他利用他的语言能力帮助法院解决了审判中的翻译问题。在审判的第八天，即三名柯普邦（Koepang）村民被询问的几天之后，相关的澳大利亚口译员威廉·科尼什（William Cornish）中士可能认为他作为印度尼西亚/马来语译员的工作已经结束，因此没有出庭。然而，检察官为了反驳其中一名被告所做的陈述[42]，出人意料地重新传唤了其中一名证人。作为荷兰驻澳大利亚部队的军事法官，胡塞莱特出席了法庭。在战前的爪哇，他曾担任原住民法院院长，后来又担任泗水的公诉人[43]。由于科尼什中士缺席，胡塞莱特宣誓就任替代翻译[44]。

在本章的剩余部分将会出现更多关于"偶然"翻译的例子。接下来我将探讨一些特定审判中的翻译实例。

实践中的翻译

法院雇用的译员不仅要应对军事和医学的专用术语[45]，还要应对一些起诉人的"文字游戏"。在第二次审判的结案陈词中，达尔文的辩护官威廉·科尔（William Cole）上尉批评了检察官杰拉德·鲁兹（Gerald Ruse）少校。科尔认为，鲁兹在盘问这名日本被告时用了一个"巧妙的语言游戏"。这种方法被记录在了负责东京审判的远东国际军事法庭所编撰的列表中，并受到谴责。法庭建议检察官们不要提冗长的、复杂的、有条件的、讽刺的或否定的问题，也不要提能够用一个词描述的问题[46]。在澳大利亚的审判记录中没有这样的建议。科尔总结到，鲁兹采用了"一种适用于国家最高法院的方法，但不适用于这种性质的审判，即检察官只负有法律赋予的职责，而且必须雇用译员"[47]。

科尔在雇用翻译的问题上存在误解。《1945年澳大利亚战争罪法》（C版）以及同时颁布的《规约》中均未规定提供译员的具体要求[48]。然而，在附加的表格中，似乎隐含着对不同层级翻译的要求[49]。法院的每一位院长都必须完成一份诉讼文书，其中包括"译员"宣誓就职时的工作人员和证人[50]。这表明了当时存在的一种普遍认知，即翻译的缺失可能会影响正义。

澳大利亚审判中的证据往往是在调查罪行时从日本被告或证人那里获得的供词。这些陈词由一名译员向被告反复宣读，加以证实。但正如科尔上尉在另一场达尔文审判中指出的那样，这种做法可能会导致不公正。科尔在审判中为日本人辩护，嫌疑人被指控曾虐待几名在东帝汶被俘的澳大利亚人，他批评检方过于依赖被告的书面陈述，其中包括"不是他们自己发表的言论，而是澳大利亚人发表的言论，这些言论随后被宣读给日本人听"。他举了其中一名被告北野保（Kitano Tamotsu）中士的例子，他听了受害者之一卡什曼（Cashman）上尉的陈述，并确认这是"有关事件的真实记录"。科尔指出，这种方法是有缺陷的，因为经过翻译后读给北野的声明过于"冗长"。他还提到：

在本次审判中，译员要清楚地将英文意思用日文表达出来是有很大困难的，因此有必要纠正一些细微的术语表达。我很高兴这些问题由于语言上的不完善而暴露了出来，而且我确实认为我的朋友[检察官皮彻（Pitcher）上尉]把被告的每一个字都说给他听的做法是错误的[51]。

在这次审判中，有两名译员属于芬奇指出的第二类——那些参加过澳大利亚皇家空军语言课程培训的人[52]。

即使一次审判中有多个双语翻译，证据的翻译也可能存在争议。在审讯中，杉野鹤男（Sugino Tsuruo）军士反对一名审讯人员于1945年10月在美里对他的陈述所用的措辞[53]。当问及在审判开始的几个月前[54]，达文·莱特（Davern Wright）上尉在11月用日语宣读争议陈词，他未提出反对的原因时，他解释说，他不仅发现原来的审讯者"不擅长语言"，而且他"没有了解完整的情况"。他还指责了这份声明的宣读方式[55]。对杉野来说很幸运的是这个问题在1955年得到了解决。在庭审中，两名"现成"的语言工作者担任翻译——达·科斯塔和唐纳德·曼恩（Donald mann）中士[56]。作为他的日本防卫官，来自第37军总部的山田节雄（Yamada Setsuo）上校能够说一口流利的英语，能够弥补澳大利亚人在翻译证据过程中的不足[57]。山田能够传达出杉野在争议性表达中的真正含义，即

176

第四部分　译员在战时和战后的经历

使这并没有使杉野免于死刑。

　　山田曾在纳闽七次审判中担任辩护官，他是一名曾在东京大学和牛津大学接受教育的经济学家[58]。他能够向法院阐明自己的意见，而且他常协助译员解释日语短语的某些细微含义[59]。

　　换句话说，他是"偶然"翻译的另一个例子。山田在法庭上结束陈词时声称，他的英语是极其有限的，对法学知识尤其是澳大利亚的法律只有大概的了解。但随后他针对自己"没能完全表达自己的想法"而产生的恼怒发表了一番精彩的言论："如同隔靴搔痒。"[60]他对翻译的困难表示理解，并承认：

　　译员在协助审讯你方有关官员时所面临的困难和问题是完全可以想象到的。然而，对于不具备英语知识的日本人来说，要想表达一些微妙之意毕竟是非常困难的，这些都要通过译员来传达。

　　他还警告说，"由于语言的差异，可能会产生许多误会和误解。"[61]

　　有时被告会用英语干预审判。例如，星岛进（Hoshijima Susumu）上尉[62]曾对审判前的审讯翻译提出批评，他在纳闽受审时也发现审判翻译有问题。检察官阿索尔·莫菲特（Athol Moffitt）说，"星岛有很强的日英翻译能力，在我主持的交叉询问中，他时常表示反对，并不断与译员争论翻译问题。"[63]当时1963年的翻译是约瑟夫·达·科斯塔，他也记得那次争论[64]。

结论

　　审判中这些精通外语的人们看起来是审讯者、翻译者、证人、罪犯，最后实际担任的是审判中的译员。纵览这一章节，我主要讨论了英日翻译所遇到的问题。澳大利亚军事当局的任务是为庞大的战争罪行审判过程提供经过充分训练的口译和笔译人员，我们只能粗略地了解这些解决方法。关于特定译员的工作和审判中有关语言方面的其他规定还有待进一步的研究和发表[65]。

在 1945 年至 1951 年期间，澳大利亚所采取的个别权宜之计永远不可能符合现代战争罪审判的要求，比如前南斯拉夫国际刑事法庭（ICTY）[66] 主持的审判。但是，在法庭，特别是在战争罪法庭上进行翻译的基础是在战后年代奠定的。通过对审判笔录以及澳大利亚 300 起战争罪行审判相关的调查和通信文件的研究，我认为这些创新性成果为后续的战争罪审判奠定了基础。

澳大利亚的审判确立了几个原则。首先，嫌疑人和证人需要译员来维护正义，即使这在 1945 年的《澳大利亚战争罪法案》中没有对应的法条，也没有相应的条例。其次，人们认识到，如果澳大利亚译员的能力不如双语的日本战俘，那么译员的敌方立场就会被忽视，而日本战俘将在法庭上扮演主要的翻译角色。这些问题都在庭审现场得到了解决。从这种角度讲，很难知道是否所有的证人和所有的嫌疑犯都真正了解审判的进程，但是，即使具有时代局限性，法庭在确保双方相互理解方面也作出了努力。

注释：

1. 关于每个地点的审判情况，见作者（2016）著作：乔治娜·菲茨帕特里克、蒂姆·麦考马克和纳雷尔·莫里斯（编），《澳大利亚的战争罪审判 1945—51》（莱顿：布里尔－奈霍夫），第二部分：审判地点，第 373-686 页。审判地点以及相应的国家档案系列和控制符号见附录四，第 826-830 页。

2. 日本律师首先在拉布安审判（从 1945 年 12 月 3 日开始），然后在拉包尔审判（从 1945 年 12 月 11 日开始）开始为辩方出庭。直到 1946 年 1 月下旬，没有日本律师出现在威瓦克或达尔文，也没有在莫罗泰审判中使用他们。

3. 武田珂代子（2010），《解释东京战争罪行法庭：社会政治分析》（渥太华：渥太华大学出版社）。

4. 然而，也有一些关于英国在欧洲进行的审判的口译研究。见西蒙娜·托比亚（2010），"犯罪与判断：英国战争罪行审判中的口译员/翻译员，1945-49"，《译者》，16 卷第 2 期，第 275-293 页；希拉里·福蒂特 和 M. 凯利（编）（2012），《战争中的语言：冲突中语言接触的政策和实践》（贝辛斯托克：帕格雷夫麦克米伦），尤其是第 9 章和第 11 章。托比亚和福蒂特所揭示的欧洲冲突中语言工作者的短缺和临时补救措施也可以适用于太平洋战争。然而，最大的区别是，英国招募的人员存在明显的阶级取向，澳大利亚的盟军翻译部门则并不明显。

5. 审判记录已经数字化，可通过澳大利亚国家档案馆网站查阅。由负责审判的陆军部产生的相关信件和调查档案可以在澳大利亚国家档案馆的墨尔本分馆找到。其他相关的文件在堪培拉的澳大利亚战争纪念馆保存。国家档案局堪培拉分局保存的一些档案已被数字化。

6. 这种稀缺性早在 1938 年就被认识到了，但 1939 年欧洲战争的爆发使任何准备工作都无法进行。见数字化档案"服务中的日语研究"，澳大利亚国家档案馆，A816，44/301/9。

7. 科林·芬奇（2003），《语言工作者：日本经验》（克莱顿：日本研究中心）第 106-109 页，芬奇提供的统计数据显示，盟军翻译部门各部门的工作规模惊人。

8. 关于日本军队向澳大利亚军队投降的统计数据，见加文·朗（1963），《最后的战役》（堪培拉：澳大利亚战争纪念馆），第 555 页；芬奇，《穿制服的语言工作者》，第 208-211 页，列举了审查学校和皇家空军第一课程新兵直接为当地投降者做翻译的七个例子。

9. 1945 年 7 月 26 日，杜鲁门、丘吉尔和张介石发表的《波茨坦公告》第 10 条（后来得到斯大林的赞同）包括以下关于日本人和战争罪行的意向声明："我们不打算让日本人作为一个种族被奴役或作为一个国家被毁灭，但对所有的战争罪犯，包括那些对我们的囚犯施以残酷待遇的人，都应给予严厉的制裁"，尼尔·博伊斯特和罗伯特·克莱尔（编）（2008），《东京国际军事法庭文件》（牛津：牛津大学出版社），第 1-2 页。

10. 约翰·赖特（2009 年 8 月 3 日），约翰·胡克（2010 年 3 月 11 日），约瑟夫·达科斯塔（2010 年 3 月 12 日），以及戈登·梅特兰（2010 年 2 月 17 日）。我还在 2010 年与约翰·费里斯进行了详细的通信。

11. 芬奇在他的军事情报 / 审查学校培训人员名单中确定的九名女性中，有多丽丝·希思（芬奇，《穿制服的语言工作者》，第 283-284 页）。战争结束后，她在东京的澳大利亚战争罪行第二科（AWCS）工作了一段时间，在 1947 年的三次"指挥责任"审判中宣誓担任翻译（R172、R173 和 R174），这是唯一一次在审判中使用女性作为翻译。

12. 芬奇，《穿制服的语言工作者》。见附录 2 中的人物名单，第 282-291 页。

13. 芬奇，《穿制服的语言工作者》，第 282–283 页。他们包括哈罗德·威廉姆斯，他是神户的侨民和前商人，他的文件在国家图书馆（NLA, MS 6681）和阿尔伯特·克莱斯塔特，一个反纳粹的德国人，他利用他的航海技术，比日本人早到澳大利亚：阿尔伯特·克莱斯塔特（1959），《大海是善良的》（伦敦：康斯特布尔）。威廉姆斯是他征兵表上的近亲，澳大利亚国家档案馆，B833, VX128203。

14. 例如，乔治·查尔斯沃思、亨利·洪才和默里·廷德尔。洪才是澳大利亚人，父亲是中国人（见他的服务档案，澳大利亚国家档案馆，B883, QX27088）。查尔斯沃思出生于横滨，母亲是日本人，父亲是英国人，战前曾在日本工作。丁道尔是传教士的儿子，在日本接受过教育。

15. 东部司令部情报部曼得少校致内政部，1940 年 12 月，澳大利亚国家档案馆，A433, 1942/2/2951，转录于西森斯的文件，澳大利亚国家图书馆，MS 3092, Box 39。这份文件介绍了后续政策。

16. 达科斯塔被记录为一名 19 岁的学生。这艘船上其他被招募的人包括阿瑟·佩奇（原名帕帕多普洛斯），出生于横滨，以及唐纳德·曼，出生于神户。佩奇是一名战斗语言工作者，但曼恩在澳大利亚在纳闽岛的 11 次审判中担任翻译。他们都在日本认识。见阿瑟·佩奇（2008），《在胜利者和被征服者之间：抗日战争中的澳大利亚审讯员》（洛夫图斯，南澳：澳大利亚军事历史出版物）。

17. 关于审查学校的描述，见芬奇，《穿制服的语言工作者》，第37-44页。

18. 关于他的服役档案，见澳大利亚国家档案馆，B2458，3172200。战后他仍留在军队，1972年以中校军衔退役。

19. 与达科斯塔的访谈。

20. 他们是ML2、ML3、ML4、ML11、ML16、ML17、ML18和ML28。除了ML11（关于古晋战俘营条件的审判）外，这些审判涉及1945年中期从山打根战俘营穿越婆罗洲岛的死亡行军过程中的罪行。只有六个人幸存下来。见乔治娜·菲茨帕特里克（2016），"纳闽岛的审判"，载于乔治娜·菲茨帕特里克、蒂姆·麦考马克和纳雷尔·莫里斯（编），《澳大利亚的战争罪审判1945—51》（莱顿：布里尔-奈霍夫），第457-462页。

21. 阿瑟尔·莫菲特的文件，澳大利亚战争纪念馆，PRO1378，盒1，系列1，物品1：日记。

22. 与达科斯塔的访谈。

23. 关于持续到1948年8月的所谓澳大利亚皇家空军学校的描述，见芬奇，《穿制服的语言工作者》，第57-75页。该学校招收了陆军和空军的学生。见芬奇，《穿制服的语言工作者》，第283-290页中各门课程受训的人员列表。

24. 澳大利亚国家图书馆MS 3092。另见菲茨帕特里克（即将出版），"大卫·西森斯和澳大利亚战争罪审判的历史：档案中的光谱互动"，载于田村惠子和阿瑟·斯托克顿（编），《连接澳大利亚和日本的桥梁第二卷：历史学家和政治学家大卫·西森斯的著作》（堪培拉：澳大利亚国立大学出版社）。

25. 与约翰·胡克的访谈。

26. 芬奇,《穿制服的语言工作者》,第 284 页。

27. 与约翰·胡克的访谈。塞尔伍德夫人是 1941 年末从安辉招募的人之一。作为一个欧亚人,她获得了进入澳大利亚的特别入境许可,澳大利亚国家档案馆,A436,1950/5/921,影印件在 D.C.S. 西森斯澳大利亚国家图书馆的文件中,MS 3092,Box 39。

28. 约翰·费里斯给作者的信,2010 年 1 月 26 日。

29. R177,R179,R185,R186,R187,和 R188。

30. 与约翰·胡克的访谈。

31. "南非军士在拉包尔审判中拥有最后的发言权",《广告报》(南非),1947 年 3 月 27 日,第 4 页。官方翻译是日本皇军的铃木平八郎上尉;见广田审判的记录(R172),澳大利亚国家档案馆,A471,81653,A 部分,第 23 页。迪莫普洛斯和多德里奇在这次审判中可以被归类为"偶然"的口译员(见下文)。与多德里奇不同的是,迪莫普洛斯从未被用作官方口译员。

32. Nisei 指的是在美国和日本皇军中发现的第二代日裔美国人。

33. 宫尾出现在几张在交战时拍摄的照片中,并被澳大利亚战争纪念馆收藏。例如,见 098104。

34. 关于被点名的法庭人员,见 MW1 的审判记录(见澳大利亚国家档案馆,A471,80713,第 6-7 页)。

35. 在澳大利亚战争纪念馆 099192 中,证人山本八郎下士是朝向无名翻译的。从照片证据来看,该翻译不是宫尾。

36. 英国人似乎从日本招募了口译员和辩护律师。他们为自己在香港的一系列审判保留了最好的翻译。关于英国人和澳大利亚人之间的安排，见菲茨帕特里克（2016），"香港审判"，载于乔治娜·菲茨帕特里克、蒂姆·麦考马克和纳雷尔·莫里斯（编），《澳大利亚的战争罪审判 1945—51》（莱顿：布里尔－奈霍夫），第 606-645 页。

37. 布洛克致"杰克"[弗兰纳根]，1947 年 12 月 10 日，澳大利亚国家档案馆，B4175，26。这封信详细说明了口译员如何忽略了某些词语之间的区别，以及花了多少时间来确定哪个意思。

38. 布洛克致弗兰纳根，1948 年 1 月 20 日；吉恩和布洛克致 OC，1AWCS，1948 年 2 月 26 日，澳大利亚国家档案馆，B4175，26。

39. 1948 年 11 月和 12 月，关俊雄回到了后来的审判中工作。见他在最后一次审判（香港 HK13）中关于所提交证据的翻译的证词，澳大利亚国家档案馆，A471，81654，第 17 页。

40. 见注 31。广田的审判进行了数天。1947 年 3 月 19—21 日、24—29 日和 31 日，以及 4 月 3 日。

41. 另一个例子是平民翻译服部，他在光荣号航母上为今村将军翻译投降。他出现在澳大利亚战争纪念馆收藏的七张照片中，包括 095802。他在 20 次拉包尔审判中担任翻译。

42. 1946 年 3 月 28 日，伊萨克·安宁被召回，以反驳尤塔尼中校在第二次达尔文审判中的一些陈述。检察官、辩护人和法庭对他的询问可在审判记录中找到，澳大利亚国家档案馆，A471，81630，第 132-137 页。

43. 霍斯莱曾是爪哇岛的战俘，会说日语、马来语、荷兰语、英语、法语和德语。"达尔文战争罪审判：国防证词"，《西澳大利亚州》，1946 年 3 月 25 日，第 9 页。

44. 他于 1946 年 3 月 28 日宣誓就职，澳大利亚国家档案馆，A471，81630，第 132 页。

45. 见达科斯塔的评论，见上文注 19。

46. 户谷由麻（2015），《亚洲和太平洋地区的司法，1945—1952 年：盟军战争罪行起诉》（纽约：剑桥大学出版社），第 17 页。

47. D2 的审判记录，澳大利亚国家档案馆，A471，81630，第 146 页。

48. 这些文书的全文，见乔治娜·菲茨帕特里克、蒂姆·麦考马克和纳雷尔·莫里斯（编），《澳大利亚的战争罪审判 1945—51》（莱顿：布里尔－奈霍夫），第 810-823 页中的附录 I 和 II。

49. 有些审判没有指定口译员。对于那些第一语言不是日语的被告，他们所需要的全部语言并不一定能得到满足。

50. 关于证书的措辞，见乔治娜·菲茨帕特里克、蒂姆·麦考马克和纳雷尔·莫里斯（编），《澳大利亚的战争罪审判 1945—51》（莱顿：布里尔－奈霍夫），第 822 页。

51. 辩护人科尔上尉的结案演说，D1 的审判记录，澳大利亚国家档案馆，A471，80708，第 139 页。

52. 法庭口译员是戈登·梅特兰中士（我在 2010 年对他进行了采访）。19 岁的他是"盟军翻译部门中最年轻的口译员"（"达尔文战争罪审判今天开始"，《阿格斯报》，1946 年 3 月 1 日，第 24 页），他也曾被派往帝汶围捕涉嫌犯罪的日本人。辩方的翻译是汤姆·里奇韦中士。他在 1944 年 11 月至 1945 年 9 月期间与梅特兰一起参加了皇家空军的第二期语言课程培训：芬奇，《穿制服的语言工作者》，第 286 页。

53. 杉野在拉布安受审，被指控在 1945 年横跨婆罗洲的一次臭名昭著的死亡行军中杀害战俘。关于他的反对意见，见 ML2 的审判记录，澳大利亚国家档案馆，A471，80716，第 32 页。在审判中提出了两份陈述（证据 A）。第一份是在 10 月 11 日通过翻译彭克利斯下士做的（第 52-53 页），包含了杉野反对的句子，并希望通过第二份陈述（在 10 月 25 日通过翻译马修·法特做的）加以纠正。

54. 莱特上尉被传唤为证人，他描述了 1945 年 11 月 26 日和 27 日向杉野宣读前两份声明的情况，澳大利亚国家档案馆，A471，80716，第 30-31 页。莱特于 1945 年 5 月 4 日至 1946 年 1 月 24 日在婆罗洲与盟军翻译部门和澳大利亚第一帝国军第 9 师一起工作（见他的服务档案，澳大利亚国家档案馆，B883，VX108129）。他是一名大律师，后来成为维多利亚郡法院的法官，在战前曾从一本《自己教自己》的书中学习过一些日语，并在审查学校接受了进一步的培训（芬奇，《穿制服的语言工作者》，第 284 页），以及我与他兄弟约翰·莱特的交际中获得的信息。

55. 在一个由 28 名日本犯人组成的小组面前宣读了这封信。也许赖特的口音很难理解。

56. 这些人是在安慧号停靠澳大利亚时被招募为译员的。见注释 16。

57. 见赖特提供证据后的手写注释，辩方官员"不要求翻译"。澳大利亚国家档案馆，A471，80716，第 31 页。

58. 西森斯的文件，澳大利亚国家图书馆，MS 3092，盒子 23；埃里克·桑顿（1945），"日本律师邀请检察官到日本做客"，《阿格斯报》，1945 年 12 月 7 日，第 20 页。西森斯与阿瑟尔·莫菲特在他的（1989）《翠鸟计划》（北莱德，新南威尔士州：安格斯和罗伯逊出版社）中关于山田的几乎所有论断相矛盾；这本书的不准确之处令他厌恶，他拒绝在该书出版时进行评论。

59. 埃里克·桑顿（1945），"日本律师邀请检察官到日本做客"，《阿格斯报》，1945 年 12 月 7 日，第 20 页。

60. ML2 的审判记录，澳大利亚国家档案馆，A471，80716，第 44 页。

61. ML2 的审判记录，澳大利亚国家档案馆，A471，80716，第 46 页。

62. 澳大利亚战争纪念馆收藏了几张照片和一张星岛苏苏上尉的肖像。例如，分别见 133913 和 ART22988。关于 ML28 的审判记录，见澳大利亚国家档案馆 A471，80777 PARTS 1-2。

63. 莫菲特，《翠鸟计划》，第 33 页。在其未发表的日记中，莫菲特将翻译（他没有指明）称为尼西。达·科斯塔，母亲是西班牙人，父亲是葡萄牙人，有地中海式的长相。莫菲特写到，他"被认为是这里最好的翻译"。1946 年 1 月 14 日的日记，阿瑟尔·莫菲特的文件，澳大利亚战争纪念馆，PRO1378，盒 1，系列 1，物品 1。

64. 与达科斯塔的访谈。

65. 本文作者正在准备一篇关于招聘和雇用埃里克·岛田的文章和一个关于太平洋岛民证人和口译的章节。

66. 然而，即使在那里也出现了类似的问题。关于前南问题国际法庭的笔译和口译困难，见埃伦·埃利亚斯－布萨克（2015），《在战争罪法庭上的翻译证据和解释证词：在拉锯战中工作》（纽约：帕尔格雷夫－麦克米伦出版社）.

战时交际、口译和语言
COMMUNICATION, INTERPRETING AND LANGUAGE IN WARTIME: Historical and Contemporary Perspectives

战争罪审判中的"战争语言"翻译

卢德米拉·斯特恩(Ludmila Stern)[①]

从国际军事法庭(IMT)举行 1945—1946 纽伦堡审判到近期军事冲突中的嫌犯战争罪审判,在多语言环境的法庭交流中,口译一直都扮演着重要角色。不论是"二战"之后更为近期的审判[例如 1961 年的艾希曼(Eichmann)审判,1989 年的德米扬鲁克(Demjanjuk)审判[1],以及 1986—1993 年的澳大利亚战争罪审判[2]]还是当今的国际法院和法庭(ICTs):前南斯拉夫问题国际刑事法庭(ICTY)和卢旺达国际刑事法庭(ICTR),以及常设国际刑事法院(ICC)[3],口译对于证据呈现、诉讼过程,甚至最终判决的影响都得到了承认。在庭审过程中,原本相距甚远的人聚集到一起:在说着英语或者法语的西式法庭上,审判通常由律师和法官主持,而被告、受害者和证人则往往来自冲突国。这些"临时参与者"为审判提供证据,他们通常说着乌克兰、前南斯拉夫,以及一些非洲国家的语言或方言,并不会说法庭的官方语言。在这种复杂的多语种、多文化环境中,

---

[①] 卢德米拉·斯特恩,新南威尔士大学,澳大利亚悉尼市,电子邮箱:l.stern@unsw.edu.au

参与者具有完全不同的文化、语言和法律背景，那么法庭如何保证准确地呈现所翻译的证据，并确保诉讼程序不受影响？译员在翻译"法律语言"时会经历怎样的挑战，而他们又将如何应对？

多年来，尽管案件各式各样、法庭不尽相同，战争罪审判所面临的口译方面的挑战都是类似的，通常存在于词汇和语义层面。其中一些困难来自法官和律师的专业法庭术语，另一些则来自证人的证词，他们说着带有各自地方特色的方言[4]。在所有的审判中，有相当一部分的挑战来自目击者证词，包括理解关于地点和住房类型、衣着、季节和一天中不同的时间、传统节日和宗教习俗等专有名词。此外，对冲突背景、军事暴力和针对平民的暴行的描述往往充斥着当地的习语、俗语和口语化的表达[5]。当目击者证词的意思不清楚时，译员们理解起来也异常困难。此外，在面临一些涉及意识形态、政治、军事和法律的概念和词汇时，译员们有时也很难在目标语（TL）中找到相应的表达[6]。而"词汇和搭配"层面以上的困难源于证人对于法庭的访谈技巧并不熟悉，例如对某些策略性问题缺乏语用层面的理解[7]。

口译交流成功与否，交流失误或沟通失败往往都与译员的能力有关。然而，庭审的主要参与者——律师和法官——同样在有效沟通中发挥着关键作用，例如了解证人的文化背景，通过口译员的交流来调整自己的策略等。战争罪审判中口译交流的复杂度使一些法律研究[8]开始怀疑战争罪审判中口译互动的有效性和准确度。

"二战"至今国际国内战争罪审判的口译方法

1945—1946年国际军事法庭针对主要纳粹战犯进行的纽伦堡审

判是第一个采用口译的国际审判[9]。几乎与此同时，另一个国际军事法庭——远东国际军事法庭——于1946—1948年针对日本军方战犯进行了所谓的东京审判[10]。此外，"二战"战犯还可以由各个国家的国内法庭进行审判。截至目前，这些国家包括：德国、苏联、美国、英国、澳大利亚、新西兰和以色列。其中一些国内审判引起了广泛的国际关注，例如1961年以色列的艾希曼审判和1989年的德米扬鲁克审判，而1986—1993年的澳大利亚战争罪审判则鲜为人知[11]。"二战"结束后，联合国用了近50年的时间才建立起国际刑事法庭，以调查和审判20世纪后期的战争罪，例如卢旺达种族大屠杀（ICTR）和前南斯拉夫发生的战争罪行（ICTY）。随着2002年《罗马规约》生效，国际刑事法院（ICC 2003）正式成立，主要针对战争罪和危害人类罪（包括种族灭绝和大规模屠杀）的指控展开调查，对于在冲突国无法进行审判的犯罪嫌疑人提起诉讼。

国内和国际的战争罪审判均通过口译和笔译的方式进行。战争罪审判纽伦堡审判是第一个采用同声传译的场合——当时的同声传译还处于实验阶段——这种新颖且省时的口译模式非常成功，随后被新成立的联合国采用，并取代了国际组织惯用的交替传译[12]。同声传译对于大脑的认知负荷和即时决策能力有很高的要求。在纽伦堡审判中，国际军事法庭雇用了四种语言的翻译，包括战胜的同盟国和战败国所使用的英语、法语、俄语和德语；东京审判则使用英语和日语[13]，采用同传和交传两种模式进行。除了法庭的官方语言法语和英语，当代审判还会用到冲突国语言以便听取证人证词以及与受害者和被告进行交流。例如，卢旺达问题国际法庭（ICTR）会使用卢旺达语；前南斯拉夫国际法庭会使用一些前南斯拉夫的语言，比如克罗地亚语、塞尔维亚语和波斯尼亚语（BCS），以及后来的审判中用到的马其顿语和（科索沃地区使用的）阿尔巴尼亚语。

在纽伦堡审判之前，法庭从未使用过同声传译，除了国际谈判和高层官方访问外，国际组织也从未使用过以上提到的卢旺达问题国际法庭和前南斯拉夫国际法庭所采用的语言。此外，国际刑事法院在调查发生在非洲国家的主要战争罪的时候还发现，受害者、证人和被告会用到一些非洲土著语，如林加拉语、阿乔利语、桑戈语和扎加瓦语。这些语言以前从未在国际口译环境中使用过，其中一些语言的识字率很低，几乎没有参考材料。显然，在国际法庭这样一种严肃正规的场合中，要想进行高效准确的同声传译工作，译员必须具备极其专业的技能。国际法院和法庭（ICTs）也非常重视这些问题，因此在招募、测试和挑选译员的过程中，通常会组织一系列的入门培训、专业指导和预备性实操，最近还加入了同声传译的拓展训练[14]。在整个审判过程中，始终贯彻质量保证和监测。相比之下，除了艾希曼审判外，国内法庭大多只是雇用一些未经训练的自由职业者或者社区口译员使用交替传译为法庭翻译证人证词，或使用低语同声传译（也称作"耳语同传"）为被告翻译诉讼过程。

法庭口译对诉讼程序和译员应答的影响

埃利亚斯－布尔萨奇（Elias-Bursać）曾言道，"笔译和口译不仅只为诉讼提供便利，它们甚至塑造了整个诉讼的过程"[15]。大部分关于战争罪审判中法庭口译的研究著作都会花费一个或者多个章节来阐述口译对于证据的影响[16]。这些研究指出，单个术语和概念的迁移以及话语层面的更大单位的语言迁移对于案件本身具有重要意义，并

191

在更为广泛的层面上影响整个诉讼过程。译员在翻译证人证词以及被告供述和辩解时，会遇到诸如法律术语和法庭程序等方面的概念和词汇障碍[17]。在话语层面，诉讼当中律师提出的策略性问题并非总能得到准确的传达，因此证人可能会对问题的语用意图产生误解[18]。而在法庭翻译证人证词时，译员们表示，翻译过程中存在军事或政治方面的词汇空缺。此外，地区性方言通常包含一些专有名词——或者说无法翻译的文化特征词——包括俗语、谚语、隐喻和其他修辞表达，它们的翻译需要进行语言转换。鉴于此，律师们认为"翻译总是免不了会改变讲话者的原意"也就不足为奇了[19]。

这些战争罪审判中的挑战和困难与国内法庭罪犯审判的本质是一样的。翻译的不充分性和不一致性直接影响证据的有效性，进而影响到审判结果和司法正义[20]。哈勒（Hale）在对国内法庭话语的研究中发现：译员们将25%的困难归因于证人使用的俗语表达，另外25%归因于法律术语，还有44%归结于证人表达的前后不一致[21]。为了克服这些困难，哈勒研究中的译员们试图阐明证人证言，消除歧义并对其进行润色[22]。那么问题来了：战争罪审判中的译员是如何解决这些问题的？他们是否会使用相似的策略和解决方法呢？

针对战争罪审判中的口译研究表明，译员们的解决方法通常视情况而定。1990—1992年南澳大利亚最高法院审理的波利乌霍维奇（Polyukhovich）一案中，翻译的困难之处在于乌克兰证人讲的方言以及俄语和乌克兰语的转换问题。而词汇的缺乏则导致了同一词语的不同译法，例如"khutor"一词的翻译就有"村庄""农场""村落"几种。在将法律专业术语和表达翻译为波斯尼亚语的过程中，前南斯拉夫审判的译员们在翻译同一专业术语或表达时也采用了不同的技巧,包括直译、逐字翻译、意译加释义等[23]。这不仅体现了早期前南斯拉夫审判中翻译方法的不一致性与翻译结果的个性化特征,也体现出了译员们通过意译和解释、以听众更为容易理解的方式进行翻译的倾向。同样地,渡边(Watanabe)的日语硕士论文首次对东京审判进行了研究[24]。武田(Takeda)解释说,在东京审判中,"译者自由"得以执行,以更好地"促进跨文化交际"。然而为被告翻译这种方法的盛行[25]也会让人诟病,质疑译员是否遵守了公平公正的原则。

法院和口译用户在确保口译沟通准确性方面的作用

尽管人们已经认识到口译用户——调查员、律师和司法人员——在口译沟通中的作用,但很少有研究关注他们如何应对翻译过程中出现的问题。对此采取的解决办法包括更换个别译员(例如波利乌霍维奇案件[26])或者在具有国际影响力的审判中改善口译员的工作条件[例如马丁(Martin)和奥尔特加(Ortega)关于马德里火车爆炸案的审判[27]]。然而,在一些国内法庭的刑事案件中,法官为促进口译交流的努力有时却导致了不必要的诉讼中断[28],而其他一些法官既没有促进交流,也不愿承担应有的责任。关于国际法院和法庭的研究发现口译用户采取了一些建设性方法[29],例如法官会发现并解决沟通中出现的问题,或者调整沟通策略以协助翻译和理解。这类研究衍生出一个非常重要的主题:即国内和国际法庭应对翻译问题策略的演变。国内法庭在审理关注度较高的战争罪以及恐怖主义案件时,通常会采取临时的措施来改进译员的专业条件[30],

而国际法院和法庭则拥有一套成熟的底层机制来确保翻译质量，可以用来调整访谈技巧以及用户的庭审表现[31]。

本章不仅讨论了在战争罪审判中向法庭呈现解释性证据时出现的词汇"问题触发器"的本质，同时还探讨了过去50多年间译员为了达到词汇对等所采用的翻译策略。这些策略对诉讼程序的影响，以及法院和口译用户通过意义协商处理口译准确性问题的方式也将在本章得以讨论（由于篇幅限制，法庭翻译的其他方面，例如翻译模式、文件翻译等不在此赘述）。接下来，本章将明确国内和国际法庭在审判第二次世界大战罪犯期间与"战争语言"有关的具体的词汇挑战类型，以及这些挑战在不同时期的处理方式。本章重点分析纽伦堡审判，也会简要涉及艾希曼审判、德米扬鲁克审判和东京审判。这部分的内容主要来源于现有的历史文献[32]。在讨论澳大利亚战争罪审判[波利乌霍维奇案件和瓦格纳（Wagner）案件]时，将加入作者作为战争罪行小组的口译、笔译和研究员对于这些案件的内部观察，包括1992年由南澳大利亚检察长委托编写的两份报告和一篇文章[33]。

接下来几节将从前南斯拉夫问题审判开始，介绍当代国际审判中遇到的问题，并与第二次世界大战中的相关审判进行对比分析，指出它们所面临翻译问题的相似与不同之处。同时还将讨论前南斯拉夫问题审判中译员与法庭管理机构解决这些问题的方法，重点讨论国际法院和法庭在解决翻译问题过程中的专业化演进，以及口译用户在其中所扮演的角色。最后，本章将讨论国际刑事法院沿袭早期国际法院和法庭的方案所采取的对策。除了之前引用的文献，本章还会用到2001—2016年作者在国际法院和法庭的实践工作中所收集的原始的未出版资料，包括法庭观察，观察之后对前南斯拉夫问题国际法院和国际刑事法庭中的译员和其他法庭人员进行的采访，以及一些法庭笔录。

"二战"相关审判中"战争语言"的翻译

对于1945—1946年纽伦堡审判的文献记录主要关注在四种官方语言的同声传译过程中，语言服务工作的组织与运作方式[34]。文献详细记录的问题有：同声传译设备的技术实现、翻译人员的招募与训练、译员的工作环境、法庭确保翻译质量的措施，以及翻译用户在其中的作用[35]。加伊巴（Gaiba）指出这种创新性法庭翻译体系的成功在当时引起全球震惊，但同时他也指出这一体系在译员和翻译准确度方面也受到了一些批评。口译员在处理"涉及政治技术词汇、军事术语或空洞的纳粹行话等广泛范围"确实得到了很多赞誉[36]。同时，他还提到了译员与被告之间的积极互动[37]，有的被告甚至尝试拟一份发言提纲以协助翻译。但辩方也表达了他们的不满，尤其是考虑到翻译可能会对证据产生潜在的影响。辩方有时会质疑翻译的对等性。例如，他们声称口译员对其本意进行了过度阐释，抑或是误译文件导致被告判刑等等[38]。而鲍文和鲍文（Bowen和Bowen）不仅研究了围绕某些术语翻译的争议，还研究了法庭解决这些争议的方式[39]。

在交叉质证过程当中，懂英语的赫尔曼·戈林（Hermann Göring）对所谓的纳粹行话的翻译提出了异议。他质疑法庭译员的英文翻译，认为"Freimachuang [clearance of the Rhine]（莱茵河的清理）"应当翻译为"clearance（清理）"而非"liberation（解放）"，

而 "niedergeschlagen" 应当译为 "[legally] beating down [a court case]（合法地驳斥法庭诉讼）" 而不是 "[unlawfully] suppressing（非法镇压）"。戈林还质疑了 "final solution" 这一术语的翻译，这是他下令让海德里希（Heydrich）执行犹太人灭绝计划的代名词，他指出英文翻译应该是 "complete solution"[40]。鲍文和鲍文认为这些关于 "翻译错误"的争议实际上并非翻译对等层面的问题，而是戈林完全知道这些术语的影响而有意识地使用拖延策略[41]。为了解决这个问题，国际军事法庭的法官接受了被告对于这些充满意识形态色彩的术语含义的解释，并认可其权威性。基于此，鲍文和鲍文得出结论，在这场首次使用同声传译的审判中，译员作为专业人员和语言专家的身份并未得到国际军事法庭法官的认可。尽管译员们的教育水平很高，技能也受到普遍赞扬，但由于他们中的许多人没有受过专业的口译训练，语言运用遭到质疑，这使戈林有了对语言指手画脚的权利。加伊巴也同样认为法庭应当参考己方语言工作人员的意见，而不应允许戈林利用法庭语言上的弱点任性妄为[42]。

尽管如此，语言工作者也有所投入。首席译员和翻译监督员会找出误译之处并反馈给译员。其中有一次，过于字面的翻译导致了对一些证人意图的误解。由于说话者和翻译之间的间隔时间过短，当证人和被告在回答问题使用德语的 "Ja" 作为开头时，经常被翻译为默许 "yes（是）"，这等于被告承认了罪行；但实际上这应当译为标记词 "well...（好吧……）"[43]。因此首席翻译建议译员们增加翻译的间隔时间，在弄清每句话的整体意思和补充含义之后再进行翻译。当译员无法准确地表达被告的一些粗俗用语并记录下时，监督员就会开始介入。有一次，一位译员不会使用 "brothel（妓院）"

一词，而监督员发现并翻译了这个词。在另一个例子中，一名译员将短语"auf die Juden pissen（尿在犹太人身上）"委婉地翻译为"无视犹太人"。考虑到这种委婉语的使用会"对审判中的证词造成影响"，法院撤掉了双方译员[44]。尽管国际军事法庭在处理翻译问题上明显缺乏经验，但这些例子同样表明，法庭也力图全面解决可能干扰证据呈现和诉讼程序的翻译问题。

尽管很少有研究讨论可能干扰法庭互动的具体词汇、语义和语用方面的挑战，对随后在国内法院进行的战争罪审判中口译的简要分析还是可以看出法庭如何应对口译中出现的问题。莫里斯（Morris）提到 1961 年以色列进行的艾希曼审判由于证据的恐怖性以及艾希曼极长的刑期[45]而受到关注。莫里斯并没有具体讨论语言或翻译问题，而是描述了说德语的以色列法官和检察官采取的前所未有的做法——两位都是来自前纳粹德国的难民——他们都一致认为翻译成希伯来语会出现困难以及不可避免的翻译错误，因此与被告进行交流时都使用了德语。将德语视为法庭交流的官方语言这一举措十分具有创新性，之后也再未重演。随后在 20 世纪 80 年代中后期到 90 年代初期，针对"二战"时期纳粹同伙——当地警察和宪兵队——进行的国内审判并没有国际军事法庭一样的制度条件和意识；大部分审判雇用的也是未经相关训练的社区译员。例如，相较于 1961 年的艾希曼审判，1989 年在以色列进行的对前集中营守卫伊万·德米扬鲁克（Ivan Demjanjuk）[46]的审判中，整体更倾向于使用希伯来语。莫里斯在《耶路撒冷的正义》一文中对法庭官方指派的乌克兰译员的翻译质量提出了质疑，一名监督员发现了这名译员的误译之处，而被告和辩方也对此进行了控诉[47]。

20世纪80—90年代,对前警察伊万·波利乌霍维奇(Ivan Polyukhovich)和米克雷·别列佐夫斯基(Mikolay Berezovsky)以及集中营军官海因里希·瓦格纳(Heinrich Wagner)的审判在南澳大利亚最高法院进行。他们三人都曾与乌克兰境内的纳粹占领军合作。这些诉讼为国内法庭在事件发生多年后进行的战争罪审判提供了进一步的案例。这些案件当时被当作谋杀罪而非战争罪审理[48]。在与证人进行跨语言交流的过程中也出现了多种多样的问题,尽管这些问题并不都与翻译相关,但很多都是通过翻译突显出来[49]。国内法庭以及口译用户在面对另一个国家和文化的证人时并没有做好充分的准备,也不能很好地应对口译和跨文化交际的各种问题。起诉通常涉及1945年以前的战争罪行,其证人又来自乌克兰农村,这造成了巨大的跨文化差距,而这一差异又在口译中被放大。此外,由于乌克兰和澳大利亚的法律体系并不相同,在对证人进行询问和交叉质证时也曾出现一系列的误会。最后,听证会在南澳大利亚一个国内法庭举行,这一环境也不适合以口译的形式进行交流。

在证据呈现方面,翻译面临的词汇问题与纽伦堡审判是相似的:例如,与纳粹占领乌克兰有关的军事术语以及某些武器的确切名称。"Gun"这一通用术语的含义并非总是很明确,同样地,"vehicle"究竟指汽车、火车还是手推车也难以确定。由于法庭的翻译工作环境相对较差,例如缺乏与案件相关的背景资料以及准备时间不够充分等,译员们无法精准地翻译这些术语(有时也没有意识到精准翻译的必要性):"gun"到底是指手枪、步枪还是指其他类型的枪支;犹太村民被"带"到行刑地点,是指用卡车、火车、手推车还是步行带过去。证人出庭做证时必须准确地描述制服,从而确定被告究竟是当地警察、德国高级宪兵、国防军成员，还是协助德国警察的志愿者。但证人证词的翻译记录显示，这些来自乌克兰农村的证人在回忆近50年前发生的事件时，往往无法提供有关颜色的具体信息：只要是深色——蓝色、棕色或深绿色——都会被描述为黑色；而所有浅色都被描述为白色（包括金色头发），这就妨碍了对被告所属单位的判断。另外一个类似的情况是对于住宅位置的描述："khutor"被翻译成农庄、农场、村落甚至小村庄。另外，在审判中"Dvor"指的是"家庭"而非"庭院"。但没有受过专业训练的社区译员可能意识不到这些，通常会使用直译而不是根据词语的意思进行意译，将其理解为可以用于估计村庄人口规模的单位。由此可见，译员们在不同时期翻译的版本会不一样，这也导致证据中专用术语翻译不一致的问题。同时，诉讼过程中并不会对这些证人证词中的不一致之处进行跟进以给法庭一个说法。

　　文化差异和直译的风险也存在于对时间和地点的描述中。澳大利亚律师在询问精确的时刻、日期或月份时，村民们通常采用的是农村对于季节和昼夜变化的通俗表述——季节表述为与天气有关的事物（"路上有泥"指的是秋天）以及宗教节日（"复活节之后"），或者是农作物的状态（"苹果成熟了""荞麦长得很高"）；跟时刻有关的信息则被描述为一天中太阳的位置（"高""低"）或者是宗教仪式（"晚祷之前""晨祷的时候"）[50]。与纽伦堡审判的译员不同的是，澳大利亚的译员对相关的表述进行了直译，并没有进一步解释原话的含义。检方也没有向法庭跟进，解释这些参考资料的含义。一些直译的例子明显缺乏对话语的整体把握，就像纽伦堡审判中纳粹的被告方证词中"Ja"的翻译一样。澳大利亚译员将话语标记词"nu"（"Were you there?"—Nu?）直译为"so？"，而没有采用更合适的表达来引导证人对问题进行确认（比如更合适的"Yes, I follow you"，或者是"Okay"）。审判中采用的是交替传译模式，即译员是能够完整地听完整个问题的，因此上述问题产生的根源是译员不理解源语言中标记语的语用意义及其跨语言转换。而这种情况下，证人即使勉强配合也往往表现得很不耐烦而不是小心谨慎。另一个例子是译员将"von [coll. 'over there']"错误地译为"yon"，虽然读音相似，但意思不相同，因此看起来就像是重复了原来的读音。

很难解释为什么证人有时不能理解律师所提问题的语义或者语用含义，这既可能是翻译内容难以理解也可能是问题本身很难理解。律师提问往往过于冗长，语法上也很复杂，包含着各种从句，有时甚至多个问题嵌套在一起。而翻译这些问题也变得艰难[51]。证人反映，他们很难理解各种问题，而且疲于应对本质上没有不同的重复询问——例如交叉询问——这引发了另一种纽伦堡审判中从未出现过的跨文化交际问题，且这种问题与翻译并不相关：法庭不可以简单地将证人"塞"进英澳环境下的诉讼程序当中，因为证人既不能理解法庭进行策略性提问时到底有何意图，也无法理解法庭为什么不断让他们确认或者驳斥自己在调查过程中的证词。证人对于法庭程序中交叉询问环节的不熟悉使得他们不断地否认或者默认自己曾经说过的话，如同一种无端的附和。当然，这些例子中证人对犯罪现场的描述以及对罪犯的指证很不可信，证人本身也似乎口齿不清并前后矛盾，因而显得很不可靠，翻译不过是将这些问题放大而已。特别值得一提的是，在初步调查中，证人的证词并没有引起任何误解；在与澳大利亚调查员交流的过程中也是一样。在调查访谈阶段，证人表现得可信、真诚且前后一致。与证人的交流很顺利，没有任何会出问题的征兆。合理推测，同样的证据，聆讯过程才是导致问题的根源，即法庭对于证据的处理不足[52]对诉讼过程产生了负面的影响。尽管法官并未对这些误解采取措施，南澳大利亚检察长还是认为乌克兰的证人们在法庭中处于弱势地位[53]。专家因此受到委托并出具了两份报告[54]，概述了引发交际问题的原因并指出了语言和文化差异所导致的具体交际困难。报告认为，对于法庭中交流不够充分的问题，部分责任应当由法庭工作人员承担，他们没有意识到证人与法庭存在文化差异，与证人的沟通也不够充分[55]。虽然法庭并没有接受这份报告，但法官默默采纳了报告中的建议，并引进另一位乌克兰译员作为监督员，对诉讼翻译进行监督并反馈问题。

在讨论法官在翻译交流过程中的不作为问题时，莫里斯将其与发生在25年前的1989年德米扬鲁克案件中缺乏质量保障的问题进行了对比：

相比1961年的艾希曼审判，尽管德米扬鲁克审判在广播和电视上同时进行了直播，但在审判过程中，翻译并未始终如一地受到监督，也缺乏语言上的客观性。究其原因可能是两个审判团的语言能力不同，导致其对待翻译质量的态度和责任感也存在差异[56]。

莫里斯提出了一个重要的观点，即在德米扬鲁克审判进行时，以色列当地使用希伯来语的人口处于增长状态，这也影响到了法庭对非希伯来语使用者的态度。莫里斯强调，使用单一语言的国内法庭并不适合进行多语言环境下的国际诉讼。其他一些国际审判案件，例如国际军事法庭开展的纽伦堡审判中，所有参与者，包括法官，其交流

201

都是通过译员进行的。国内法庭的律师和法官应当更好地了解证人的文化背景（包括不同的法律体系和诉求，还要考虑到某些来自农村、年龄较大的证人，这部分人通常不熟悉访谈策略），在法庭上引导证人呈递证言，比如更加清楚地解释地方专有名词。翻译时应尽量避免使用长句和复杂句式，要更清晰地组织问题，从而帮助他们更好地交流。最后，由于证人的文化和法律背景各不相同，在询问过程中，证人可能会出现理解问题困难、拒绝合作以及在交叉询问中更改证词等问题。对此，法官应当给予充分重视并采取相应的解决措施[57]。

与此形成对比的其他历史案件中，例如1949年由国际远东军事法庭开展的东京审判，尽管译员缺乏资格，专业能力也并不完备，但在法官的帮助下，翻译过程受到监督，可以较早发现一些交流上的误解和翻译错误。渡边[58]在他的日语研究中提到武田将监督员以及译员的行为描述为"kainyu"（干预），即通过打断诉讼过程来确保翻译质量，包括：

语言学家的各类行为，包括监督员的插话、与在场人员的直接互动，以及译员的"自我纠正"和与法庭其他人员之间的直接互动[59]。

"kainyu"主要分为三类，包括"纠正错误；改用简单易懂的表述或者附加解释；说明，即对相关程序的解释和指导"[60]。然而，译员在运用这些干预措施时，后两类 [程序性说明、修改（简化）原话并进行解释而非意译] 行为容易引起关于译员越界并违反职业道德的争议（例如前南斯拉夫审判中的职业道德问题）。

当代国际法庭战争罪审判中的口译

在"二战"之后的审判中，由于受害者和证人的语言、文化背景和法律体系与西方范式的国际法庭之间存在着巨大差异，当代国际法庭的译员们在翻译中可能会面临很多词汇和文化的问题。在前南斯拉夫问题审判中：

> 正如在国内刑事法庭中一样……译员面临着从事实证人到专家证人等形形色色的证人……在战争罪审判中，专家证言可以涵盖广泛的知识范围，包括非常专业的领域，例如历史学、弹道学、医学、精神病学、政治学和语言学分析等[61]。

在早期的一些审判中，当口译员试图在目标语言中传达部分对等或无对等的词汇时，问题就会出现，例如，军事术语以及军事行政管理专用术语；法律概念和术语，包括策略性问题；以及证人和被告所用的语言，从专有名词到俗语俚语，这些对于描述冲突和暴行十分重要。在国际刑事法庭中，成功的翻译交际需要译员具备高质量的专业技能、法庭具备保障翻译质量的体制机制，同时还需要法官和律师充分了解说话人的文化背景，并在多语言法庭环境中及时地调整访谈策略、充分解决交流中的困难。

对前南斯拉夫问题国际刑事法庭和国际刑事法院的招聘程序和正在进行的质量保证战略的研究表明，当代国际刑事法庭在口译审判方面准备得更加充分，特别是通过自上而下的方法建立了适当的配套机制，在法院成立的早期阶段就设立了语言服务部门，这也是纽伦堡国际军事法庭留下来的宝贵遗产[62]。国际刑事法院进行严格的译员招募和筛选、内部指导和培训。专业化的工作条件包括案件相关材料的准备和获取，以及口译室的团队合作[63]。与国内法庭相比，国际法庭为译员制定了一系列规范准则，例如伦理道德规范（前南斯拉夫问题国际法庭）[64]和工作规范（国际刑事法院）。相关发现和研究证明，译员"在诉讼过程具备发言权"，无论法官要求与否，译员都能够"指出相关的错误，给出语言方面的建议，并对语言方面的争议进行仲裁"[65]。术语研究小组的设立以及翻译用户意识的提高也是这一体制的重要发展，法庭（包括辩方）需要关注有争议的术语表达，并对此进行商议。自早期的战争罪案件以来，会议和语文事务科（CLSS）在协商过程中的作用以及法官对于译员专业技能的认可程度已经发生了显著转变[66]。最大的挑战在于提高用户对于翻译过程的意识（user's awareness）以及"捍卫译员选择词汇表达的合法性"[67]。然而，翻译"战争语言"对于译员来说无疑是具有极大挑战性的，尤其是在翻译与针对平民的暴力和性暴力有关的证据时，还会面临职业道德规范的问题。

自 1993 年成立以来，前南斯拉夫问题国际法庭制定了一系列关于翻译协商的政策和协议。尽管如此，数量众多的语种和方言也引发了一连串的翻译问题。在审判的早期阶段，译员们认为波斯尼亚语、克罗地亚语和塞尔维亚语的差异仅仅为一些细微的方言性差异，无伤大雅[68]。例如克罗地亚语和塞尔维亚语中月份名称的差异，以及新建部队中军衔表述的差异[69]。当然，法律术语翻译的不对等或不完全对等的问题对诉讼过程并不具有决定性的影响（例如英语的"murder"和法语的"meurtre"，以及"appeal"和"appel"）；译员翻译法律术语时前后不一致的问题也不会对案件结果产生重大影响[70]。然而，口译员在法庭发言中按照自己的习惯使用礼貌用语"Your Honour（阁下）"称呼法官时，不止一位被告曾对此提出质疑[71]。

物证的翻译一直是法庭翻译的突出问题，检方和辩方都会对意义的各个方面提出质疑并进行协商。在审判的各个阶段（尤其是后期），辩方将持续不断地对翻译过程进行监督并提出质疑，对于某些术语意义的争辩甚至不止出现在一个案件当中[72]。例如对于"asanacija"（军事清理行动）的意义的确定以及如何将其翻译为英语[73]的争辩曾至少在三个案件中出现，至今悬而未决，检方认为是屠杀，而辩方则否认这一解读。与此相似的是，在之前的纽伦堡审判中，纳粹也使用了这样的委婉语。早期审判中，译员就"komandir"（指挥官）和"komandant"（指挥人员）两个职位的重要程度进行了讨论[74]。辩方在随后进行的商讨中试图消减"komandir"这一职务的领导作用[75]，对证据和被告在战争中的参与程度产生了重要影响。除了这些影响审判和诉讼结果的案例之外，讨论不限于被告或证人的语言使用，也涉及作为专家团的语言服务与协商部门（CLLS）和翻译团队，提供参考资料并开展广泛的小组讨论。

因为误解方言差异需要进行意义协商的一个例子是阿尔巴尼亚语的"verdhë"在其方言盖格语（Gheg）和托斯克语（Tosk）中究竟翻译为"黄色""绿色"还是"蓝色"。在调查过程中，证人见到过一张颜色图表[76]，但在审判过程中却没有使用该图表。来自地拉那市的译员并未意识到在其他方言中"verdhë"还有"绿色"之意，并坚持将其翻译为"黄色"（翻译原话为"制服是黄色的"），但在科索沃的一些地区，这个词代表"蓝色"或者"绿色"。检方注意到并最终解决了这个问题。然而，辩方也会因此质疑部分证人证言或者法庭的决议，从而影响诉讼过程[77]。这个例子跟澳大利亚审判中出现的问题有相似之处，但在解决方法上要复杂得多。然而两个案子都反映出，调查员收集信息立案的灵活性、调查员和起诉方在文化方面沟通欠缺,以及在口译证据公开审查的法庭上出现的挑战三者之间的不一致。

缺乏对等表达时,译员以及说话者在说英语或翻译成英语时往往会使用波斯语的外来词,例如,多义词"kum"、表示"表/堂兄弟"的词汇("šurjak""zet""badžo")[78]。在翻译与种族相关的蔑称时,译员们也很难决定如何将其翻译为英语或法语,因此常常使用外来语(例如"balija",塞尔维亚和克罗地亚军人对"穆斯林"的贬低词),但也并非所有情况都是如此[79]。翻译不仅取决于对等词的选择是否会影响证据的呈现,而且还取决于说话对象以及该词的使用是否有贬义的意图。多个例子表明,法庭口译从早期审判中的个人决策逐渐演变为口译部门遵循相对固定、有章可循的方法,成为庭审中不容轻易质疑的一个重要部分。

尽管对意义协商进行了深入的研究和讨论,在盘问目击证人特别是快速交叉质证的过程中,译员仍会面临意想不到的问题,而译员在进行同声传译时下意识的反应是:

法庭上,译员必须确保多方利益达到最佳平衡:应当如实翻译证人证言,在场的其他人员要能够理解所传达的信息并深谙信息的表述方式(说话者的风格),并且不应打乱提问的节奏——这主要由提问方掌握[80]。

这表明,尽管已经对合适对等词进行了深入讨论,译员仍然保有对等词的选择权。国际刑事法院所遇到的问题也充分说明了这一点。

国际刑事法院从其之前的经验以及纽伦堡国际刑事法庭和前南斯拉夫问题国际刑事法庭的遗产中受益颇多。与这些法庭一样,国际刑事法院提前建立了完善的口译机制:创立了语言服务部门

（LSS），于 2004 年举办基金会圆桌会议，并通过前南斯拉夫问题国际刑事法庭和国际刑事法院之间的合作进一步汲取过去的经验教训[81]。针对案件中冲突国语言的译员，例如，刚果民主共和国、中非共和国或者乌干达等国家，法院在严格招聘之后，还会对译员进行长期培训，以便口译小组在法庭上更好地开展同声传译工作。与其他国际刑事法庭一样，译员的专职工作包括案前准备、任务简介，并在审判前及审判期间不断查阅案情文件。提高口译用户的文化差异意识以及如何与译员进行合作是一个持续的过程。与前南斯拉夫问题国际刑事法庭不同的是，国际刑事法院并没有针对特定语言积累经验，因为大部分案件面临的国家和语种并不相同。但对于以往案件中遇到的词汇挑战的经验有助于庭审口译的开展。

在澳大利亚战争罪审判期间，同源语言与方言的杂糅也出现在了国际刑事法院中，译员很容易对此产生误解[82]。尽管目前为止，法院审理的案件中，大多数被告来自非洲国家。作为曾经的殖民地，这些国家在行政和教育方面通常使用法语和英语，但来自欧洲的口译员仍然会产生困惑，因为看似熟悉的词语在这些地区被赋予了不同的含义。例如，一位使用林加拉语的证人在做证时，使用了法语单词"bottines"（半长靴、短筒女靴）来表述"军靴"。当问到"非正规军的民兵穿了什么鞋"的时候，他的回答是"des pantoufles"，翻译过来就是"像运动鞋一样"[83]。法语译员也将类似的区域变体写进了报告中。

由于对殖民地语言（英语和法语）的非洲变体的错误理解，译员可能使用错误的同义词进行翻译，从而影响证据的呈现：

一位证人说，"Vous savez, moi, je suis un chef. Et en tant que

chef, quand je me promène, si je vois un attroupement quelque part, je m'arrête pour voir de quoi il s'agit".译员将其翻译为"你看，我是个酋长。作为酋长，如果有一群人在某个地方走来走去，我是要去看看情况的。"这么翻译本来是没有问题的。但是在非洲地区，"chef"并不完全等同于"chief"（酋长），"chef"意为穿制服的警官……所以他说的是"我是一名警官，如果我看到了一群人，我必须停下来检查情况，因为我的职责就是维护法律和秩序"[84]。

然而，最常见的词汇问题是，在当地的方言中很难找到关于法律和其他官方用语的对等词汇。为了解决这个问题，国际刑事法院建立了术语部门。而在前南斯拉夫问题国际刑事法庭中，术语部门的创立比理想时间要晚一些[85]，其任务是根据译员翻译术语和表述的不同方式建立一个数据库。但在国际刑事法院中，术语部门的任务主要是利用殖民语言中的外来语或者通过转换表达创造新的术语以弥补法庭用语或法律术语的空缺，例如，"起诉人""法警""法庭登记处"等。正如当时的术语学家在采访中所说，某些新词是现有词汇的衍生物：

赔款（reparation）一词在法语中是一个通用术语，它实际上有三个义项：赔偿（restitution）、补偿（indemnisation）和替换（remplacement）。"Tengeneza"（发音为 ten-ge-ne-sah）实际是用来指代修理自行车或汽车时所用的动词[86]。

也有一些术语是利用语言的形态变化规则创造的。例如，新词"watumba"（起诉人）是基于动词"tumba"（指控）和后缀"wa"（表示行为人）创造的。

我们首先分析"huis clos"（非公开审判）一词。"huis clos"

意为"关门"……那用桑戈语怎么说呢?"门"又称为什么?……白人殖民者来之前,我们的祖先是这样关门的:通过使用树皮做的垫子,我们叫"pumbo",将其放在房子面前,防止山羊和绵羊进入破坏房屋。所以我们保留了"pumbo"这个词……我们还使用"durupumbo"来表示"huis clos",因为"法警"跟大门守卫有些类似[87]。

参与术语词汇的开发是见习口译员培训工作的一部分,他们与术语专家和语言学家一起创造新词,以传达法律术语和标准的法庭用语,并遵循其目标语言的原本意思[88]。最终编制出法律术语和法庭用语词汇表,并将其翻译成阿拉伯语、英语、法语、林加拉语、斯瓦西里语(刚果)和斯瓦西里语(标准)等多个版本[89]。

然而,译员和培训人员的采访表明新词的使用存在意见分歧。由于非洲各类本土语言缺乏统一标准,译员并不会自然而然地接受外部语言专家的意见。一些非洲语言的译员对此表示担忧,因为新的术语与常见用法并不一致,目标听众可能并不能理解其含义,因此他们也会选择用殖民语言中的外来词进行翻译,例如使用法语的"procureur"(起诉人)而不是"watumba"。其他一些译员则支持使用新术语,称一旦引入新词并在首次使用时附加解释,证人就能迅速适应。另一些新术语支持者认为,新术语由国际刑事法院外联部门在当地公共广播上直播审判而引入,且出现在新闻当中,这种新的概念和术语丰富了非洲语言[90]。观察结果还表明,译员所在机构以及他们想要将信息正确传达给听众的意愿实际上也产生了道德困境[91]。

国内法院的观察结果显示,译员十分关心听众能否清楚地理解翻译内容。他们在翻译时可能带有"母语者"的心态,从而期待目标听众来适应自己[92]。译员与目标听众之间这种强烈的协同意识，以及致力于维护律师和证人间交流的意愿，使得他们逐渐超越译员这样一种"沟通人"的身份，而倾向于成为文化的"协调人"[93]，以缩小文化差距，减少冲突的可能性。这也是国内法庭中常常出现的情况，与国际刑事法庭译员的行为十分相似，例如在前南斯拉夫问题国际刑事法庭中：

> 前南斯拉夫问题国际刑事法庭的译员们常常在多面"效忠"之间游走：证人、机构（诉讼各方）、法律环境所要求的高度准确和中立立场等规范、所有翻译活动的基本沟通规范等等。在执行翻译任务的过程中，译员们还经常面临道德层面的选择[94]。

可以说，尽管国际刑事法庭的译员们接受了培训也参与了术语的创造，在面对难题时，他们仍会凭直觉做出主观的决断，以适应证人的文化背景和语言习惯。在国内法院，译员们也会调整语言以适应法庭专业人士的语言模式[95]。而对于国际刑事法院译员的观察和访谈结果显示，一些译员也会根据证人的语言变体来调整目标语言模式[96]。因此，在为一位来自中非共和国农村地区的证人进行翻译时，译员们采用了当地桑戈语的标准用法。但在为城市地区的证人和前军队人员翻译时，他们会在桑戈语方言和殖民地法语之间来回切换，因为证人会在这两种语言间进行语码转换。他们翻译时使用的句内转换包括：在桑戈语之前加上法语的疑问句"Est-ce que...?"这种"不惜一切代价'建立沟通'"的行为使得国际刑事法院的译员们履行了超出职责范围内的义务，例如在翻译"huis clos"（非公开审判）时附上一长段的解释：

> 我们的职责是与证人进行交流，是让他理解什么是"非公开

审判"。我们常说，"证人先生，现在麦克风、相机等等全部都关掉了，您可以尽情说话，不用害怕。只有法庭在场人员才能听到你说的话。"就这样，这就是我们所扮演的角色。而主审法官和律师只会说，"非公开审判现在开始"。但我们应该向证人解释这些话语背后的含义[97]。

国际刑事法院的译员也会采用委婉语进行适应和调整，在此过程中，文化框架至关重要。卢旺达国际刑事法庭的案例表明，委婉语的使用一方面与证人的文化背景有关（羞耻、谦虚、回忆的痛苦），另一方面与词汇的缺失也有关系[98]。因此，在卢旺达语缺乏"强奸"一词的情况下，受害者要么使用严重性较低的近义词，要么使用法语"viol"[99]。与此类似的是，国际刑事法院的译员在翻译有关性暴力行为的证人证言时，也会使用委婉语（mon corps d'homme/de femme）代指生殖器官等禁忌词。译员们解释到，这是因为非洲本土语言中缺乏律师所使用的解剖学类的法语对等词汇，而本土语中的近义词又过于粗俗无礼[100]。译员们担心，除非他们的翻译适用于证人的文化，否则律师会很丢脸，也会对质证过程产生负面影响。上述案例表明，译员可以行使他们的决策权，在涉及关于性等方面的禁忌词时，可以相对自由地根据文化适宜性进行翻译。

结论

过去50多年以来，无论是国内法庭还是国际法庭，在翻译"战争中的语言"的过程中面临的词汇问题的类型都是大致相似的：军事语言、法律语言和方言。翻译不仅要求译员正确理解源语言的话语含义，还需要在目标语言中寻找精准的对等表达。方言差异所导致的语义模糊、词汇空缺以及标准语言规范的空缺等困难使得翻译决策对于证据呈现甚至是审判结果都会造成一定影响。当语义协商成为对审判结果具有实质意义的问题时，由于解决语言问题所需的时间，诉讼程序也因此推迟。

最初，纽伦堡国际军事法庭在战争罪审判中采用翻译的时候，法庭并不具备解决口译和语言相关问题的专业知识。但通过译员培训和审判过程中的口译监督，语言部门确保了口译的质量和准确性。口译用户通过控制发言者的速度弥补了译员在同声传译上经验的不足。纽伦堡审判和东京审判中译员的存在感很高，为了纠正错误、解决误会，译员甚至可以中断诉讼进程。尽管如此，译员有时也因为在口译中加入了个人理解而受到责难，在被告或辩方对口译提出质疑时，法庭往往会遵从被告的意见，而忽视语言部门或者译员在语言方面的专业地位。辩方的强烈质疑也突出表明，控辩双方都认为口译对于证据的解释和案件的结果会产生一定影响。

随后，口译的准确性问题在 1961 年的艾希曼审判中以一种前所未有的方式得以解决。在这场审判中，以色列法官使用德语与被告进行交流，这与法庭对译员的不信任也有部分关系。但后来一些国内法庭开展的战争罪审判[101]表明，国内法庭并没有做好处理口译证据的准备。显著的跨文化差距——包括地缘政治和时间上的差距——进一步加剧了缺乏合格的法庭口译的情况。而在澳大利亚的一些案件中，方言和其他一些区域性语言的差异以及口译用户缺乏与译员合作的专业知识也会影响口译沟通的质量。我们知道，在这些案件中，法庭并没有中断诉讼来调节沟通中产生的误解或是寻找与证人沟通失败背后的原因[102]。法庭没有采纳专家出具的有关解决沟通问题的报告，并认为这是给予乌克兰证人不公平的特权[103]。在这些审判过程中，口译用户通过口译进行交流的能力有限，也未向法庭阐明含义比较模糊的证人证词。

尽管存在军事冲突的前南斯拉夫以及一些非洲国家所处的地域跨度甚广，但法庭遇到的翻译问题都惊人地相似：法律、军事概念和术语，以及专有名词和包括方言在内的习语俗语。与澳大利亚战争罪审判一样，前南斯拉夫问题国际刑事法庭在翻译过程中的错误，哪怕是无心之失，即使是细微的颜色差别，也会影响到被告的定责，甚至导致证人证词不被法庭所采纳。在审判过程中，对于翻译准确性的质疑已成为家常便饭，很多时候控辩双方都会要求进行语义协商。尽管辩方多番质疑，译员往往成为替罪羊，前南斯拉夫问题国际刑事法庭的经验也表明，语言服务部门在语义表达上具有核心作用，肯定了口译在语言方面的专业地位。

国际刑事法院在延续之前的传统基础上有了更进一步的发展。事实证明，译员培训、问题预测以及事先预防能够帮助译员和口译用户更好地应对这些挑战。然而，译员在快节奏的法律交流中也面临着意想不到的困难。在多语言环境下的法庭中，"掌权人"——律师和法官——需要有高度的跨文化意识；同时法庭的语言服务部门也需要对法庭与译员之间的合作进行持续性引导。只有通过良好的合作对翻译交流进行监督和指导，才能推动误会尽早消除，并预防沟通中的误解。尽管国际刑事法院在处理案例时面临的语言不尽相同，但是无论使用什么语言，法庭整体的体制机制、庭审中各方的互动以及程序的规范性都为日后的审判打下了良好的基础。

缩略词：

BCS Bosnian, Croatian, Serbian [languages] 波斯尼亚语，克罗地亚语，塞尔维亚语 [语种]

CLSS Conference and Language Services Section 会议和语文事务科

ICC International Criminal Court 国际刑事法院

ICTR International Criminal Tribunal for Rwanda 卢旺达问题国际刑事法庭

ICTY International Criminal Tribunal for the former Yugoslavia 前南斯拉夫问题国际刑事法庭

IMT International Military Tribunal 国际军事法庭

IMTFE International Military Tribunal for the Far East 远东国际军事法庭

LSS Language Services Section 语言服务部门

SI Simultaneous interpreting 同声传译

TL Target language 目标语

注释：

1. 鲁思·莫里斯（1989），"法庭翻译和诉讼记录：艾希曼案与德米扬鲁克案"，《平行,翻译和口译学院的笔记》，11，第 9-28 页；鲁思·莫里斯（1998），"耶路撒冷的正义——以色列诉讼中的口译"，《元》，43：1，第 110-118 页。

2. D. 弗雷泽（2010），《戴维博什的马车：在澳大利亚战争罪审判中叙述大屠杀》（林肯：内布拉斯加大学出版社）；L. 斯特恩

（1995），"澳大利亚法律背景下的非英语证人：作为案例研究的战争罪起诉"，《法律/文本/文化》，第6-31页。

3. E.伊莱亚斯·布尔萨奇（2015），《战争罪行法庭的证据翻译和证词翻译。在拔河中工作》《贝辛斯托克：帕尔格雷夫麦克米伦》；C.S.纳马库拉（2014），《国际刑事审判中的语言和公平听证权》（纽约：施普林格）；L.斯特恩（2001），"文化的交汇：前南斯拉夫问题国际刑事法庭口译的其他国际口译实践"，《司法评论》，第5卷第3期，第255-274页；L.斯特恩（2011），"第22章。法庭口译"，K.马尔克贾尔和K.温德尔编，《牛津翻译研究手册》（牛津：牛津大学出版社），第325-342页；L.斯特恩（2018），"国内和国际法院的法律用语翻译：审判过程中的响应能力"，A.克雷斯和A.布莱克利奇编，《劳特利奇语言和超多样性手册》（牛津：劳特利奇出版社），第396-410页。

4. 斯特恩，"澳大利亚法律语境中的非英语证人"；斯特恩，"文化的交汇"；L.斯特恩（2004），"前南斯拉夫问题国际刑事法庭的法律语言解释：克服对等词汇的缺乏"，《专业翻译》，http：//www.jostrans.org/index.htm，第63-75页；斯特恩，"第22章：法庭口译"。

5. 伊莱亚斯-布尔萨奇，《战争罪审判中的证据和证词翻译》。

6. 斯特恩，"前南斯拉夫问题国际刑事法庭法律用语口译"。

7. 斯特恩，"澳大利亚法律背景下的非英语证人"。

8. 弗雷泽，《戴维博什的马车》；J.卡尔顿（2008），"迷失在翻译中：国际刑事法庭与解释证据的法律意义"，《范德比尔特跨国法学报》41：1；纳马库拉，《国际刑事审判中的语言与公平听证权》。

9. F. 盖巴（1998），《同声传译的起源：纽伦堡审判》（渥太华：渥太华大学出版社）；J. 拜戈里－贾伦（2014），《从巴黎到纽伦堡：会议口译的诞生》，霍利·米克尔森和巴里·斯劳特·奥尔森译（阿姆斯特丹：约翰·本杰明出版社）；D. 鲍文和 M. 鲍文（1985），"纽伦堡审判：通过翻译进行交流"，《元》，30：1，第 74-77 页。

10. K. 武田加代子（2007），"远东国际军事法庭口译的社会政治维度（1946—1948）"，博士论文，罗维拉·维吉利大学/蒙特雷国际问题研究所。

11. 莫里斯，"法庭翻译和诉讼记录：艾希曼案与德米扬鲁克案"；莫里斯，"耶路撒冷的正义——以色列诉讼中的口译"。关于澳大利亚的起诉，参见弗雷泽的《戴维博什的马车》；斯特恩："澳大利亚法律语境中的非英语证人"；D. 贝文（1994），《需要回答的问题：澳大利亚首次欧洲战争罪审判的故事》（肯特镇，SA：韦克菲尔德出版社）。

12. 盖巴，《同声传译的起源：纽伦堡审判》。

13. 这里的特例是指需要口译的俄罗斯法官（阿诺德·布拉克曼，1987），参见《另一个纽伦堡：东京战争罪行审判不为人知的故事》（纽约：威廉·莫罗出版公司），第 213-214 页。

14. L. 斯特恩（2012），"关于口译的良好实践，国内法院可以从国际法院和法庭学到什么？从澳大利亚战争罪起诉到国际刑事法院"，《T&I 评论》，2，第 7-29 页。

15. 伊莱亚斯－布尔萨奇，《战争罪审判中的证据和证词翻译》，第 xii 页。

16. 盖巴，《同声传译的起源：纽伦堡审判》；拜戈里-贾伦，《从巴黎到纽伦堡。会议口译的诞生》；武田，"远东国际军事法庭口译的社会政治维度（1946—1948）"；伊莱亚斯-布尔萨奇，《战争罪审判的证据和证词翻》；莫里斯，"法庭翻译和诉讼记录：艾希曼案与德米扬鲁克案"；莫里斯，"耶路撒冷的正义——以色列诉讼中的口译"。

17. 斯特恩，"澳大利亚法律语境中的非英语证人"；斯特恩，"前南斯拉夫问题国际刑事法庭的法律用语翻译：克服对等词汇的缺乏"。

18. 斯特恩，"澳大利亚法律语境中的非英语证人"；刘鑫（2018），《像律师一样说话：如何将交叉询问翻译成中文》（长春：吉林大学出版社）。

19. 卡尔顿，"译海迷航"，第3页

20. S.伯克-塞利格森（2002），《双语法庭：司法程序中的法庭口译员》（芝加哥：芝加哥大学出版社）；S.哈勒（2004），《法庭口译：法律、证人和译者的话语实践》（阿姆斯特丹：约翰·本杰明出版社）；A.海斯和S.海尔（2010），"对不合格口译的倡议"，《司法行政学报》，第20期，第119-130页；S.海尔，N.马斯楚克，U.奥佐林斯和L.斯特恩（2017），"口译模式对证人可信度评估的影响"，《口译》，第19卷第1期，第69-96页。

21. 哈勒，《法庭口译的话语》，第213-214页。

22. 哈勒，《法庭口译的话语》，第214页。

23. 斯特恩，"前南斯拉夫问题国际刑事法庭的法律用语翻译：克服对等词汇的缺乏"。

24. T. 渡边（1998），"东京审判的翻译研究：以东条英机证言为中心"，硕士论文，大东文化大学。

25. 武田（2007），"远东国际军事法庭口译的社会政治维度（1946—1948）"，第 16 页。

26. 参见贝文，《需要回答的问题：澳大利亚首次欧洲战争罪审判的故事》。

27. A. 马丁和 M. 奥尔特加（2013），"从无形的机器到有形的专家：对马德里火车爆炸案审判中口译员作用和表现的看法"，C. 舍夫纳，K. 克雷登斯和 Y. 福勒（编），《变化中的口译》（阿姆斯特丹：约翰·本杰明出版社），第 101-116 页。

28. E. N. S. Ng（2015），"香港法庭翻译问题溯源——法官对证人讯问的干预"，《言语，话语与法律》，第 22 卷第 2 期，第 203-227 页。

29. 盖巴，《同声传译的起源：纽伦堡审判》；斯特恩，"文化的交汇"；伊莱亚斯-布尔萨奇，《战争罪审判中的证据和证词翻译》。

30. R. 莫里斯（1990），"德米扬鲁克审判的口译"，大卫·鲍文和玛格丽特鲍文，《口译：昨天、今天和明天》（阿姆斯特丹：约翰·本杰明出版社），第 101-108 页；莫里斯，"耶路撒冷的正义——以色列诉讼中的口译"；马丁和奥尔特加，"从无形的机器到有形的专家"。

31. 斯特恩，"国内和国际法院的法律用语翻译：审判过程中的响应能力"。

32. 盖巴，《同声传译的起源：纽伦堡审判》；武田，"远东国际军事法庭口译的社会政治维度（1946—1948）"；武田（2007），

"翻译用户的创造性"，《论坛》，第 5 卷第 1 期，第 245-263 页；鲁思·莫里斯，"德米扬鲁克审判的口译；莫里斯，耶路撒冷的正义——以色列法律体系中的口译"；拜戈里－贾伦，《会议口译的诞生：从巴黎到纽伦堡》。

33. 南澳大利亚州公诉处处长（1992），《诉讼中的交流：伊万·波利乌霍维奇战争罪审判的语言学报告》，报告用于波利乌霍维奇案听证会，由南澳大利亚州公诉主任委托提交至南澳大利亚州最高法院；南澳大利亚州公诉处处长（1992），《诉讼中的交流：海因里希·瓦格纳战争罪审判的语言学报告》，报告用于瓦格纳案听证会，由南澳大利亚州公诉主任委托提交至南澳大利亚州最高法院；斯特恩，"澳大利亚法律背景下的非英语证人"。

34. 盖巴，《同声传译的起源：纽伦堡审判》；拜戈里－贾伦，《会议口译的诞生：从巴黎到纽伦堡》。

35. 盖巴，《同声传译的起源：纽伦堡审判》；拜戈里－贾伦，《会议口译的诞生：从巴黎到纽伦堡》。

36. 盖巴，《同声传译的起源：纽伦堡审判》，第 112 页。

37. 盖巴，《同声传译的起源：纽伦堡审判》，第 129 页。

38. 盖巴，《同声传译的起源：纽伦堡审判》，第 114 页。

39. 鲍文和鲍文，"纽伦堡审判：通过翻译进行交流"。

40. 鲍文和鲍文，"纽伦堡审判：通过翻译进行交流"，第 75-76 页。

41. 鲍文和鲍文，"纽伦堡审判：通过翻译进行交流"，第 77 页。

42. 盖巴，《同声传译的起源：纽伦堡审判》，第 110 页。

43. 盖巴，《同声传译的起源：纽伦堡审判》，第 105 页。

44. 盖巴，《同声传译的起源：纽伦堡审判》，第 108 页。

45. 莫里斯,"耶路撒冷的正义——以色列诉讼中的口译"。
46. 莫里斯,"法庭翻译和诉讼记录:艾希曼案与德米扬鲁克案";莫里斯,"耶路撒冷的正义——以色列诉讼中的口译"。
47. 莫里斯,"耶路撒冷的正义——以色列诉讼中的口译"。
48. 弗雷泽,《戴维博什的马车》。
49. 斯特恩,"澳大利亚法律背景下的非英语证人"。
50. 斯特恩,"澳大利亚法律背景下的非英语证人"。
51. 斯特恩,"澳大利亚法律背景下的非英语证人"。
52. 弗雷泽,《戴维博什的马车》;斯特恩,"澳大利亚法律背景下的非英语证人"。
53. 贝文,《需要回答的问题:澳大利亚首次欧洲战争罪审判的故事》,第185页。
54. 南澳大利亚州公诉处处长(1992),《诉讼中的交流:伊万·波利乌霍维奇战争罪审判的语言学报告》,报告用于波利乌霍维奇案听证会,由南澳大利亚州公诉主任委托提交至南澳大利亚州最高法院;南澳大利亚州公诉处处长(1992),《诉讼中的交流:海因里希·瓦格纳战争罪审判的语言学报告》,报告用于瓦格纳案听证会,由南澳大利亚州公诉主任委托提交至南澳大利亚州最高法院。
55. 斯特恩,"澳大利亚法律背景下的非英语证人"。
56. 莫里斯,"耶路撒冷的正义——以色列诉讼中的口译",第6页。
57. 斯特恩,"澳大利亚法律背景下的非英语证人"。
58. 渡边,"东条英机:东条英机的'土豪'之路"。
59. 武田,"远东国际军事法庭口译的社会政治维度(1946—

1948）"，第 15 页。
60. 同上。
61. L. 丘利亚克等人（2010），"法庭口译中的伦理困境：译员在促进沟通方面能走多远？"（翻译训练高级研究硕士，研讨会论文：日内瓦大学翻译与口译学院），第 50 页。
62. 与前南问题国际法庭会议和语言事务科科长的个人电话采访（未发表），2013 年。
63. 斯特恩，"文化的交汇"；斯特恩，"第 22 章。法庭口译"。
64. 前南斯拉夫问题国际刑事法庭翻译人员道德守则（1999）。www.ictyorg/x/file/Legal%20Library/Miscellaneous/it144_codeofethicsinterpreters_en.pdf
65. 伊莱亚斯－布尔萨奇，《战争罪审判中的证据和证词翻译》，第 58 页。
66. 伊莱亚斯－布尔萨奇，《战争罪审判中的证据和证词翻译》。
67. 伊莱亚斯－布尔萨奇，《战争罪审判中的证据和证词翻译》，第 86 页。
68. 斯特恩，"文化的交汇"。
69. 斯特恩，"文化的交汇"。
70. 斯特恩，"前南斯拉夫问题国际刑事法庭的法律用语翻译"。
71. 伊莱亚斯－布尔萨奇，《战争罪审判中的证据和证词翻译》，第 90 页。
72. 伊莱亚斯－布尔萨奇，《战争罪审判中的证据和证词翻译》，第 86 页。
73. 伊莱亚斯－布尔萨奇，《战争罪审判中的证据和证词翻译》，第 182-193 页。

74. 斯特恩，"文化的交汇"；武田，"远东国际军事法庭口译的社会政治维度（1946-1948）"，第 48-49 页，关于"Cabinet Councillor"的翻译。

75. 伊莱亚斯－布尔萨奇，《战争罪审判中的证据和证词翻译》，第 205-208 页。

76. 斯特恩，"文化的交汇"。

77. 伊莱亚斯－布尔萨奇，《战争罪审判中的证据和证词翻译》，第 214-217 页。

78. 斯特恩，"文化的交汇"。

79. 伊莱亚斯－布尔萨奇，《战争罪审判中的证据和证词翻译》，第 145 页。

80. 丘利亚克等人，"法庭口译中的伦理困境：译员在促进沟通方面能走多远？"，第 51 页。

81. 斯特恩，"关于口译的良好实践，国内法院可以从国际法院和法庭学到什么？"作者为 2004 年圆桌会议的参与者之一。

82. 斯特恩，"澳大利亚法律背景下的非英语证人"。

83. 2013 年与国际刑事法院一位法语译员的采访（未发表）。

84. 2013 年与国际刑事法院一位桑戈语译员的采访（未发表）。

85. 此句出处为：斯特恩，"文化的交汇"，第 261 页。

86. 2013 年与国际刑事法院一位术语学家的采访（未发表）。

87. 2013 年与国际刑事法院一位桑戈语译员的采访（未发表）。由作者进行翻译。

88. 斯特恩，"第 22 章。法庭口译"，第 333 页；斯特恩，"国内和国际法院的法律用语翻译：审判过程中的响应能力"。

89. 斯特恩，"国内和国际法院的法律用语翻译：审判过程中的响应能力"。

90. 斯特恩，"国内和国际法院的法律用语翻译：审判过程中的响应能力"，第 405 页；2013 年与国际刑事法院一位桑戈语译员的采访（未发表）。

91. 2013 年国际刑事法院法庭观察记录（未发表）。

92. S. 昂热迈耶（2009），"法庭口译中的翻译风格与参与者的角色"，《社会语言学期刊》，13:1，第 3-28 页，引自 E. Ng（2013）的"谁在说话？"，C. 舍夫纳，K. 克雷登斯和 Y. 福勒（编），《变化中的口译》（阿姆斯特丹：约翰·本杰明出版社），第 249-266 页，此处见第 260 页。

93. K. 古斯塔夫松，E. 诺斯特罗姆和 I. 菲奥雷托斯（2013），"译员：文化掮客？"，参见 C. 舍夫纳，K. 克雷登斯和 Y. 福勒（编），《变化中的口译》（阿姆斯特丹：约翰·本杰明出版社），第 187-202 页。

94. 丘利亚克等，"法庭口译中的伦理困境：译员在促进沟通方面能走多远？"，第 50-51 页。

95. 哈勒，《法庭口译的话语》。

96. 出自 2013 年的国际刑事法院法庭观察记录和与桑戈语译员的采访（未发表）。

97. 2013 年与国际刑事法院一位桑戈语译员的采访（未发表）。由作者进行翻译。

98. N. 弗莱彻（2011），"委婉语在翻译 1994 年卢旺达种族大屠杀案的证词中的作用",《"协同诉讼"澳大利亚口译和笔译协会全国会议》,第218页,出自斯特恩,"国内和国际法院的法律用语翻译:审判过程中的响应能力",第406页。

99. 弗莱彻,"委婉语在翻译1994年卢旺达种族大屠杀案的证词中的作用",第216-217页。

100. 2013年与国际刑事法院一位桑戈语译员的采访(未发表)。

101. 1989年德米扬鲁克审判,1990—1992波利乌霍维奇审判。

102. 斯特恩,"澳大利亚法律背景下的非英语证人"。

103. 弗雷泽,《戴维博什的马车》。

第四部分 译员在战时和战后的经历

与澳大利亚国防军译员的合作：个人经历的反思(1999年在帝汶以及2005年在亚齐)

马特·格兰特（Matt Grant）[1]

随着国际冲突、维和以及国际人道主义救灾等种种跨国行动的增加，任何国家的军队都很难在远离国土的行动中迅速掌握当地的语言和文化。因此，优秀的译员对于行动的成功非常关键。但这并不是唯一要素，口译用户的体验也必须得到考虑。语言和跨文化交际技能对于译员和用户同等重要，译员的技能和经验必须满足军方用户对此的需求。本章主要从个人视角出发，展示作者与澳大利亚国防军在两次极为不同的行动中与其口译员合作的经历：1999年东帝汶国际部队维和行动和苏门答腊援助行动，以及2004年节礼日海啸后印度尼西亚亚齐省的人道主义救援与灾后重建行动。在这两次行动中，我亲历了澳大利亚国防军与译员的合作过程，也认识到丰富的经验和强大的适应能力对于提高工作效率的重要性。

20世纪80年代和90年代，仅有少数的澳大利亚人参与过维和

---

[1] 马特·格兰特，南昆士兰大学，澳大利亚昆士兰州图文巴市，电子邮箱：Matt.Grant@usq.edu.au

行动，兵力部署从未超过 1000 人[1]。20 世纪 90 年代末期，澳大利亚最后一次大规模军事部署发生在越南战争期间。澳大利亚国防军在这些行动中积累了一些知识和经验，但只有少数军队人员在与译员共事方面有直接的实践经验。1999 年与 2004 年的行动经历为我们提供了宝贵的学习材料。

亲历"广岛"事件

作为在索马里军队中服役的一名年轻公共事务官（PAO），我对那些在索马里、柬埔寨和卢旺达等地与译员一起工作的人的故事有所耳闻。但我很难想象这样的生活：每天都依赖另一个人与当地居民进行沟通，尤其是此人并未通过安全审查，也不知道他/她是否是一名真正合格的译员。比如，亚齐省节礼日海啸过后，国际社会刚开始对此做出反应，在我方军民联络团的建议下，我在班达亚齐机场的停车场找到了一个坐在汽车引擎盖上的陌生人，并问他是否同意做我的日薪翻译和司机。经过协商，我每天付他 70 万印尼卢比[2]，由此我们开始了几周混乱但可行的沟通；我的膝盖上摊着一张地图，同时打着手势，嘴里咕咕哝哝（高音表示肯定，中音表示否定）。在我们夹杂着英语和印尼语的对话中出现了很多错误。我们经常走错地方，然后又需要花好几个小时穿过洪水淹没而且受损严重的城市才能到达目的地。

等到了目的地，我的司机阿贡（Agun）又会进入翻译模式，帮助我与印度尼西亚军队人员或者班达亚齐的居民进行交流。在这场意料之外的自然灾害中，身处印度尼西亚群岛的西北部，我只能依赖几周以来与东帝汶译员交流的经验，期待他能理解我的意思，并

第四部分 译员在战时和战后的经历

且可以忠实地将其传达出去，再把得到的答复从他的母语翻译成我可以理解的我们共享的"方言"。

在接下来的几周时间里，我定期让阿贡开车送我到港口居民区，由于海啸造成的严重破坏，澳大利亚国防军习惯称其为"广岛"。新闻工作者们特别喜欢把这个地区作为电视直播地点，因为它是城市遭遇破坏的直观表现。残垣断壁中尸体横陈。我清楚地记得，有一具尸体随着潮水漂浮了几个小时，浑身臃肿，随波逐流，毫无尊严。

我们看到尸体的地方正是通往澳大利亚皇家海军登陆艇（LCM-8s）指定停靠点的唯一通道。这艘舰艇是澳大利亚皇家海军军舰"HMAS 卡尼贝拉号"与陆地的连接舰艇。考虑到从登陆舰上下来的卡车司机可能会把这一堆看起来像是破布的东西误认为是垃圾而直接开过去，而这一切都将在我们邀请来拍摄澳大利亚军队抵达的媒体的视野下进行，于是在另一名澳大利亚军队人员的帮助下，我把尸体移到了路边。所谓的"海之幽灵"（或"海之灵魂"，Hantu Laut）会把尸体收走，即印度尼西亚军队的一支分队开着装有尸体的敞篷车在城市里通行，然后将尸体运到统一焚毁的万人坑，以防止死亡和腐烂而导致的霍乱。

我们几乎每天都要去"广岛"，直到有一天，我心血来潮，问阿贡他在"海浪"（也就是亚齐人说的海啸）中都遭遇了什么。他告诉我，他的妻子和女儿都去世了。就在这儿，他说，指着我们脚下的地面，就是我们所在的"广岛"。那一刻，我的感受无以言表。但 15 年后再回顾当时的情况，我只能回想起，在那场严重的人道主义灾难中，所有任务都在紧迫地进行，而我就像一台机器，没有感情，只是日复一日地不停工作。而我的翻译员也变成了一台机器，就如

227

同我的一台分机。尽管我们关系融洽，团结一致，合作愉快，但我忽略了他也是一个人，他几乎每天都在面对自己的创伤，却没有一丝怨言。

讽刺的是，同理心是一种有助于公共事务工作的特质——是一种能够理解当地居民遭遇的能力，以便于制订沟通计划从而实现指挥官的意图，它就像是军队公共事务的"圣杯"[3]。在澳大利亚军队中，公共事务官的主要工作是了解公共舆论，为指挥官提供信息和建议，从而引导国内和国外目标群众的理解和认知。而这也意味着，公共事务官的日常职责包括从独立媒体代表以及遇到的其他各类人员中获取信息。

显然，要想在外语环境中有效开展行动，具备一些语言能力是非常必要的。问题是，在部署之前通常没有足够的时间来培养这些语言技能。例如，国际社会对印度洋海啸的反应非常迅速，并且随着获取的信息越来越多不断变化[4]。由于军事需求的快速转变，当地的译员也会持续不断地为短期军队部署提供意见和方法。

此外，公共事务官和译员也应该能够半独立地在行动区内机动（根据安全预测和行动预期结果执行某项具体任务）。在1999年的东帝汶行动中，我必须要获取一个运输管制编号，乘坐装备了短波无线电通信设备的车辆，在预定时间穿过各个检查点。而2005年在亚齐的情况则灵活得多，在阿贡的帮助下，我穿越了这个被摧毁的城市而不受任何此类限制。

尽管并不具备深入进行跨语言交际的能力，我在成为军官之前的记者经历还是让我积累了跟不同背景的人进行交际的经验。在2005年亚齐行动前，我已经具备了一些跨文化交际的经验：我曾在一次多国非武装维和行动中担任布干维尔和平监察小组的一员[5]，也曾参与中东和帝汶地区的部署。但正是在 1999 年首次被派遣到东帝汶期间，我第一次经历了与译员的合作，而结果好坏参半。

1999—2000 年东帝汶缔造和平行动

葡萄牙殖民者撤离后，澳大利亚眼眼睁睁地看着印度尼西亚于 1975 年强占东帝汶，基本上将这个小国与西帝汶和印度尼西亚群岛的其他国家连在一起。在接下来的几十年里，东帝汶独立革命阵线（Fretilin）将此作为政治案件提起诉讼，而东帝汶民族解放武装部队（Falintil）则向印度尼西亚发起了游击战。1999 年，在国际政治压力下，印度尼西亚总统哈比比（B.J.Harbibie）在东帝汶就自治问题发起了公投。公投于 1999 年 8 月 30 日举行，有 78.5% 的人投票赞成独立。结果，支持印度尼西亚一体化的民兵组织在首都帝力和其他重要城镇发生暴动，在此过程中约有 30 万人因为暴动而被迫越境逃亡至西帝汶。

此举随后遭到了世界各国的谴责，澳大利亚总理约翰·霍华德（John Howard）希望由澳大利亚领导一支多国军事力量进入该地区平息暴乱，恢复秩序，并就此提案征求联合国的同意。霍华德强调，任何部队的调动都需要经过印度尼西亚方面的批准。1999 年 9 月 15 日，联合国安全理事会通过第 1264 号决议，建立了一支澳大利亚领导下的东帝汶国际部队（INTERFET），由彼得·科斯格罗夫（Peter Cosgrove）少将指挥。东帝汶国际部队包含来自 20 多个主权国家的力量：澳大利亚、巴西、加拿大、丹麦、埃及、斐济、法国、德国、爱尔兰、意大利、约旦、肯尼亚、马来西亚、新西兰、挪威、菲律宾、葡萄牙、新加坡、韩国、泰国、英国和美国——泰国的桑基蒂·贾加巴特拉（Sonkitti Jaggabattra）少将担任此次行动的副指挥官。

9月上旬，澳大利亚军事规划员制定了任务明细，要求澳大利亚的主力部队于9月20日驻扎在东帝汶位于帝力的科莫罗机场。值得注意的是，澳大利亚自6月以来在东帝汶境内一直都有部署军队，最初是在"费博"行动（Operation Faber）支援联合国人员监督自治投票，后来又在"烈火"行动（Operation Spitfire）中撤离澳大利亚公民。

澳大利亚陆军的官方记录显示，"截至部署行动第二天，地面部队已有3000名士兵，在第一周结束时人数已经增加到了4300名。11月中旬，东帝汶国际部队人数多达将近11500人，包括9300名地面部队人员。而澳大利亚军队参与人数达到5500人。"[6]当时的澳大利亚国防军司令海军上将克里斯·巴里（Chris Barrie）表示，这次部署行动是"'二战'以来最重要的军事任务"[7]。

对于最开始参与东帝汶国际部队行动的成员来说，到达帝力时的场面十分震撼。一些曾在索马里或卢旺达服役的人则对"第三世界综合症"提出警示：一个人沉浸于周围人的生活条件，专注于人类的苦难，致使其处境意识遭到损坏。在我的记忆中，帝力机场遍布着人们的排泄物、厕纸、丢弃的食品包装和其他的碎屑——这是成千上万帝汶人存在的证明，他们逃离家园，瑟缩在机场，希望联合国的飞机在送走联合国人员后能返回来解救他们。街道异常空荡，到处都是垃圾和残骸，放眼望去尽是被烧毁的建筑物。由于亲印尼派的士兵仍在继续焚烧房屋和商业建筑，城市上空笼罩着黑烟，久久不散[8]。

第四部分 译员在战时和战后的经历

短短几周内，随着安全形势的好转，当地的居民逐渐开始返城重建家园。此时我正在 CPIC 大院内工作，这是一个联合公共信息中心，里面有军民联络小组，我们的东帝汶国际部队公共事务组总部，以及少数来自美国和英国的其他小组。一位来自澳大利亚皇家海军的翻译加入了这个队伍，他能说一口流利的巴哈萨语，也就是印度尼西亚的官方语言。

虽然这位翻译的专业技能非常精湛，但他的存在也反映出澳大利亚军方计划的不足。当东帝汶还是印度尼西亚的一个省时，巴哈萨语在国际上被视为东帝汶的官方语言，而在自治投票、随后的暴力事件和东帝汶国际部队的到来之后，大多数东帝汶人认为巴哈萨语是占领者的语言。即使印度尼西亚在此的统治已经超过了 24 年，他们仍然认为德顿语才是他们自己的语言，在如今有可能独立的情况下，他们就更不会放弃这门语言。在澳大利亚皇家海军翻译的帮助下，我与当地的东帝汶人进行过多次交谈，但这位翻译却因为无法对交流提供帮助而越来越沮丧。每一次的交流都很礼貌，但没有实际效果；简而言之，如果不是印度尼西亚省内管理条约的要求，这些东帝汶人不会说除了德顿语之外的任何语言。有趣的是，从这种对当地语言的误判来看，澳大利亚对东帝汶国际部队的贡献在于早期阶段就意识到了学习德顿语的必要性，也许还获得了一些经验：在进入一国开展行动之前，应该对当地习俗和文化要求的认识保留一定的灵活性[9]。

尽管具备基本德顿语技能的士兵陆续抵达，但他们都带着各自的任务。澳大利亚陆军第四营（突击队）的一支小队几周前就部署在此，为下榻在帝力图力士姆酒店的第一媒体保障小组的民间新闻

231

媒体代表提供贴身保护和德顿语翻译。虽然按理说来他们可以提供更多的语言保障，但这些士兵的主要工作是在行动区域内负责新闻人员的安全而不是提供专业的翻译或口译保障[10]。这也表明，尽管理论上已经具备了语言保障的能力，但实际上真正有需要的人并没有得到满意的服务。

联合部队的每一名成员都缴纳了小额费用以支付两名为办公楼瓷砖地板进行清扫工作的东帝汶保洁员。和大多数人一样，我会尽量友善并试图跟他们交谈。然而，这种日常交谈的愉悦感很快就变成了密集的德顿语训练，清洁员会指导我们学习基本的德顿语短语，并且会对我们的语言产出以及曲折变化进行评价。反过来，我们也会教他们一些简单的英语短语。在这样一个非传统的"学校"中，我们学会了一系列基本的德顿语军事表达，例如"Diak ka lai？"和"Obrigado"[11]。这一经历说明，无论是当地人还是士兵都非常乐意充分利用机会进行跨文化交际，并通过这种非正式的方式合作解决沟通问题。

尽管我们已经尽了最大的努力，但这个时期与当地人的交流充其量只是达到部分理解。我认为，文化理解的缺失和交流的缺乏导致了在1999年的稳定行动阶段，民间新闻媒体大多关注澳大利亚方面的观点，而不是更明显的东帝汶方面所倡导的独立自治的观点。对于1999年底的澳大利亚国防军而言，虽然不可能预见两年之内世界会发生何种变化，但至少部队对语言、文化交流的理解能力更加深入，对相关专家的重视程度也显著提高。东帝汶行动表明，在短时间内为大规模部署的澳大利亚人员提供语言保障是一个极大的挑战。这与几十年前更易于管控、规模更小的维和行动有很大的不同：

部署规模有限意味着澳大利亚军方所能提供的有限的语言资源也能够满足行动需求。而从东帝汶国际部队中获得的关于大规模军事部署的经验，将在未来几年内的阿富汗和伊拉克等冲突地区中展现其重要意义。

印度洋海啸：2005 年印度尼西亚亚齐省的人道主义援助行动

2004 年 12 月 26 日星期日上午 8 点前的几分钟，印度尼西亚苏门答腊岛北部发生里氏 9.4 级地震，持续时间 8 分钟。地震引发的海啸以接近每小时 500 英里的速度穿过印度洋，并在 7 个小时后到达东非海岸。这次海啸横跨了班达亚齐省的西部沿海地区，对其造成严重的破坏。据联合国估计，这次灾难致使全球共 22.5 万人死亡，100 多万人流离失所[12]。

对于亚齐人而言，海啸造成了巨大的经济损失。这一地区经济收入的 60% 依赖于石油和大然气开采、农业以及渔业，海啸带来的影响是巨大的。采矿工作被迫停止，渔船散布在城市街道上，甚至农业活动也因内陆地区咸水的渗透而受到影响。500 多公里的海岸线被海啸摧毁，估计约 13 万人死亡，另有 50 万人无家可归[13]。

最终，澳大利亚派出了由 560 名人员组成的地面部队，并在近海派出了 400 名海军和空军特遣部队，通过空运分发了 1200 多吨人道主义援助物资，同时还进行了 70 次空中医疗后送，将 2500 多人送往医院或进一步治疗。另有约 3700 人得到了驻扎在扎纳尔阿比丁医院的军事医疗队的救治。简易水处理厂共生产了近 500 万升的净水，并净化了约 9000 立方米的污水[14]。澳大利亚红十字会首席执行官罗伯克·蒂克纳（Robert Tickner）考虑到该援助小组所面临的挑战时曾说，"援助组织所面临的情况比起第一次和第二次世界大战也相差无几。"[15]

在这次人道主义援助和灾后重建行动的初期，我的主要任务是领导班达齐亚境内的公共事务工作，并向东南方向 600 公里外的棉兰总部进行报告。一开始有两名陆军摄影师与我同行，后来他们又被派去执行新的任务。接下来的一周，我独自开展工作，与来到这个地区的全球媒体沟通联络，并跟我的亚齐司机阿贡一起四处奔波，处理各类临时事务。在这期间，我小心翼翼地开展工作，与来自不同机构的媒体代表以及当地居民、外国和印度尼西亚的救援人员和印度尼西亚军队（TNI）进行交流，从中了解情况。当然，在这些交谈中，大部分时候阿贡是对话的前沿和中心人物，通过他，我大概理解了当前的形势和处境。

行动的初期阶段对于每个人来说都很艰难。在第一次飞越该地区时，我在澳大利亚皇家空军 C-130 大力神运输飞机的客舱里，在观察记录本上写了这样一段话：

> 从 C-130 的后座看帝力的第一印象与 1999 年 9 月的帝力是如此的相似——尽管规模要大得多……沿着西海岸低空（飞行），从未受到影响的苏门答腊岛到海啸最初侵袭的地方——遍布的村庄、稻田、岩石岬角、沙子、被吹倒的树木、残骸一直向内陆延伸数公里，一片沉寂。海水仍然是浑浊的灰色，延绵不绝的淤泥从河口流向大海深处[16]。

海水和残骸堵住了亚齐的街道，被海浪不停拍打的建筑物感觉随时都有可能坍塌[17]。死亡（无论是人还是动物）的痕迹无处不在。每天工作结束，阿贡都会开车送我去机场，我会在那里把当天的工资结算给他，并安排第二天早上的工作，然后我会沿着一条被洪水淹没的运河来到澳大利亚陆军帐篷营地，那里是我的临时住所。热带地区的雨来势急骤狂猛，这个地区就像一个泥坑，根本不可能保持干燥。再加上蚊子、眼镜蛇和潮湿，整个画面可以想象[18]。我只能在灯光下工作，通过短信回答新闻媒体的问题[19]，并向棉兰总部报告夜间的情况。

随着人道主义灾后重建行动逐渐进入"稳定阶段"[20]，来自堪培拉的第一联合公共事务部门的可部署实地小组和一名澳大利亚驻雅加达大使馆的译员加入了我的工作。这位名叫穆巴拉克（Mubarak）的爪哇人不仅带来了必要的语言技能，同时也让我们进一步了解了当地文化。他到来之后与驻扎在班达齐亚机场旁的部队一起生活并工作了几天，解决了很多问题，对我们的任务处理方式也产生了一些微妙的影响。穆巴拉克在提供专业的翻译服务之余，还帮助我们进行跨文化交际，最重要的是，他能够独自开展行动，帮助当地人与外国人之间建立融洽的关系，推动人道主义援助行动取得积极成果。

考虑到此次行动的性质，毫不奇怪，我们的口粮都是硬性配给食品（配给包）——能够在各种气候条件下保存数年的含防腐剂的罐头食品。虽然我[与澳大利亚国防军（ADF）的其他人一样]在炎热和寒冷的天气下都吃过配给食品，但大多数人并不会将其作为首选食物。事实上我最希望的是大多数（如果不是全部）靠"配给包"生活了一段时间的人都能保有对新鲜蔬菜和水果的追求与向往。海啸侵袭的三周之后，当地的一个菜市场重新营业，穆巴拉克坚持要我和他一起过去。已经"享受"了几个星期防腐剂罐头的我并不需

235

要过多的劝说。于是穆巴拉克、阿贡和我便前往那个市场，决心为小组里的所有人带回足够的绿色蔬菜。

作为印度尼西亚一个充满民族自豪感的独特区域以及曾经独立的苏丹国家，亚齐以其宗教和当地文化而闻名。被澳大利亚、德国、英国、美国和土耳其（以及更多其他国家）统治对亚齐人的情感来说是一种挑战。[如同当地一名学生活动人士道蒂（Daudy）所说的那样，军事援助对于当地人来说就感觉像是"第二次殖民"[21]。] 然而，当我们下了阿贡的丰田本森越野车进入市场的时候，我经历了一次特别谦卑而又感动的购物之旅，而这对当地人来说只是他们社区几周以来实施的第一批常态化行动之一。

一小群人聚集在市场里，穆巴拉克告诉我，他们实际上是为了向澳大利亚人的援助表示感谢。他们将各种食物放在一个大纸板箱内，然后塞到我的怀里。在那里，我用了30分钟与当地人握手，他们不停地拍着我的后背，我试图拒绝他们送来的食物，但穆巴拉克在我耳边低声说，拒绝对他们而言是一种冒犯。这是一种庆祝的氛围——尽管遭遇了巨大的损失，但是整个社会还是取得了胜利。当我们离开市场时，我费力地抱着满满一箱的新鲜食物，而这些食物是由那些在灾难中几乎已经失去一切的人们所赠送的。对于亚齐人民来说，这是一个向对12月26日悲惨事件提供援助的国际组织代表表达感谢的机会，在这种人类精神的韧性面前，我感觉自己无比渺小。开车回到住处的途中，我们经过残破的房屋，看见孩子们在积水形成的小溪中玩耍，我思考着下午那场短暂的文化交流之旅。如果没有语言方面的帮助，我根本没有机会进入那个市场感受这一切。然而，与穆巴拉克一起，我们在一个公共场所进行了有意义的交流，尽管这种交流方式通常是为高级官员或政治家而保留，而不是像我这样仅仅希望在这片未被 21 世纪最大的灾难折服的土地上吃一顿无防腐剂餐的野战军官。

实际上，那个时候我们对亚齐居民的军事后勤、医疗以及工程援助工作已经停止。但是通过免费提供产品，亚齐人民表达了他们的感谢之情，他们已经尽其所能完成了与印度尼西亚人和澳大利亚人之间的交易。我想，在去市场之前，穆巴拉克就已经知道了这一点。

结语

在评价军事交流和翻译时需要多方面考虑，其中一个重要的因素是那些依靠译员开展工作的人的经历。相关研究可以将重点放在译员本身极具挑战性的经历上，同时也应当考虑翻译用户的体验，从而对沟通和翻译过程中隐含的复杂性有一个更加细致入微的理解。维和以及人道主义救援行动对部署在外地的军事人员提出了特有的挑战，口译人员既能提供直接的语言翻译服务，又能协助进行跨文化理解和交流，与其合作的经历是非常宝贵的。以上我的个人经历为澳大利亚军队如何在语言人员的支持下迅速完成将部队快速部署到危机地区的要求，如何适应当地条件，以及如何通过实践和熟悉提高口译用户的体验提供了鲜活的案例。

注释：

1. 关于这些部署行动的更多信息，请参阅彼得·隆迪（2004），《其他人的战争：澳大利亚维和历史》（悉尼：艾伦昂温出版社）。
2. 作者注释。出自作者的现场笔记存根，附有阿贡的签名。

3. "指挥官意图"是一个军事术语，用于简洁地概括任何并行任务结果中指挥官预期的结果。从公共事务工作的层面来说，满足指挥官的意图可能意味着通过多种新闻媒体渠道发表的文字和图片来传达指挥官的预期。

4. 最初，作者接到指示是带上便装飞往泰国普吉岛，这是事故死难者识别工作的一部分。在从汤斯维尔登上国内航班到抵达澳大利亚布里斯班总部的这段时间里，他们的任务从泰国转移到了印度尼西亚，并且需要野外装备以便在恶劣的条件下生活数周。

5. 理查德·格尔曼，马特·格兰特和萨曼莎·罗斯（2015），"布干维尔岛的澳大利亚非武装维和人员（1997—2003）"，《和平评论》，第27卷第1期，第52-60页。

6. https://www.army.gov.au/our-stories/operations/east-timortimor-leste

7. 国防公共事务出版社发表的国防公共事务新闻公报第277/99号，1999年9月16日，https://reliefweb.int/report/timor-leste/east-timor-media-conference-chief-defence-force-admiralchris-barrie-darwin

8. 在部署行动的初期，烟雾开始从邻近的大楼流向东帝汶国际部队总部。陆军团部军士长戴尔·赛尔斯（Dale Sales）从二楼的窗户探出头来，大声问别人：有没有人能想办法解决这个问题？作者和其他几个人一起跳过围栏，进入大楼，发现一些浸透燃料的床垫正猛烈燃烧，释放出令人窒息的刺鼻黑烟。这是其中一个例子，表明叛乱分子仍然在我们中间，引起我们的关注。

9. 在部署行动的早期阶段，年长的东帝汶人在遇到身着制服的澳大利亚军队时，会立即站定，僵硬地向他们敬礼——这也许是殖民时期的遗留习惯，或者是印度尼西亚统治时期的传统。

10. 澳大利亚突击队协会简要提到了 1MSU 下属的突击队；然而，作者回忆中，在行动最初的几个月里，这些成员在东帝汶期间为媒体提供了专业的护送服务。https://www.commando.org.au/Commando%20History/2%20Cdo%20Regiment%20History/

11. 指"你好吗？"和"谢谢你"。在说"Diak Kai Lai"的时候通常伴随着一个拇指向上/向下的手势，用于表示"好还是坏？"

12. 《海啸后的重建：12 个月后的评估报告》，此报告出自联合国秘书长海啸重建特使办公室。

13. 虽然许多可用的参考资料都证实了数字的真实性，但它们仍然只是估计数字。联合国的数据显示，亚齐省有 11.6 万所房屋在海啸中被毁，约有 12% 的人口流离失所。

14. https://web.archive.org/web/20121104225220/http://www.defence.gov.au/optsunamiassist/default.htm

15. 外交、国防和贸易联合常设委员会（2006），"澳大利亚对印度洋海啸的反应"。

16. 作者注释。2005 年 1 月 3 日，在协助苏门答腊行动中作为联合特遣部队 629 成员的个人现场笔记。

17. 2005 年 1 月 3 日是我在班达亚齐的第一天，当天晚上，一声巨响惊醒了我们。由于水的毁坏作用，一个购物中心在离我们大约一千米的地方倒塌。

18. 根据我的每日记录，在任务开始的几天里，一名澳大利亚陆军卫生官员对我们生活区域的泥土进行了测试，发现"泥土"更多的是牛粪便，而不是土壤（考虑到我们周围都是有野兽出没的稻田，这并不奇怪）。

19. 在部署行动的初期，当地的移动通信塔无法支持语音通话，但可以收发短信，这也成为新闻媒体代表之间首选的通信方式。
20. 澳大利亚军事术语，指投入比率。例如，在积累速度很快的条件下，一旦理想的长期习惯建立起来，它就被认为是"稳定状态"。
21. A.赖德和D.布雷瑟顿（2011），《自然灾害中的社会恢复力》（贝辛斯托克：帕尔格雷夫·麦克米兰出版社），第43页。

第四部分　译员在战时和战后的经历

风险意识及其管理：伊拉克战争中为澳大利亚国防军服务的伊拉克译员的经验教训（2003—2009）

阿里·阿尔巴卡（Ali Albakaa）[①]

战争对任何国家来说都是最具破坏性的事件之一[1]。它夺走生命，摧毁家园，使人们流离失所[2]。战争的目的包括"维持和平、建立国家、镇压叛乱、人道主义援助，还有反恐"[3]。在伊拉克战争中（也称为第二次海湾战争，2003年至2011年），国际联军部署兵力，设定了几个战略目标。首先，美国的目标是消除所谓的

---

① 本章引用了我目前在澳大利亚莫纳什大学文学院语言、文学、文化和语言学系进行的语言学和应用语言学专业博士研究成果，其题为《战区澳大利亚国防军的伊拉克当地口译员：从语言能力到文化中介》。本文考察了为澳军服务的伊拉克籍英语－阿拉伯语口译员的角色、职能和地位，旨在为澳军未来的作战语言规划提供建议。我要特别感谢保罗·麦克拉克伦少将、霍华德·曼斯博士、阿利斯泰尔·汤姆森教授和伊恩·兰福德准将的支持和帮助。

免责声明：根据国防部和退役军人事务部科研道德委员会的规定，澳大利亚国防军指定的赞助者已阅读本章并批准发行。批准发行绝不表示澳大利亚国防军认可本章的内容或结论。本章引用了作者对澳大利亚部队军事人员和伊拉克当地口译员的采访，而相关的分析和结论仅是作者本人的观点。

阿里·阿尔巴卡，莫纳什大学，澳大利亚墨尔本市，邮箱：ali.albakaa@monash.edu

伊拉克大规模杀伤性武器和远程导弹计划的威胁[4]。这些威胁被美国、英国、澳大利亚、法国和其他中东国家认为是对国际安全的重大威胁。反恐，则是第二个战略目标，美国总统乔治·布什宣称，伊拉克通过提供制造化学武器的技术来帮助和保护基地组织等恐怖主义组织[5]。澳大利亚国防军是支持这些目标并部署军事人员的国际联军之一。

鉴于战争的危险性，澳大利亚国防军对其军事人员身体和心理进行了训练。定期的风险管理培训是澳大利亚国防军向其前线部队提供的最重要的训练内容之一[6]。这种预先规划的方法在作战部署之前、之中以及之后的人员准备中起着重要的作用[7]。在风险管理方面，人员通常可以从所属单位获得不同类型的支持和指导。例如，在2002年，国防部长和国防军总司令批准了一个自上而下的系统方法来管理防务风险[8]。该方法建立了一个风险管理架构，要求国防部所属全体人员完成风险管理培训，应对可能出现的海外部署[9]。澳大利亚已将灌木丛环境（天然环境）用于此类训练工作，并用作模拟战场，帮助士兵学习应对众多不可预测的威胁。训练内容包括巷战、反伏击以及其他单兵技能[10]。澳大利亚国防部心理健康局还制定了多种缓解策略，确保部署在伊拉克和阿富汗军队人员的健康和安全。其中一个项目是自我管理和弹性训练（Self-Management and Resilience Training，SMART），目的在于训练澳大利亚部队在压力下具备更强的恢复能力[11]。这些培训项目不仅仅针对那些在交战区服役的人，也提供给那些可能被部署到救灾环境中的人[12]。

语言支持是作战计划中的一个要素，对海外军事行动的成功至关重要[13]。因此，不同国家的军事组织招募不同类型的语言工作者，为其部署的部队提供服务。根据《美国反叛乱野战手册》，美军将语言服务人员分为三类[14]：第一类，经过安全审查但没有安全许可的当地国民；第二类，具有秘密级安全许可的美国公民；第三类，具有绝密级安全许可的美国公民[15]。第一类语言工作者通常是在当地雇佣的，需要经过安全审查[16]。他们与美军接触，向士兵提供"在巡逻、警戒、开源情报收集、军民行动等活动中的基本翻译"[17]。第二类语言工作者是通过美国军事情报机构安全审查的美国公民。他们在口语和书面交际方面具有较好的优势，这类人员能够与高级指挥官进行军事交流。第三类语言工作者也是美国公民，但具有绝密级许可[18]。与第一类人员不同，第三类语言工作者具有出色的口头和书面交际能力，且只保障师以上单位和高级指挥官。在反叛乱行动中，只有第二类和第三类人员有权从事涉及敏感和机密信息的工作[19]。

与美军一样，澳军也有《军事人员政策手册》，用于指导指挥官和管理者管理所属人员[20]。该手册将反叛乱行动中的防务人员分成两类，即穿制服的和不穿制服的。但是，澳军对于支持作战的语言工作者分类尚不明确，不像美军那样详细。《军事人员政策手册》将防务人员分为三类：合同制人员、文职和本地雇员[21]。合同制人员是由澳大利亚国防军招募的人员，可以临时或短期为澳大利亚部队的军事行动提供某些所需技能。合同制人员在澳大利亚公务部门或国防军人员的领导下工作[22]。澳军的编制表中还有一类文职人员不同于普通防务人员，其得到授权履行职责，且在执行任务期间必须服从澳军的纪律[23]。澳军的第三类人员即本地聘用人员是通过签署合同或依据1999年《公共服务法》第74条从海外招聘的人员[24]。

243

最后一类人员是本章论述的重点。这些本地雇员曾在伊拉克战争期间被许多国家雇用，尽管其经验与正为澳军服务的雇员具有共同之处，但迄今为止，专门为澳军服务的伊拉克译员的问题很少有人探究。被招募的本地雇员与澳军一起工作，但他们不太可能像澳军士兵在本土接受训练那样在伊拉克武装冲突中接受风险管理训练。

本章探讨了伊拉克冲突期间国防语言工作者的经验。"国防语言工作者"是澳大利亚国防军根据特定雇佣合同招募的当地人，负责为澳军与伊拉克人之间的交际提供服务。以笔者在伊拉克交战地区担任口译和笔译员的经验来看，这些本地雇员被澳军称为"口译员"（Terps，为interpreters的缩写），被盟军称为"口译员（Terps）"或"翻译（translators）"。第二次海湾战争打响后，澳大利亚国防军于2003年至2009年加入了以美国为首的多国部队，本章聚焦于在这期间澳军开展的"触媒行动（Operation Catalyst）"。笔者将口述史作为一种研究方法，借助伊拉克译员的经验，研究澳军和伊拉克译员的风险感知和风险管理方法，以此总结经验教训。这项研究至关重要，因为这让我们能够了解伊拉克译员如何评估和应对风险。正如艾布拉姆斯（Abrams）所言："口述史是一种实践，也是一种研究方法。这是一种记录人们的言语并分析他们对过去的回忆的行为。"[25]这种方法在口译研究中的一个有效应用是鸟饲玖美子（Kumiko Torikai）的著作，该著作考察了"二战"后日本外交口译员的习惯[26]。本章也介绍了澳军相关人员的观点，涉及雇用伊拉克译员的风险以及对这些风险的管理，最后本章论述了针对伊拉克译员专用政策的效果。

第四部分　译员在战时和战后的经历

在这里，需要对本章使用的几个术语进行定义。风险与个人或集体的决策有关，"这种决策，可能通过其行为的结果损害生命或名誉"[27]。换句话说，风险指"军事人员或语言工作者对某些危险因素做出单向或双向反应的过程"[28]。为避免重复，本章中，"译员"为涵盖性术语，包括"在不同语种之间传递语言和文化知识的书面翻译和口头翻译"[29]。除此之外，"翻译"可以定义为用不同语言进行口头交际的"人际沟通"的一种形式，与其他非语言的沟通形式有所不同[30]。

构建模型

为了分析伊拉克战争中风险的性质，我构建了伊拉克译员的风险管理模型（见图1）。该模型基于罗马尼亚陆军上校帕特·佩特鲁（Pah Petru）提出的风险分类，以此描述伊拉克地缘社会和政治领域的风险性质[31]。我之所以选择这种模型，是因为对译员的叙事式访谈能够找到解决风险问题的方法。塔尔帕斯（Tălpas）曾说：这些风险复杂多样，可能在任何时间、任何地点表现出来[32]。本研究试图整理出一个框架，将风险管理训练当作个人和集体主动应对的重要部分。这一框架大致遵循这样一种观念，即处理战争风险是一个持续的过程，因为即便成功管理了当下的风险，新的风险也会出现。因此，该框架使用"风险周期"的概念，展现了不同武装组织中风险的产生、变化和应对的不同轨迹。该模型揭露的主题不仅引起了军事翻译领域学者的兴趣，还吸引了针对澳大利亚海外军事行动的历史研究者。

245

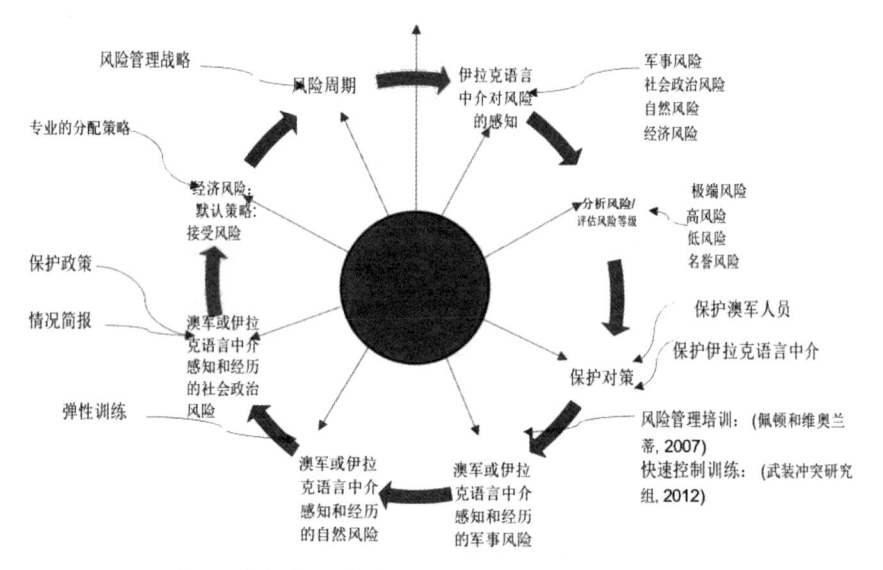

图 1 冲突地区伊拉克译员的风险周期和风险管理模型

该模型包含的内容有：

a. 伊拉克译员所感知和经历的风险。在模型的这一阶段，我着眼于伊拉克冲突地区不同风险的性质以及影响军事语言交际的情况。

b. 在模型的后续阶段，澳军对每一种风险都有响应。这里，我对澳军管理风险以及保护本地雇员而采取的措施进行了调查。

c. 模型的末尾阶段展示了宏观风险管理战略。为此，我采访了澳军军事人员和伊拉克译员，同他们探讨应对各类风险的策略。

伊拉克译员对"风险""威胁"或"危险"的认知

武装袭击不仅影响澳军人员，也牵涉到伊拉克译员[33]。在伊拉克冲突中，武装袭击的共同威胁表现为两个对立的宗教团体或政治意识形态之间的冲突。恐怖组织以武装人员的身份行事,他们认为自己是所有穆斯林的代表,并将来自西方的对手描述为异教徒,认为占领穆斯林土地就该被杀。具有不同政治动机的其他叛乱分子还包括萨达姆·侯赛因复兴党、伊拉克民族主义者以及邻国及其盟友的叛乱分子。特别是来自邻国的叛乱分子,对联军及其译员以及伊拉克国民构成了重大威胁。这种威胁是通过资助和培训恐怖分子并将其送往伊拉克作战而产生的。同时,常规军事力量还要面对被占领国政治力量对其军事行动的破坏和干扰[34]。这些政治意识形态使伊拉克译员陷入了困境,他们与外国军事组织合作,被认为不忠于自己的人民和社会,因此备受争议。以下各小节将介绍"风险周期"中被当事人感知或经历的各类风险,澳军和语言工作者如何管理风险,伊拉克译员应对风险的策略,以及总结的经验教训。对上述问题的解释可以帮助人们更好地了解伊拉克译员面对的风险,以及外国军事组织如何将这些因素纳入未来军事行动的计划和实施过程中。

军事风险

军事风险对伊拉克译员在武装冲突中的作用和地位构成了极大的威胁,有时甚至是致命的。在伊拉克,由于暴露在恐怖组织、外国武装分子和民兵组织的火力之下,伊拉克译员面临严重的身心伤害风险。塔尔帕斯曾研究过类似的武装冲突,分析了阿富汗武装冲突期间的风险管理,并发现对占领军来讲,叛军造成的威胁或风险主要针对两个特定的群体:国际联军及其译员[35]。这种军事风险之所以存在,是因为译员参与了国际联军的许多军事任务。

学者们认为,在战斗中,专业人员的反应可能不同于未受过训练的人[36]。这些差异相当大，且应与风险管理的策略联系起来[37]。在突然袭击中，训练有素的专业人员知道该怎么做[38]。他们的训练和经验使他们面对暴力时更有可能保持镇定并根据演练的操作规程做出正确反应[39]。相反，未经训练的参战者在遇到意料之外的暴力袭击时会更加紧张和糊涂。他们面对暴力的反应或许可以反映出他们缺乏应对高压和威胁性场景的经验[40]。

在伊拉克武装冲突中，部署的澳军部队招募了伊拉克平民来担任部队（以及相关人员）的译员。这些译员在偏远且危险的地区履行翻译的职责：

我还得和澳军集训队一起飞往贝斯玛亚训练营，为伊拉克士兵做翻译……那个营地像塔利尔一样大……我认为它距巴格达40或50公里。我们必须前往巴格达，为澳军做翻译，并帮助他们训练伊拉克士兵。当然，巴格达不像萨马沃，也不像纳西里耶，巴格达是最危险的地方。（济加尔省，伊拉克译员，奥马尔，2018）

在伊拉克武装冲突中，与澳军合作的伊拉克译员还要和澳军作战部队一起执行任务，会见关键的地方领导人：

那是10年前的事了，但在我的记忆中，我们有过各种各样的经历。我们经常会见酋长——本地区的核心领导人，我们还设法会见该地区的所有关键领导人，对他们嘘寒问暖，试着帮助他们。当然，我们是通过当地的翻译来做这些的。（澳军连指挥官，约翰·希基，2018）

有的译员为特遣队提供语言服务，来训练2003年战后招募的伊拉克新军。这些军事语言翻译活动使伊拉克译员经常面临受伤或死亡的风险。

在伊拉克的武装冲突中，澳军遵循他们的"交战规则"来保护他们的译员。交战规则为那些译员提供了预防风险的指导原则。澳军认为"交战规则专门为避免平民伤亡和民用基础设施破坏而设计，同时也为部队提供了最大程度的保护"[41]。正如一位高级官员所说：

可以确定的是，我们有能力在交战规则之下保护我们周围受到威胁的伊拉克国民或翻译。（澳军少将，保罗·麦克拉克伦，第一师和海外联合部队司令部指挥官，2017）

伊拉克译员得到了与澳军地面部队同等程度的保护。曾在澳军担任连长的约翰·希基这样描述澳军对译员的无差别保护：

据我所见，他们（当地译员）都穿上了防弹衣。他们和我们一起乘坐相同的车辆。我们撤离塔利尔营地时，当地口译人员的防护等级与我和我的战士是一样的。（澳军连指挥官，约翰·希基，2018）

一些前线的军事人员也认可这点。澳军基于"交战规则"管理伊拉克译员的风险，并在其安全简报中汇报伊拉克译员的情况。一名在伊拉克南部服役的前线士兵讲述了他的经历：

作为澳军人员，我们被要求在任何行动之前的安全简报中汇报译员情况。（澳军前线军事人员，托马斯·罗兰，2017）

总之，关键的结论就是澳军部队通过"交战规则"来保护自己和译员，其对风险或危险的任何应对都把伊拉克译员包括在内。

然而，正如图1所示，伊拉克译员认为军事风险是战争给他们的最大和最极端的风险。这种风险出现在他们与地面部队执行任务期间和之后。曾与作战部队一起巡逻的译员马吉德（Majeed）详细解释道：

你和澳军一起出行，你不知道你什么时候……会面对死亡。大多数情况下，澳军从不告诉我巡逻要去的地方。你必须预料到两件事，要么你会被 RPG7（火箭弹发射器）击中，要么你会被路边炸弹轻而易举地杀死……我记得 2007 年我们在沙特拉被火箭弹袭击，但好在没有人在那次袭击中死亡。我告诉我旁边的士兵我要罢工了。是的，虽然他们为我们提供了头盔和防弹衣。（济加尔省，伊拉克译员，马吉德，2017）

军队人员的描述表明，伊拉克译员面对危险的第一反应是自保。澳军对这类危险的反应之一是给马吉德穿上防护装备，例如防弹衣和头盔，保护他免受军事袭击。澳军集训队的一名教官也承认这种保护办法，他指出：

往返于伊拉克兵营和塔利尔营地期间，当地口译人员有防弹背心、头盔以及与澳军人员相同的载具保护。（澳军集训队教官，山姆·胡克，2017）

这些措施是保护伊拉克译员免受恐怖组织袭击的必要措施。然而，近距离的突然暴力袭击还是让马吉德感到焦虑。马吉德告诉澳军他不再愿意工作的反应展现了他极度恐慌的精神状态。尽管澳军人员在部署前接受了培训，但在袭击中出现这种情况可能会加剧澳军人员焦虑感。曾为澳军巡逻部队服务的萨姆（Sam）表示，他与作战部队执行任务面临多重风险：

我记得我们巡逻至加拉夫的时候，被一个简易爆炸装置袭击。那是一次非常可怕的袭击。我们很幸运，在那次袭击中没有人死亡。我记得那辆车（"巨蝮号"）受损了……当然，我当时非常迷茫和担忧……我不知道该怎么办，就连我旁边的那个士兵也帮不了我。他只说了一句"待在这里，别动"，然后他走进装甲车，和其他人

说话。而后，我不得不和他一起等着。（济加尔省，伊拉克译员，萨姆，2017）

这些无法预料的致命袭击影响了被指派为澳军作战部队提供语言支持的萨姆。遭受袭击时，在与澳军人员的互动中，萨姆的即时反应很快升级为惊慌和恐惧。这类惊慌和恐惧以及"心烦意乱"是未经训练的人在武装冲突中面对暴力时的特征[42]。在遭受攻击后，萨姆的风险管理方法是高度依赖澳军士兵的帮助。与训练有素的澳军士兵不同，无论是马吉德还是萨姆，身体和心理上都没有应对这些袭击的准备。

佩顿（Paton）和维奥兰蒂（Violanti）认为风险评估和管理对于增强人员面对突然武装袭击的反应能力很重要[43]。这包括培训各行各业的人士，如执法人员、消防员、军事人员，以及武装冲突中的语言工作者[44]。这些人要了解如何应对惊慌、恐惧和意外袭击，并处理非理性的反应。伊拉克译员需要有针对性的训练来帮助他们生存，例如，训练他们在战斗中有序地登上或离开装甲车。

有的伊拉克译员认为，一些澳军军事人员相对于"集体防护"更倾向于自己的"个人防护"。一位译员说道：

我们在纳西里耶市附近执行军事任务，在一所用泥土建造的房子附近停了下来。巡逻队停下后，澳军巡逻队队长指示他的士兵派我去检查房子，看里面是否有人……我当即拒绝并告诉他们，"让你们的队长去检查房子，因为你们是士兵"。之后，他们进入那所房子，在里面发现了一些当地民兵的照片。（济加尔省，伊拉克译员，拉赫曼，2017）

澳军作战部队的人员非常警惕，"泥屋"很可能是敌人设置的埋伏。可是，负责那次任务的队长命令他的士兵让伊拉克译员去检查那所房子。也许那位队长或他的士兵想让拉赫曼检查房子,是因为拉赫曼能够以一种不那么咄咄逼人的方式和住户交谈。但拉赫曼有和澳军人员类似的感觉,即"泥屋"可能是"敌人的陷阱",他利用了自己的风险管理方法避免成为伏击受害者。

我认为,澳军军事人员与伊拉克译员的这种互动导致了严重的问题。首先,澳军作战人员的决定使拉赫曼面临受伤或死亡的危险。其次,在伊拉克文化中,唆使拉赫曼检查房屋属于"侵犯房屋隐私"。如果拉赫曼进入房子,见到未戴面纱的妇女,房子的主人可以根据当地法律要求赔偿。拉赫曼建议巡逻队长自己去检查房子也是不明智的。拉赫曼应当向队长强调自己的译员身份和任务,并提醒他自己是一个平民,而不是一名战士。不管怎样,不能要求拉赫曼按照澳军的专业标准行事,因为他没有接受过相关的军事训练或指导。那位队长的行为不一定是典型的。但值得一提的是,2009年在阿富汗,澳大利亚士兵马克·唐纳森(Mark Donaldson)因英勇营救受伤的阿富汗译员被授予了维多利亚十字勋章[45]。唐纳森为了保护阿富汗译员,把自己暴露在敌人猛烈的火力下。而那位巡逻队长的问题不仅仅是交给拉赫曼不合适的任务,他也没有把伊拉克译员当作澳军战斗单元不可分割的一部分。如果译员承担了这种侦察式的任务,很可能影响其作为平民的身份和地位。

这里要汲取的教训有以下几点。首先,双方要认识到译员的职责任务;其次,一旦双方建立了信任且相互在工作上已经较为熟悉,伊拉克译员可以提供有关战场环境的建议(有助于提高团队的态势感知)。此外,在上述案例中,理想的情况是让队长和拉赫曼一起检查这座房屋,避免不必要的风险。

第四部分　译员在战时和战后的经历

自然风险

暴露于高温、寒冷和其他环境因素所造成的伤害也是伊拉克译员面临的严重威胁之一。外国军事组织根据自身的情况来雇用伊拉克译员，但他们通常并不知道译员就像其他实践性职业一样，需要语言技能以外的经验和知识[46]。关于职业健康与安全的研究表明，人们可能受过作为译员的培训，但他们可能从未接受过如何保护自己免受环境危害的培训[47]。例如，在阿富汗冲突期间，对环境风险的分析显示，阿富汗译员被招募执行翻译任务，但他们从未接受过针对危险环境的应变能力训练[48]。由于缺乏训练，译员在战时冒着风险，将自己暴露在可能对其健康产生影响的环境下。例如，高达45°C的极端温度，曾是阿富汗译员面临的最严重的环境威胁[49]。

在伊拉克冲突期间，伊拉克译员需要与澳军一起穿越伊拉克南部的偏远地区，这要求他们妥善应对这些偏远地区的恶劣天气条件。这些地区对于受过高等教育的伊拉克市民来说可能很陌生，他们虽然具有较高英语水平，能够与外国人打交道，但缺少在偏远或农村地区生存的技能。伊拉克译员将这种自然环境风险视为高等级风险，这也加剧了他们的焦虑和压力。这种压力同样存在于澳大利亚军队及其翻译人员中，且高温可能会对澳军产生更大影响。不过，与来自民间的伊拉克译员不同，澳军官兵至少受过应对自然风险的训练。有人回忆起担任巡逻队译员的经历时说道：

每次他们都带着我在沙漠里待上超过三个昼夜。我被要求像军官一样吃饭睡觉，而不是像平民一样。有时候他们会提供食物和睡袋。是的，就这些。（济加尔省，伊拉克译员，加兹万，2017）

在伊拉克南部沙漠同澳军作战部队露营被伊拉克译员认为是一

项危险的任务。南部沙漠是各种昆虫、蝎子和蛇的家园，例如被伊拉克人称为世界上最致命的毒蛇之一的"萨耶德达希勒蛇"。一位名叫奥马尔（Omar）的当地译员解释道：

> 是的，澳军部队以前经常穿梭在沙漠里，因为他们要前往不同的地区，睡在沙漠附近是为了节省第二天的行军时间。说实话，我大多数时候都睡不着，因为很可能会被蛇或蝎子咬伤。那里的土壤大多带有裂缝，是这些动物的家园。而对澳军官兵而言，睡在地上是很平常的。（济加尔省，伊拉克译员，奥马尔，2018）

为保护伊拉克译员，使其免遭这类自然风险的危害，澳军可提供的后勤保障是有限的。例如，睡袋按规定只能保障澳军，而且在战前已经分配给官兵，因此不会向伊拉克译员提供。有个伊拉克译员回忆道：

> 我记得联络官在电话里告诉我和我的朋友，我们需要带毯子或睡袋。我问他能不能给我们提供睡袋，他说不行，这些东西只提供给澳军人员。（济加尔省，伊拉克译员，纳迪尔，2017）

对于那些需要在野外过夜且希望得到一定物资保障的伊拉克译员而言，这种类似睡袋问题的后勤保障不足，引起了他们的担忧。例如，阿巴斯（Abbas）在澳军撤出纳西里耶之前一直为其巡逻队服务，但他对已签订的合同条款表示不满：

> 我以前接受了大部分巡逻工作，但他们自己用着毯子和睡袋却不给我提供。你看一下我们的合同，上面第10条写着：你应对雇主发给你的所有衣物和器材负责，任何破坏或损失都可能从你的工资中扣除。（济加尔省，伊拉克译员，阿巴斯，2017）

为了应对这类环境风险，一些伊拉克译员会直接从美军基地便利店购买睡袋，而有些人则有机会从澳军那得到睡袋，但必须在完成任务后归还。不过，美军基地便利店里面可供出售的睡袋是有限的。萨米尔（Sameer）提到了这点：

在多数巡逻任务中，天气非常冷的时候我不得不睡在帆布做的行军床上，没有毯子。我整晚都睡不着，经常等着司机发动汽车引擎，请他打开暖气系统，因为实在太冷了。我让一个在美军服役的朋友帮我从塔利尔的美军超市买一个睡袋，但他说睡袋已经卖完了。（穆萨纳省，伊拉克译员，萨米尔，2017）

纳迪尔、萨米尔等人的经历与我自己在澳军巡逻任务中的经历有些相似。有一天，天气非常寒冷，指挥官要拜访伊拉克南部政界领导，我被要求与澳军战斗人员在沙漠中宿营。到了睡觉的时候，我发现他们没有多余的睡袋给我。为了解决这个问题，一位来自军民协作局的上尉把他个人的睡袋给了我，而他只能盖着睡袋套度过整个晚上。在波黑的作战保障中，也曾出现过对译员保障不足的问题。在那场冲突中，由于福利保障制度缺失，译员只有决定自费购买健康保险来应对工伤风险[50]。

伊拉克译员面临的这些环境风险清楚地表明，在部署前、训练中、任务后，他们都没有获得与澳军军事人员同等的待遇。适应性训练应当共同进行，因为如果一方接受了培训而另一方没有，后者认知的缺乏很可能会影响到前者的表现。

社会政治风险

早在 2003 年，伊拉克译员面临的社会政治风险问题就引起了争论，尤其是在伊拉克和阿富汗的工作环境中。米哈埃拉·塔尔帕斯（Mihaela Tālpas）等学者认为，译员容易遭受攻击，是因为他们在获取机密信息方面发挥了重要作用[51]。其他学者，例如约瑟夫·洛比安科（Joseph Lo Bianco），则认为恐怖组织对译员的敌意源于他们的信念，恐怖组织认为替占领军翻译损害了当地社群的利益[52]。从叛乱分子的角度看，译员向外国军事组织提供翻译服务，意味着他们在帮助"侵略者"了解他们社区的真实情况[53]。即便是战后，因训练新征募的伊拉克武装部队而提供语言服务的行为也被认为有悖于他们的利益。这些政治意识形态将交战区译员置于"占领军"那一方[54]。

在伊拉克武装冲突中，那些译员认为，与潜在的自然或环境风险相比，社会政治风险更高，甚至有可能成为极端风险。伊拉克译员认为，叛乱武装分子的存在对他们而言就是一种威胁，因为叛军和一些政治派别把他们视为澳军不可分割的一部分。默罕默德（Mohammed）是澳军集训队雇用的伊拉克译员，他曾被派去训练伊拉克武装部队，他说：

有一天，我被当地叛军组织的一辆车跟踪了，我从家到军事基地的全程都被那辆车尾随。当我把这事告诉负责军事训练的队长，他却告诉我"我们帮不上任何忙，要不你休几天假等着事态好转"。（济加尔省，伊拉克译员，默罕默德，2017）

2012年，国际会议口译员协会（AIIC）和非营利性组织红T会（Red T）为高危环境中工作的口译和笔译人员提供了一份现场指南。那份指南提出了武装冲突各方具有的权利与责任，并指出口译员和笔译员"在工作期间和之后都有获得保护的权利"[55]。然而，澳军不能向伊拉克译员提供战局之外的保护。试想，如果澳军为那些他们认为有危险的译员提供保护,译员会乐意永久居住在一个远离家人或朋友的军事基地吗?伊拉克译员会接受美军或澳军的军事纪律吗?此外,如果澳军向他们认为陷入危险的一些伊拉克译员提供紧急保护,并提供前往澳大利亚的机会,那其他译员是否还愿意留在伊拉克继续从事翻译工作?如果澳军护着所有的伊拉克译员并把他们送到澳大利亚,那谁会留下来做翻译的工作?在与伊拉克译员的访谈中,我们可以收集到这些问题的答案。伊拉克译员承认,由于种种原因,他们很难留在军事基地。这些原因,有安全方面的,也有文化差异与身份地位方面的。在安全方面,伊拉克译员发现待在军事基地也可能有生命危险,因为澳军和其他部队也是被攻击的目标。正如一位伊拉克译员所述:

这当然很困难,因为澳军也是叛军和恐怖分子的攻击目标。如果我留在基地,可能会死于这些攻击。我觉得,这对单身人士来说还好,但对我们这些有孩子的已婚人士来说就不容易了。(伊拉克译员,默罕默德,2019)

其他伊拉克译员则表示,他们很难把家人留在有着不同文化习俗的军事人员身边:

如果我在那里受到了威胁,我会寻求庇护,要求他们带我去澳大利亚或者其他安全的地方。如果他们拒绝,我就会辞职去别的地方。(济加尔省,伊拉克译员,萨阿德,2019)

在执行任务后或在工作时间之外获得保护的权利,也曾让保罗·麦克拉克伦少将感到忧伤:

那些口译人员全程都不需要待在基地,他们住在自己家里,所以刚开始澳军并不在场。因此,有时一些口译人员没有得到澳大利

亚军队的保护。(澳军少将,保罗·麦克拉克伦,2017)

这种情况表明,澳军的"交战规则"仅在工作期间保护伊拉克译员,而不是在工作时间之外。就像武装冲突中的记者一样,跟随美军巡逻队的伊拉克译员会被视为国际联军的一部分。有一位伊拉克译员曾提到了这种意识形态上的从属关系,他说,一些武装分子以前经常在出租车停车场等着,看谁去了塔利尔军事基地,然后把这些人列为"叛徒"或"占领军支持者":

我去坐出租车是因为当时我没有私人汽车,当我到那里,发现许多武装分子都在等着看谁打车去美军基地……顺便说一句,就连出租车司机也很担心,所以司机改变了用语,从"带乘客去阿里空军基地"改成了"去乌姆艾尔施瓦格"(这是美军基地附近一个村庄的名字)。(济加尔省,伊拉克译员,阿米尔,2017)

在缺乏风险管理策略的情况下,伊拉克译员不得不靠自保来免受社会政治威胁。一个名叫默罕默德的伊拉克译员表示,他不得不聘请一名私家的士司机载着他和其他译员去上班:

后来,我对我的那些朋友说,如果我们雇一个值得信任的出租车司机会更好,至少我们再也不用去公共出租车停车场,免得我们像绵羊一样被宰杀。(济加尔省,伊拉克译员,默罕默德,2017)

伊拉克译员并不信任当地的主流群体,他们害怕将来成为众矢之的,所以他们采取其他策略来保护自己的身份。莫亚梅尔(Moyameer)解释说,当他随同澳军前往武装分子势力范围内的村庄时,他经常把他的阿拉伯语方言从伊拉克阿拉伯语换成埃及阿拉伯语,以避免别人问他的住处:

我们那边很多当地人都向着武装分子。所以，为了保护自己，我不得不改变我的方言，用埃及方言和当地人交谈，但这种方言让我在社区里遇到了麻烦。那天我在翻译，刚开始一切正常，直到后来，澳军军官和当地人交谈的时候说到了"袋子"这个词，它在伊拉克方言里叫"袋子"，但在埃及方言里面是"提包"，当时我不记得怎么用埃及方言说这个词，就用伊拉克人的方式说了。这使得当地人嘲笑我，他们发现我是伊拉克人……不会吧，我都没把换方言的事告诉澳军军官。（济加尔省，伊拉克译员，莫亚梅尔，2017）

这些新的风险管理策略表明，尽管伊拉克译员在基地外的危险环境中运用了自己的策略，但这些策略不总是会奏效。为了避免被当地武装分子认出，我自己也用过一些策略。在我参与的一次翻译任务中，我作为译员随同澳军巡逻队前往纳西里耶省北部的一个村庄，为后续抵达的澳军部队提供安全保障。一名澳军中尉负责那次巡逻，我的任务是帮他翻译。到达村庄后，他们让我离开装甲车，朝村民走去。我试图用我自己的风险管理策略来保护自己，免受未来任何风险后果的影响：我隐藏了自己的身份，因为我不认识那些村民，但他们可能会询问我的身份。与那些村民接触后，他们先问了我的身份再让我翻译，为了保护自己，我告诉他们我来自堪培拉，我的家人在澳大利亚，家人很久以前就搬到了那里。然而，我的策略失败了，因为一名澳军士兵透露了我的伊拉克译员身份，澳军士兵根本就没有意识到我的危险处境。

经济风险

战争期间，随着伊拉克经济改革的推进，重建水利设施、医院、学校等国际项目开始落实。其中，许多项目是由部署当地的国际联军资助的。然而，这些资金的处理方式使伊拉克译员身处险境。大多数外国军事组织会直接把建设招标的任务交给某些伊拉克译员。萨米尔曾在纳西里耶的警察局工作，他担任过伊拉克译员，他道出了这种不恰当的资金处理方式：

> 大多数军队会把工程招标的事交给口译人员，并请他们找当地承包商。我认识一个曾与我们共事的译员，他经常把标书交给他认识的承包商，他变得非常富有，后来没有去澳大利亚，因为他宁愿待在那里。以前，一些口译员会从交给伊拉克承包商的每个项目中抽取50%的提成。而且他们不仅从澳大利亚军队那抽取提成，也从美国和意大利军队那抽取提成。这让我们的生命处于危险之中，就像武装分子和恐怖分子的威胁那样，因为这造成了伊拉克承包商与这些口译员之间的矛盾。而你不可能向军队举报，说招投标的不对，因为那样你我都会失业。（穆萨纳省，伊拉克译员，萨米尔，2017）

这种项目分配政策影响了伊拉克译员的角色、身份和地位，增加他们的风险。萨阿德是伊拉克当地派出所的一位译员，他认为这种情况就是一场危机：

> 招标问题在伊拉克是一个大新闻，曾有一名口译员被枪杀（不是澳军的译员），因为他曾经指定承包商承接项目。当然，他有能力这样做，因为他知道每个项目招标的价格，而且他又是其中的译员。我认识一个和意大利军队合作的译员，他开了一家建筑公司，因为那样他就可以通过自己的公司拿钱。（济加尔省，伊拉克译员，萨阿德，2017）

另一个伊拉克译员也表达了类似的看法：

许多军官与译员有过交情，他们要求口译员找承包商，译员就直接把合同交给他们拜访的酋长，然后酋长再把合同交给分包商。（济加尔省，伊拉克译员，哈利勒，2017）

在军队担任译员的这一身份，使人们以为所有的伊拉克译员都有权接收和分配项目给当地承包商。这种经济风险在当地变成了两个危险因素。首先，当地承包商和一些人开始骚扰伊拉克译员，频繁要求译员给他们建筑项目。为巡逻部队担任过伊拉克译员的艾哈迈德（Ahmmed）说：

每个人都开始问我：你为澳军做翻译，为什么不找一些项目，我们会给你钱的。人们坚信我有这能力，但当我告诉他们这不是我的工作时，他们不相信，还指责我是个骗子。（济加尔省，伊拉克译员，艾哈迈德，2017）

这增加了伊拉克译员被绑架的风险，而且他们所有人都有被绑架的风险，因为多数当地人认为他们是伊拉克社会最富有的阶层之一。在伊拉克警察局的一个译员在其故事中提到了这种风险：

战争结束后，许多人被绑架了，大多数时候绑架者都是向他们要钱。绑匪一旦得知谁有钱，就会派人去绑架他或他的家人。作为口译员，我们的处境是一样的，因为外军给口译员提供了项目，别人会觉得我们都很富有。（济加尔省，伊拉克译员，罗文，2017）

这类风险影响了伊拉克译员的正常生活。一部分伊拉克译员参与了项目分配，导致所有其他译员及其家庭也面临被绑架的危险。

大多数伊拉克译员不得不接受经济因素带来的风险。相对于前面提到的其他风险缓解策略,他们并不能用自己的策略来应对经济风险。因为,他们担心外军组织得知项目分配的事之后,会影响到他们的"译者身份",并导致他们失去工作。

结论

本章考察了伊拉克战争期间与澳军合作的伊拉克译员所面临的风险,强调了翻译人员和军事历史学家在今后需要考虑的关键问题,为未来研究提供参考。为什么会存在这样的风险管理(特别是在伊拉克的非战争军事行动中)?它对澳军执行任务有什么影响?译员对于风险管理的理解对世界各地未来的战争和非战争军事任务有什么影响?全面地回答这些问题超出了本章论述的范围。本章的宗旨是通过周期性战争风险管理模型揭示伊拉克译员面临的风险并对其进行详细说明。因此,本章的这一节将对调查结果进行总结,并为澳军今后的军事行动提供一些建议。

对澳军而言,首要的经验教训,就是要让现役士兵更好地理解伊拉克译员在危险情境中的角色、职能和地位。除此之外,也有一些其他相关的经验和教训,我将在下面详细说明:

经验教训 1 澳军招募当地平民并与之签约,但没有为他们提供有效的风险管理策略,使之难以应对"风险周期"中的各类风险。这种情况十分常见,因为澳军没有针对这些合同工的书面保护政策。在为澳军进行军事翻译时,伊拉克译员面临着不同类型、不同形式的风险,包括军事风险、自然风险、社会政治风险和经济风险。其中一些风险有短期影响,而另一些风险对伊拉克译员的影响则是长期的。军事风险是最直接的风险,它影响着译员在与澳军共同执行任务期间遭受袭击时的即时反应。由于缺乏定期的风险管理训练，伊拉克译员面临不同的挑战。单纯的语言能力不能完全满足战场环境的要求，有时伊拉克译员被迫扮演一个模糊的角色。为了帮助语言工作者抵御这类风险，建议澳军对军内人员和译员进行统一培训，免得后者感觉自己被雇主"晾在一边"。佩顿和维奥兰蒂提出的风险管理范式，用于管理与恐怖分子或当地民兵袭击有关的风险，是值得借鉴的[56]。

经验教训 2 与环境风险相关的因素也对伊拉克译员构成重大威胁。伊拉克译员被招募来协助澳军作战部队，但他们没有接受过抵御环境风险的训练，这给他们带来了持续的压力——尽管在这些挑战之下，他们还是为澳军做出了杰出贡献。建议澳军政策制定者和语言规划人员把针对译员的弹性训练纳入考虑范围。

经验教训 3 外国军事组织和某些政治派别之间的冲突有时使伊拉克译员处于极其尴尬的境地：澳大利亚为重建伊拉克做出了贡献，但伊拉克译员为澳军所做的工作与叛乱分子的意识形态存在分歧。在武装冲突期间，支持叛乱的政治分子将这些译员作为攻击目标。在当代复杂多变的反叛乱行动中，伊拉克译员面临着政治风险和军事风险，澳军应考虑提供情况简报和其他训练，帮助他们应对这些风险。

经验教训 4 外国军事组织投标分配的做法，使人们误以为译员极为富有，不仅影响了译员的政治忠诚，也增加了所有译员的风险。译员的角色、职能和地位缺乏明确的指导方针，在这种情况下，一些伊拉克译员无形之中给其他的译员制造了危险。外国军事组织也是这类危险因素的创造者，因为他们向伊拉克译员提供了组织项目招标的机会。建议澳军制定政策，避免或禁止译员参与项目招标。项目招投标工作应由专人承担，这类人员受过专业训练，且与澳军相关部门的雇员共事。有一个办法可以参考，就是通过新闻媒体而不是译员来发布项目信息，这样能防止译员引进他们自己的承包商，避免明显的利益冲突。

总的来看，最大的问题在于：澳军对伊拉克译员的保护是基于澳军对"交战规则"的认知，而不是基于更广泛的政策。大多数伊拉克译员不知道这些规则，因为这些规则被视为澳军的机密信息，而公开这些规则被认为是泄密。向公众或军队以外的任何人透露这些规则意味着这些信息可能被敌方情报部门用作对付澳军的方法。设想，如果伊拉克译员意识到对他们的保护是澳军"交战规则"的一部分，那他们理论上已经参与了对敌作战。如果出现了伊拉克译员造成平民伤亡的情况，这就违背了前澳大利亚国防军司令、空军上将安格斯·休斯顿（Angus Houston）所提出的澳军主张："澳军成员在严格的交战规则下执行任务，这些规则是专门为避免平民伤亡和民用基础设施破坏而设计的。"[57]值得一提的是，澳军的交战规则是根据国际法用于约束澳军作战人员的，然而，伊拉克译员是平民，他们需要一份成文的政策来指导他们与军事人员的合作。在缺乏具体政策的情况下，每个人都凭经验以自认为正确的做法行事。

本章从伊拉克译员出发，总结分析了为澳军服务的本地雇员的经验，从中吸取教训，旨在改善澳军在未来军事行动中的风险管理措施。今后我们可以从这些经验中汲取教训，避免重蹈覆辙，确保未来任何军事活动都能顺利进行。本研究的一大贡献在于揭示了伊拉克译员的经验和认知。对于任何译员来说，语言水平都是他们面

第四部分　译员在战时和战后的经历

临的第一项考验，在伊拉克战争的复杂环境中，他们还需要克服本章所述的各种挑战。以此为背景，本研究呼吁政策制定者和语言规划人员，例如，澳大利亚国防军的相关人士，为冲突地区和非冲突地区的口译员、笔译员以及语言学家制定相关政策，因为以往针对军人的政策中并没有考虑到这个群体。鉴于伊拉克译员面临着不同类型的生理和心理风险，政府应当优化保护措施。若正如我所猜想的那样，通过译员能获得重大作战优势，那么就有必要把军队译员纳入国家安全作战规划。

关于访谈

基于口述史学的方法，在没有任何组织或机构资助的情况下，我对所有的访谈进行了记录。出于安全考虑，这些澳军军事人员以及伊拉克译员的录音资料不能公之于众。但是，在我的文章中，会公开一些转录的样本。下面列出的名字中只有一个用的真实姓名，当然，采访的时间和日期都是真实的。我存留了一份资料，上面有对应的真实姓名。

以下所有采访均由阿里·阿尔巴卡完成。

（1）澳军军事人员

－ 保罗·麦克拉克伦（Paul McLachlan，真实姓名），访谈1次，2017年12月14日；

－ 约翰·希基（John Hickey），访谈1次，2017年11月17日；

－ 史蒂文·麦克劳德（Steven Mcleod），第1次访谈：2017年12月12日，第2次访谈：2018年12月14日；

－ 山姆·胡克（Sam Hooker），访谈1次，2017年12月13日；

265

- 托马斯·罗兰（Thomas Rowland），访谈 1 次，2017 年 12 月 15 日；

（2）伊拉克译员

- 奥马尔·阿尔萨利姆（Omar Alsaleem），第 1 次访谈：2018 年 3 月 30 日，第 2 次访谈：2017 年 4 月 6 日；
- 马吉德·阿拉维（Majeed Al-Alawi），第 1 次访谈：2017 年 7 月 19 日，第 2 次访谈：2017 年 7 月 30 日；
- 萨姆·阿莱泽贾维（Sam Alezerjawi），第 1 次访谈：2017 年 3 月 10 日，第 2 次访谈：2017 年 3 月 15 日；
- 拉赫曼·阿尔穆萨维（Rahman Almusawi），第 1 次访谈：2017 年 3 月 16 日，第 2 次访谈：2017 年 3 月 18 日；
- 默罕默德·阿尔苏塔尼（Mohammed Alsultani），访谈 1 次，2017 年 4 月 27 日；
- 加兹万·萨迪克（Gazwan Al Sadiq），第 1 次访谈：2017 年 3 月 22 日，第 2 次访谈：2017 年 3 月 28 日；
- 纳迪尔·亚森（Nadir Al Yaseen），第 1 次访谈：2017 年 4 月 13 日，第 2 次访谈：2017 年 4 月 14 日；
- 阿巴斯·卡迪米（Abbas Al Kadhimi），第 1 次访谈：2017 年 4 月 19 日，第 2 次访谈：2017 年 4 月 20 日；
- 萨米尔·阿巴斯（Sameer Al Abbas），第 1 次访谈：2017 年 4 月 17 日，第 2 次访谈：2017 年 4 月 18 日；
- 阿米尔·亚库皮（Ameer Al Yaqoupi），访谈 1 次，2017 年 4 月 28 日；
- 默罕默德·哈比卜（Mohammed Al Habeeb），第 1 次访谈：

2017年5月11日，第2次访谈：2017年5月15日；

－ 莫亚梅尔·纳瓦斯（Moyameer Al Nawas），第1次访谈：2017年5月17日，第2次访谈：2017年5月18日；

－ 萨米尔·侯赛尼（Sameer Al Husseini），第1次访谈：2017年9月8日，第2次访谈：2017年10月10日；

－ 萨阿德·卡里米（Saad Al Karimi），第1次访谈：2017年10月20日，第2次访谈：2017年10月22日；

－ 哈利勒·阿卜杜伊（Khaleel Al Abdei），访谈1次，2017年11月8日；

－ 艾哈迈德·奥拜德（Ahmmed Al Obaide），访谈1次，2017年11月1日；

－ 罗文·卡西米（Rowan Al Qasimi），第1次访谈：2017年11月8日，第2次访谈：2017年11月22日。

注释

1. 扬·安格斯罗姆和伊莎贝尔·杜伊文（2010），《现代战争与武力使用：挑战、方法和策略》（美国：劳特利奇出版社）。

2. 安格斯罗姆和杜伊文，《现代战争与武力使用：挑战、方法和策略》。

3. 安格斯罗姆和杜伊文，《现代战争与武力使用：挑战、方法和策略》，第1页。

4. 埃米尔·卡拉勒（2012），"大规模毁灭性武器与大众媒体在入侵伊拉克中扮演的神秘角色"，西悉尼大学博士论文，第76页，http：//researchdirect.wws.edu.au/islandora/object/uws%3A14294/

datastream/PDF/view。

5. 埃米尔·卡拉勒,"大规模毁灭性武器与大众媒体在入侵伊拉克中扮演的神秘角色",第 28 页。

6. 斯维托斯兰·盖多和胜·博伊(2005),《澳大利亚国防风险管理架构:一个对比研究》(爱丁堡;南澳大利亚:澳大利亚政府国防部,澳大利亚),第 2 页。

7. 盖多和博伊(2005),《澳大利亚国防风险管理架构:一个对比研究》。

8. 盖多和博伊,《澳大利亚国防风险管理架构:一个对比研究》。

9. 盖多和博伊,《澳大利亚国防风险管理架构:一个对比研究》。

10. 安德鲁·奥康纳,2017 年 5 月 26 日澳大利亚广播公司新闻,"澳大利亚陆军预备役人员为可能的海外部署做好'战斗准备'"。

11. 安德鲁·科恩于 2010 年在澳大利亚《心理学会期刊》上发表的文章"澳大利亚国防军的弹性训练"。

12. 安德鲁·科恩和澳大利亚心理协会,"弹性训练"。

13. 伊恩·琼斯和路易丝·艾斯丘(2014),《北约军事行动中的语言挑战:政策、实践与专业化》(贝辛斯托克:帕尔格雷夫-麦克米伦出版社),第 230 页。

14. 纳吉·约翰(2008),《美国陆军/海军陆战队反叛乱手册》(伦敦:芝加哥大学出版社),第 336-346 页。

15. 纳吉·约翰,《美国陆军/海军陆战队反叛乱手册》,第 345-346 页。

16. 纳吉·约翰,《美国陆军/海军陆战队反叛乱手册》,第 345-346 页。

17. 纳吉·约翰,《美国陆军/海军陆战队反叛乱手册》,第 345-346 页。

18. 纳吉·约翰,《美国陆军/海军陆战队反叛乱手册》,第 345-346 页。

19. 纳吉·约翰,《美国陆军／海军陆战队反叛乱手册》,第 345-346 页。
20. 罗克珊·凯利(2017),《军事人员政策》(堪培拉:澳大利亚政府／国防部)http://www.defence.gov.au/PayAndConditions/ADF/Resources/MILPERSMAN.pdf。
21. 罗克珊·凯利,《军事人员政策》。
22. 罗克珊·凯利,《军事人员政策》。
23. 罗克珊·凯利,《军事人员政策》。
24. 罗克珊·凯利,《军事人员政策》。
25. 林恩·艾布拉姆斯(2010),《口述历史理论》(伦敦:泰勒·弗朗西斯公司),第 1 页。
26. 鸟饲玖美子(2009),《无形存在的声音:二战后日本的外交口译员》(阿姆斯特丹:约翰·本杰明出版公司),第 197 页。
27. 约恩·伯克曼(2013),"关于'风险'的概念",《自然灾害百科全书》(多德雷赫特:施普林格出版社),第 856 页。
28. 迈克尔·K.林德尔(2013),"关于'风险感知与交际'的叙述",《自然灾害百科全书》(多德雷赫特:施普林格出版社),第 870 页。
29. 罗天(2016),"增强战斗力:中缅印地区的军事翻译",《语言翻译研究新系列主题》,15,第 143-161 页。
30. 丹尼尔·科斯特和玛丽莎·卡瓦利(2015),《教育、流动性、差异性:学校的中介功能》。
31. 米哈埃拉·塔尔帕斯(2016),"话分两路:21 世纪初阿富汗口译员处境综述",《语言翻译研究新系列主题》,15,第 241-259 页。
32. 米哈埃拉·塔尔帕斯,"话分两路:21 世纪初阿富汗口译员处境综述",第 247 页。

33. 米哈埃拉·塔尔帕斯,"话分两路:21世纪初阿富汗口译员处境综述"。

34. 斯蒂安·杰克斯鲁德等人(2016),《保护平民》(牛津:牛津大学出版社),第 116 页。

35. 米哈埃拉·塔尔帕斯,"话分两路:21世纪初阿富汗口译员处境综述"。

36. 武装冲突研究组(2013),"武装冲突:认知与介入的模式",《死亡研究》,37:1,第 61—88 页,DOI http://doi.org/10.1080/07487.2012.b55647。

37. 武装冲突研究组,《武装冲突》,第 61-88 页。

38. 武装冲突研究组,《武装冲突》,第 61-88 页。

39. 武装冲突研究组,《武装冲突》,第 61-88 页。

40. 武装冲突研究组,《武装冲突》,第 61-88 页。

41. 鹦鹉螺研究所(2014),"交战规则:阿富汗和伊拉克地区",2014 年 5 月 20 日访问,https://nautilus.org/publications/books/australian-forces-abroad/afghanistan/rules-of-engagement-afghanistanand-iraq/

42. 武装冲突研究组,《武装冲突》。

43. 道格拉斯·佩顿等人,"恐怖主义压力风险评估和管理",第 225 页。

44. 道格拉斯·佩顿等人,"恐怖主义压力风险评估和管理",第 225 页。

45. 艾玛·罗杰斯(2009),2009 年 1 月 16 日澳大利亚广播公司新闻,"士兵因在阿富汗的英勇表现被授予维多利亚十字勋章",ABC 新闻,2009 年 1 月 16 日访问:https://www.abc.net.au/news/2009-

01-16/soldier-awarded-vc-for-afghanistan-bravery/268276

46. 罗宾·迪恩和小罗伯特·波拉德（2013），《需求控制模型：作为实践职业的口译》，第154页。

47. 阿里·达尔维什（2010），《翻译应用：应用翻译研究导论》（墨尔本：作家视野出版社），第340页。

48. 米哈埃拉·塔尔帕斯，"话分两路：21世纪初阿富汗口译员处境综述"。

49. 米哈埃拉·塔尔帕斯，"话分两路：21世纪初阿富汗口译员处境综述"。

50. 迈克尔·凯利和凯瑟琳·贝克（2012），《解读和平：波斯尼亚-黑塞哥维那的维和行动、冲突和语言》（英国：帕尔格雷夫-麦克米伦出版社），第116页。

51. 米哈埃拉·塔尔帕斯，"话分两路：21世纪初阿富汗口译员处境综述"，第249页。

52. 约瑟夫·洛比安科（2008），"危机时代与语言规划"，《当代语言规划问题》，9：5，第155-178页。

53. 约瑟夫·洛比安科，"危机时代与语言规划"。

54. 约瑟夫·洛比安科，"危机时代与语言规划"，第155页。

55. 国际会议口译员协会、"红色译客"组织（2012），"为笔译员/口译员及其服务用户提供的冲突地区现场指南"（第3版），https://www.fit-ift.org/wp-content/uploads/2013/03/T-I_Field_Guide_2012.pdf。

56. 道格拉斯·佩顿等，"恐怖主义压力风险评估和管理"，第225页。

57. 鹦鹉螺研究所，"交战规则：阿富汗和伊拉克地区"。

第五部分
结语

战时交际、口译和语言
历史与当代视角

# 战时跨文化交际和语言：回顾及展望

理查德·格尔曼（Richard Gehrmann）
阿曼达·劳格森（Amanda Laugesen）[①]

与好莱坞剧本相反，战争中的士兵大部分时间并不会花在战斗和杀戮上。为了充分理解战争，我们要超越战斗的即时性去审视军事实践的其他维度，因为"重建战争之外的世界是重构士兵战时社会文化体验的核心部分"[1]。要完成这个任务，需要军事研究者既关注社会问题，也关注战略、战役和战术问题，这两个维度都应承认战争之外世界的即时性与重要性。

本书中各章节表明，语言是战时跨文化体验的重要组成部分，但战争中的跨文化交际不仅仅是通过译员在双方之间传递信息。在军事交际中，要明确译员的角色任务，关注他们如何将自己的想法、设想和价值观投射到跨文化交际中。无论是在军事语言工作者的培训过程中，还是在战争期间，抑或战后复杂的罪行审判中，这一点

[①] 理查德·格尔曼，南昆士兰大学人文与传播学院，澳大利亚昆士兰州图文巴市，电子邮箱：richard.gehrmann@usq.edu.au
阿曼达·劳格森，澳大利亚国家词典中心，澳大利亚国立大学，澳大利亚堪培拉首都直辖区，电子邮箱：amanda.laugesen@anu.edu.au

都是至关重要的。基岑（Kitzen）和福格尔桑（Vogelsang）总结了荷兰军队在阿富汗的经验，指出交际总是双向的，军事人员与其他人进行语言接触的任何场合中，"采访者和受访者一直在交换词汇、短语和手势，双方基于更广泛的认知背景，进而理解话语的内容"[2]。而本书的主要目的，就是厘清这种交际的复杂性。

跨文化交际的经验

特里·伯斯托尔（Terry Burstall）在回忆越战期间服役数月的经历时指出：

> 那时，我的认知已经变得非常狭隘，在我眼里，越南人只有两种：一种是住在村子里的人，他们憎恨我们并表现出来；另一种是城镇里的人，他们也讨厌我们但不公然表现出来，因为他们赚了钱，就等着敲诈我们。我们只有在休假的时候接触越南人，他们都是皮条客、酒吧女郎、酒吧老板和黑市骗子。我们对越南人的看法是非常片面的[3]。

对于作战人员来说，持有如此扭曲且负面的观点并不罕见，而语言技能和跨文化交际能力有助于消除这种偏见。

一些军事组织非常强调跨文化交际和语言技能的重要性。荷兰军队就是如此，在2008年至2011年间，荷兰军方聘请了莱顿大学的资深学者威廉·福格尔桑博士，为部署在阿富汗南部乌鲁兹甘省的部队担任文化顾问。福格尔桑的大部分学术生涯都在研究阿富汗的历史和文化，他不仅出版过关于阿富汗历史的权威学术著作，对古代和现代的阿富汗以及更广泛的中东地区也有丰硕的研究成果[4]。福格尔桑这类专业顾问的参与是一个很好的范例，这有利于军事组织在战时进行文化交流，增进文化理解。但对跨文化交际的重视不应停留在指挥官层面，因为普通士兵在与不同背景的人交流时也需要指导。通过有效的跨文化交际，普通士兵既可以更好地执行任务，又能从中受益、拓展视野，更好地融入当地社会。研究者不仅要关注实现军事目标的政策，还应研究战时人际交流可能产生的潜在影响。

尽管上文中荷兰展示了一个正面的案例，但即便是最富有和最强大的军队在向士兵提供必要的文化知识时也可能存在理想与现实脱节的情况。罗德奖学金获得者、美国海军陆战队队员克雷格·穆兰尼（Craig Mullaney）2003 年被派往阿富汗时，参加了一系列工作准备会，而其中一些业务会议让他手足无措。以下是他对这段经历的描述：

我问："我们怎么知道谁是坏人？"

"他们说阿拉伯语。"

"我们怎么知道他们说的是阿拉伯语还是普什图语？"

情报官没有回应，我顿时没了信心[5]。

幸运的是，对牛津大学毕业的穆兰尼来说，他能适应其他文化。他的未婚妻说印地语，为了打动她，他学了印地语，他发现印地语和一些阿富汗人说的乌尔都语有些相似，这个偶然的机会让他可以直接与当地人交流。显然，他不是普通的士兵，他可以用自身的文化技能了解阿富汗人，同时用军事技能履行职责。

交战区生活意味着士兵会接触到与他们不同的人。在本书中，阿曼达·劳格森讲述了澳大利亚人在第一次世界大战中的故事，她指出，战争意味着文化冲击，观察充满异国情调的"他者"，这种不一样的体验让人有机会反思自己和别人的身份认同。她的论述表明，尽管其英语语言和文化有着明显的共同点，在与英国人和新西兰人等友军的接触中，澳大利亚人还是认识到自己与盟友之间存在着巨大差异。对差异的认知与特定术语的借入和文化差异感的形成有关，甚至与种族优越感的形成也有一定联系。理查德·格尔曼在本书中讨论了部署在伊拉克和阿富汗的澳大利亚士兵，他对盟军内部的差异也有类似的见解。

语言借用一直是战时跨文化交际的组成部分，不仅表明这些词汇使用者丰富的经验，还体现了他们的世界主义价值观。在战时，经常使用军事术语和当地语言成为一种自觉的借用行为。术语的使用区分了新兵和老兵，也标记了每个人的身份。劳格森和格尔曼对战时语言与跨文化交际进一步研究发现，语言的使用标志着个人或群体的跨文化选择，预示着他们自身的文化特性，甚至形成了他们作为军人对于非军人的文化优越感。

交际策略与语言教学

本书回顾了交际和语言教学的策略，在研究语言在战时的作用方面，战前语言交际策略的形成仍然是至关重要的。语言培训通常既昂贵又耗时，各国经过深思熟虑后决定让其军事人员学习外语，是因为这些外语可能是潜在盟友或潜在敌人的语言。

教授另一种语言可能对本国社会产生深远的跨文化影响。语言教师本身就起着文化中介的作用，无论他们是否为本族语的使用者。无论是在亚瓦尔·德赫加尼所描述的21世纪墨尔本的国际化环境中，还是在詹尼弗·琼·鲍德温所刻画的20世纪30年代封闭的白澳时代，语言教师的作用都是在不同的语言和文化之间传递思想。在上述两种情况下，语言教师都可以被理解为服务于国家需要的文化中介。语言教师对其出生地或居住地的文化有一定的感情，但这种感情与军事要求之间存在一种不稳定的张力。

军事语言政策可以看作一个宏观的框架，这个框架在一定程度上关系着民族文化的军事交际，关于这一点，贾斯敏·盖博在本书中有相关的论述[6]。国家意识形态或话语事关战争的合法性，在战时交际中也起着重要的作用，而研究这些宏观结构对战时交际的影响，也是本书的任务之一。

口译员的经验

口译员及其雇主的经验为过去和现在的战时语言研究提供了依据。研究表明，口译员常被边缘化。身为军人，他们可以享受到军人身份带来的好处。在战争中，虽然他们也可能受到文化冲击，但他们的立场是很清楚的。凯拉·威廉姆斯在伊拉克的经历证明了这点（见本书导论部分）[7]。然而，在奥列格·贝达的案例研究中，有一类军人处在灰色地带，那就是"二战"期间在德国军队服役的白俄罗斯人，他们既是德国人又是俄罗斯人。对于来自波罗的海诸国的德国移民来说也是如此，他们的身份很大程度上要视具体情况而定。他们可以充当文化中介，在为反动势力服务的同时，也能够缓和纳粹的侵略扩张，他们处于一个别扭的甚至有些危险的灰色地带。

在当地招募的口译员缺乏军人的归属感，这进一步表明他们处于边缘地位。凯瑟琳·贝克对波黑的口译员进行了研究，她指出，身为平民的口译员与士兵有四个方面的不同：他们没有武器；他们缺少专业的训练来完成战地翻译任务；他们的适应能力参差不齐；即使给他们一套军装，他们也无法融入周围的军事环境[8]。这些口译员可能承受着各种压力，正如阿里·阿尔巴卡在本书中所讲述的那样。而那些为马特·格兰特做翻译的印度尼西亚人，他们与士兵的隔阂可能有更深层次的原因。格兰特遇到的翻译是当地人，他们生活在死亡的阴影之下，不像外国士兵，任务完成之后就可以回家。对当地口译员来说，文化沟通和语言翻译是最重要的任务，但他们也要对本国人和雇用他们的外国人一视同仁。

不同的情境中的军事翻译需要不同的技能。战地军事口译员可能需要翻译简短精练且时效性强的陈述，而军用文书的译者通常远离战场，有较多的时间来斟酌一篇书面文本的意义。从事技术侦听的情报分析员可能会受益于录音设备，因为他们可以通过这些设备校正翻译结果。在战犯审判过程中，译员的任务又不一样，他们可能需要翻译口供，这个时候，错译、误解和细微的偏颇都会产生直接的影响。战时交际中的任何偏差都可能造成消极的影响，正如乔治娜·菲茨帕特里克和卢德米拉·斯特恩说的那样，交际失误会影响战犯的定罪，会让法庭上的气氛变得紧张，也会给译员带来巨大的心理压力。在审判日本战犯的实例中，被告人的日本翻译精通英语，这个时候，盟军可以雇用英语水平一般的军事翻译来监督日本译员，不必让盟军译员直接参与翻译。

战争时期，准确的翻译是军事需要，而在战犯审判过程中，精准无误的翻译是司法公正的关键所在。斯特恩指出，在纽伦堡战犯审判中，用德语说"是的"可视为认罪，但如果把这个词用在句首，它就是"呃"的意思，只起到了话语标记的作用，这一细微的差别可能产生重大影响。类似的情况还可能出现在性暴力行为的审判中，例如，1994年卢旺达种族屠杀的审判法庭上，口译员要顾及证人和律师的文化习俗，在描述性侵犯的措辞上要使用委婉语，而不是用粗俗、无礼或忌讳的术语，这对译员来说是种挑战。

　　本书中的章节对译员经验的描述并非全面，其目的是和读者分享观点、回顾历史，增进对文化和语言交际的了解。

未来研究方向与挑战

　　对于战争时期语言的研究才刚刚开始，还有很多工作值得去做。不说把这项研究变成核心议题，至少应该更加重视战时语言的研究。福蒂特和凯利指出，翻译研究与战时语用研究之间存在巨大的空白，而以往绝大多数战争研究"完全忽略了语言问题"[9]。军史和战史的研究受到不同学科的影响，研究空间日益狭窄，而那些冷门的观点亟须认同。围绕语言在战争中的作用开展研究，并非简单地考察一个小的被忽略的研究领域，而是要重视人际互动中最基本的东西，即人际交流。

　　无论是维和行动还是北约的作战任务，多国参与显然是21世纪战争的一大特征，这是未来研究的一个重要领域。我们已经探讨了在这类联合行动中语言的价值和意义，但盖博和格尔曼在本书中强调，考虑到文化结构（包括特定军队的作风及其跨文化交际的风格）的差异，这里仍有研究的余地。

　　当代各领域的研究借助科技的力量在学术界站稳了脚跟，而战争语言的研究也是如此，这是一种积极且令人兴奋的形势。数字化水平的不断提高以及数据计算能力的提升，使世界各地学者的材料获取和数据计算变得空前便捷。未来，语言和战争研究的界限可能远超我们的想象，不过，要对现代战争进行开放的学术研究可能不太现实，因为官方的保密制度会继续限制人们的言论。例如，2019年6月，澳大利亚联邦警察突击检查了澳大利亚广播公司的办公室，这引起了全世界的关注，据称，此举是为了查清信息泄露的源头，因为该公司可能向外界透露了澳军在阿富汗犯下的战争罪行[10]。

科学技术为研究现代战争提供了更多机会，尽管这可能会与日益严谨的国家情报机构的安全要求相冲突。信息全球化时代是一个可以免费访问大量开源数据的时代，所以我们能够听到口译员及其同事的故事，并查询这些信息的来源。然而，对学术研究人员有利的东西，对军事人员可能是不利的。对语言材料进行合法解密，不同于维基解密这类组织的做法，因为后者可能会导致大规模数据泄露，而这种事件会使政府对军事相关材料的发布越来越谨慎。

值得注意的是，在战后进行自由开放的研究是有前提的，即未来短期内不会有新的冲突，且拟发布的相关信息没有安全风险，更不会妨害现有的安全与情报机构。这个教训源于"一战"结束后，当时，包括英国前海军大臣温斯顿·丘吉尔（Winston Churchill）在内的一些人把英国情报机构"40号房间"的行动内容公之于众。尽管那是在"一战"结束后，发布这类信息不会有严重的问题，但是，这暴露了英国战时军事情报能力，成为危害国防安全的漏洞[11]。可以肯定的是，我们已经尝到了过于开放的苦头，未来的学术研究人员可能要等上数十年才能接触到战时交际与语言的某些资料。例如，鉴于情报收集与分析的特殊性质，信号情报中的语用研究仍不可能向学者开放。

"后冷战"时期是一个相对开放的时代,在此期间,曾经对立的政府向彼此和学术界公开了以前的军事实践信息。随着跨文化交际的发展,文化全球化的势头显现,世界主义和开放水平提升到了新的高度。这一过程对社会经济领域具有重大意义,而大前健一(Kenichi Ohmae)所描述的"无疆界的世界"[12]已成为陶染学术界的现实情况。然而,在 21 世纪的第二个十年,边界和学术可能会变得更封闭而不是更开放。如果那些所谓自由民主国家与俄罗斯和中国爆发新冷战,就会进一步限制那些探索战争历史真相的学者。

口译员的未来会怎样?回顾历史,只要使用不同语言的人发生战争或冲突,口译员就有用武之地,而现代科技的发展可能会导致口译员的职业被取代。自动翻译和语言文本转换设备越来越普遍,语音翻译设备打破了语言壁垒,自动翻译系统在战争中的应用研究也取得了进展[13]。科学技术已经影响到口译员在各个领域的作用[14]。如今,前线部队有能力记录语音并将其传送到基地进行分析。

虽然在语句表达和响应速度方面,自动化设备看似能够取代口译员,但译员能够发挥语言顾问和文化中介的关键作用,这是无可替代的。未来的冲突无疑涉及一定程度的跨文化互动,但更可能出现的情况是,口译员的传统角色得到新的调整;军队可能会更广泛地使用便携式翻译设备,但译员在未来战争中必然能继续拥有一席之地。

注释:

1. 阿曼达·劳格森(2012),《"与枯燥为敌":澳大利亚士兵在第一次世界大战及之后的精神生活》(法纳姆:阿什盖特出版公司），第 2-3 页。另请参阅：特里斯坦·莫斯和汤姆·理查森（2018）（编）《超越战场：澳大利亚远离战场的军事活动》（悉尼：新南威尔士大学出版社）。

2. 马基恩·基岑和威廉·福格尔桑（2016），"获取社区情报：荷兰在阿富汗南部军事存在的经验"，杰拉德·卢修斯和塞巴斯蒂安·里耶恩斯（编），《维和行动中有效的军民互动》（卡姆：施普林格出版社），第 77-88 页，此处见第 86 页。

3. 特里·伯斯托尔（1990），《战士回归》（圣卢西亚：昆士兰大学出版社），第 7 页。

4. 例如，参阅：威廉·福格尔桑（1992），《阿契美尼德帝国的崛起与组织：东伊朗的证据》（莱顿：布里尔学术出版社）；威廉·福格尔桑（2002），《阿富汗人》（牛津：布莱克威尔出版社）；吉莉安·福格尔桑－伊斯威特和威廉·福格尔桑（2008），《朦胧之月：揭开中东面纱》（鲁汶：佩特斯出版社）。

5. 克雷格·穆兰尼（2009），《无情的一分钟：士兵的教育》（纽约：企鹅出版社），第 225 页。

6. 弗兰齐斯卡·亨布格尔（2013），"联合作战漫谈：1914 年前法国和英国的军事语言政策"，《法兰西》，40，第 397-408 页，此处见第 402 页。

7. 凯拉·威廉姆斯（2005），《爱我的步枪胜过你：美国军队中的年轻女性》（伦敦：诺顿出版社公司）。

8. 凯瑟琳·贝克（2010），"当兵不是他们的工作：从 20 世纪 90 年代波黑维和士兵与口译员的经历中区分军人与平民"，《战争与文化研究》，3：1，第 137-150 页。

9. 希拉里·福蒂特和迈克尔·凯利（2012），《战争中的语言：冲突中语言接触的政策与实践》（帕尔格雷夫－麦克米伦出版社），第1-15页，此处见第2页。

10. 大卫·麦克布莱德（David McBride）被证实是那次信息泄露的"吹哨人"，他曾是军队的一名律师。目前，他被控多项罪名，包括违反《防卫法案》和盗窃国家财产罪。见于2019年6月14日澳大利亚广播公司新闻，"阿富汗档案泄露案被告人大卫·麦克布莱德首次面对澳大利亚首都直辖区最高法院"https：//www.abc.net.au/news/2019-06-13/abc-raids-afghan-files-leak-accused-court-canberra/11206682。

11. 洛蒂·杰弗里斯－琼斯（2018），"信号情报的敏感性：阿尔弗雷德·尤因爵士1927年关于40号房间的演讲"，《情报史期刊》，17：1，第18-29页，此处见第22，27页。

12. 大前健一（1995），《民族国家的终结：区域经济的崛起》（纽约：舒斯特出版公司）。

13. 文森特·拉斐尔（2012），"翻译的目的：镇压叛乱和语言武器化"，《社会背景》，30：4，第55-80页。

14. 参阅亨利·刘（2018），"帮助还是阻碍？科技对口译员角色的影响"，《国际翻译期刊》，5：1，第13-32页。

致　谢

本书为 2017 年 11 月在澳大利亚国立大学举办的"战争和冲突时期的语言"研讨会的成果。在此，我们向所有与会人员表示感谢。此外，我们还要感谢艺术和社会科学学院为研讨会提供的办会基金。朱莉娅·罗宾逊（Julia Robinson）也为研讨会的顺利开展提供了宝贵的支持。

我们非常感谢凯西·斯科特（Cathy Scott）、爱丽丝·格林（Alice Green）和帕尔格雷夫战争中的语言研究系列丛书的各位编辑以及匿名评审员，感谢他们对本书的支持。

我们要特别感谢澳大利亚国家词典中心的菲比·加勒特（Phoebe Garrett）在本书成稿过程中提供的支持，她的帮助是无价的。